Wolfgang Benz
Neuanfang in Bayern
1945–1949

Neuanfang in Bayern
1945–1949

*Politik und Gesellschaft
in der Nachkriegszeit*

Herausgegeben
von Wolfgang Benz

VERLAG C. H. BECK MÜNCHEN

CIP-Titelaufnahme der Deutschen Bibliothek

Neuanfang in Bayern : 1945–1949 ; Politik u. Ges.
in d. Nachkriegszeit / hrsg. von Wolfgang Benz. –
München : Beck, 1988
ISBN 3 406 33040 1

NE: Benz, Wolfgang [Hrsg.]

ISBN 3 406 33040 1

Umschlagentwurf: Bruno Schachtner, Dachau
Umschlagfoto: W. B. Francé, Löwe in den Trümmern des ehemaligen Palais
Wittelsbach, 1945 (Stadtmuseum München)
© C. H. Beck'sche Verlagsbuchhandlung (Oscar Beck), München 1988
Gesamtherstellung: Appl, Wemding
Printed in Germany

Inhalt

Vorwort 7

Wolfgang Benz, Parteigründungen und erste Wahlen.
Der Wiederbeginn des politischen Lebens 9

Barbara Fait, Auf Befehl der Besatzungsmacht? Der Weg zur
Bayerischen Verfassung 36

Constantin Goschler, Reformversuche gegen siegreiche
Traditionen. Bayerische Politik und amerikanische Kontrolle . 64

Paul Erker, Solidarität und Selbsthilfe. Die Arbeiterschaft
in der Ernährungskrise 82

Jutta Neupert, Vom Heimatvertriebenen zum Neubürger.
Flüchtlingspolitik und Selbsthilfe auf dem Weg zur Integration 103

Karl-Heinz Willenborg, Bayerns Wirtschaft in den
Nachkriegsjahren. Industrialisierungsschub als Kriegsfolge . . 121

Clemens Vollnhals, Die Evangelische Landeskirche in der
Nachkriegspolitik. Die Bewältigung der nationalsozialistischen
Vergangenheit 143

Konrad Maria Färber, Bayern wieder ein Königreich?
Die monarchistische Bewegung nach dem Zweiten Weltkrieg . 163

Peter Jakob Kock, Bayern und Deutschland. Föderalismus
als Anspruch und Wirklichkeit 183

Anmerkungen 205

Literatur 232

Vorwort

Bayern wurde durch eine Proklamation der Amerikanischen Militärregierung für Deutschland am 19. September 1945 gegründet. Das entsprach der Rechtslage nach dem Zweiten Weltkrieg und dem Zusammenbruch der nationalsozialistischen Herrschaft. Tausend Jahre Tradition als Stammesherzogtum, Kurfürstentum, Königreich und „Freistaat" zählten nicht gegenüber den Realitäten der Besatzungszeit. Die Amerikaner, in deren Zone Bayern und die gleichzeitig proklamierten Länder Württemberg-Baden und (Groß-)Hessen lagen, hatten zwar schon Ende Mai 1945 einen bayerischen Ministerpräsidenten bestellt, betrachteten das Land aber doch zunächst einmal nur als einen geographisch-traditionellen Begriff. Immerhin war Bayern, wenn man von den beiden hanseatischen Stadtstaaten absieht, das einzige Land, dessen äußere Gestalt in der Besatzungszeit unverändert blieb. Die Pfalz war freilich verloren; gewonnen wurde aber, obwohl der erste Ministerpräsident ebenso rasch und drastisch im Herbst 1945 aus dem Amt entfernt wurde, wie er ernannt worden war, bald wieder die politische Substanz, die das Gebilde zum Staatswesen machte. Von solcher Substanz hatte Bayern jedenfalls unter amerikanischer Hoheit mehr, als es in den Jahren der nationalsozialistischen Herrschaft besessen hatte.

Um die frühen Jahre nach dem Zweiten Weltkrieg, um die Zeit unter Besatzungsherrschaft nach dem Zusammenbruch des nationalsozialistischen Regimes geht es in den Beiträgen zu diesem Buch. Die politischen, sozialen und ökonomischen Probleme des demokratischen Neubeginns bilden den Rahmen der Darstellung: Parteigründungen und Wahlen, die Entstehung der Verfassung, Neubeginn der Gewerkschaften, die dramatischen Bevölkerungsbewegungen und die Integration der Heimatvertriebenen und Flüchtlinge. Daß Bayern sich auf dem Weg zum modernen Industriestaat befand, war damals noch kaum zu erkennen, weil Schwarzer Markt, Hungerstreiks, Obdachlosigkeit und Not den Horizont verdunkelten. Die Weichen wurden freilich gerade in jenen Jahren gestellt.

Entwicklungslinien, die Eigenarten und Besonderheiten des bayerischen Staats und seiner Gesellschaft erklären, treten zutage bei der Untersuchung der monarchistischen Bewegung und bei der Betrachtung des Spannungsfeldes „Bayern und Deutschland". Von Legenden überwuchert ist das Verhältnis zwischen Besatzungsmacht und bayerischer

Regierung, das sich in der Erinnerung der Protagonisten von damals als Triumph überlegener bayerischer Schlitzohrigkeit über die stets gutwilligen, aber meist ahnungslosen und gelegentlich tölpelhaften Amis darstellt. In der Realität war das anders, wie etwa die Reformversuche der amerikanischen Militärregierung im Erziehungswesen und auf anderen Gebieten beweisen. Auch wenn meist die Beharrungskräfte der deutschen Tradition siegreich blieben: die Ideen der Besatzer waren gelegentlich die besseren. Dem Problem der Auseinandersetzung mit dem Nationalsozialismus ist schließlich ein Beitrag gewidmet, in dem die Evangelische Landeskirche im Mittelpunkt steht.

Vollständigkeit in der Darbietung des historischen Geschehens war nicht erstrebt; Absicht der Autoren ist es vielmehr, paradigmatisch und exemplarisch vorzuführen, welche politischen und gesellschaftlichen Kräfte wirksam waren beim Neuanfang nach 1945 und was davon für das Bayern der Gegenwart konstitutiv blieb.

München im Juli 1987   Wolfgang Benz

Wolfgang Benz

Parteigründungen und erste Wahlen.
Der Wiederbeginn des politischen Lebens

Die ersten freien Wahlen in Deutschland seit der nationalsozialistischen Machtübernahme 1933 fanden am 18. Juli 1945 im oberfränkischen Dörflein Wohlmutshüll statt. Ort, Zeitpunkt und Umstände dieser Wahl waren gleichermaßen ungewöhnlich. Wohlmutshüll mit seinen 480 Einwohnern hatte seit 1942 keinen Bürgermeister mehr und wurde von der benachbarten Kreisstadt Ebermannstadt aus regiert und verwaltet. In Wohlmutshüll hatte es kein einziges Mitglied der NSDAP gegeben: Das war auch der Grund für die bürgermeisterlose Zeit, weil keiner, um Gemeindeoberhaupt werden zu können, zum Nationalsozialismus umschwenken wollte. Im Juli 1945 fiel nun dem kleinen Ort die Ehre zu, das demokratische Zeitalter zu eröffnen. So sah es wenigstens der lokale Stolz. Der „Bayerische Tag" berichtete: „Dem Wunsche der Ortseinwohner nach Selbstverwaltung wurde nun stattgegeben und die Wahl durchgeführt, an der alle ortsansässigen männlichen Personen, die das 21. Lebensjahr überschritten haben, teilnehmen durften, und für die der neue Landrat von Ebermannstadt die Stimmzettel zur Verfügung stellte. Der Landrat und ein Oberinspektor des Landkreises überwachten persönlich den freien Verlauf der Wahlen und die Zählung der abgegebenen Stimmzettel."[1]

Das Ereignis hatte Publizität weit über die Region hinaus. Kriegsheimkehrer erzählten später, sie hätten die Nachricht über den einzigartigen Urnengang im Dorfgasthaus in Kriegsgefangenenlagern in den USA und Großbritannien vernommen. In der lokalen Berichterstattung kam, in eigenartigem Kontrast zum Aufsehen, das die amerikanische Besatzungsmacht wegen der Wahl in Wohlmutshüll erregte, zum Ausdruck, wie fremdartig und erklärungsbedürftig die Vorgänge noch waren: „In dieser Wahl wurden acht Stellen besetzt und zwar die Stellen eines Bürgermeisters, eines Beigeordneten, von vier Gemeinderäten und zwei Ersatzmännern. Es stand allen Wahlberechtigten frei, zu wählen, wen sie wollten. Johann Sponzel, ein Bauer von 44 Jahren, ist der neue Bürgermeister von Wohlmutshüll und somit der erste Bürgermeister in Deutschland, der sich rühmen kann, in freier Wahl von seinen Mitbürgern in sein neues Amt berufen worden zu sein."[2]

Johann Sponzel blieb nicht lange im Amt. Er teilte aber auch nicht das Schicksal Fritz Schäffers, den die Amerikaner im Mai 1945 zum Ministerpräsidenten von Bayern gemacht hatten und den sie im September wieder entließen. Der Bürgermeister von Wohlmutshüll schied auf ganz demokratische Weise im Januar 1946 wieder aus dem Amt. Am 20. und 27. Januar fanden nämlich, zuerst in Württemberg-Baden, dann in Hessen und Bayern, die ersten regulären Wahlen in Gemeinden bis zu 20 000 Einwohnern statt. Sponzel verzichtete bei Stimmengleichheit zugunsten eines Verwandten auf das Bürgermeisteramt, in das er später wieder für lange Jahre gewählt wurde. Erst nach der Eingemeindung des Dorfes nach Ebermannstadt setzte er sich, mit dem Bundesverdienstkreuz dekoriert, 1972 endgültig zur Ruhe.

Mit den Kommunalwahlen in der US-Zone im Januar 1946 war das Dorf in Oberfranken wieder zum Normalfall geworden. Das Sensationelle hatte im Juli 1945 ja darin bestanden, daß Wohlmutshüll den Zeitläuften und der allgemeinen Entwicklung so weit vorauseilen durfte. Es war unter der Verantwortung des örtlichen Repräsentanten der amerikanischen Besatzungsmacht und im Grunde völlig gegen Intention und Legalität des Besatzungsregimes eine Art Testfall für demokratisches Verhalten gewesen; allgemeinere Folgerungen waren davon nicht abzuleiten. (Daß die Frauen nicht stimmberechtigt waren, blieb eine weitere Eigenart dieser Wahl.)

Der Wiederbeginn des politischen Lebens nach dem Zusammenbruch der NS-Herrschaft vollzog sich in allen Besatzungszonen nicht durch Wahlen, sondern durch Befehl der lokalen, regionalen oder zonalen Instanz der jeweiligen Besatzungsmacht. Deutsche Mandatsträger, vom Bürgermeister bis zum Ministerpräsidenten, wurden nach Bedarf eingesetzt und, wenn dies den Militärregierungen nötig schien, auch wieder entlassen. Das andere prominente Beispiel war Konrad Adenauer, der von den Amerikanern im Mai 1945 zum Oberbürgermeister von Köln ernannt und im Oktober von den Engländern wieder aus dem Amt entfernt worden war.

Gewählt wurde erst ab 1946, und zwar zonen- und zeitverschoben. Die frühesten Daten des komplizierten Wahlkalenders liegen in der amerikanischen Zone. Dort wurden nach den Kommunalwahlen im Januar 1946 im April Kreistagswahlen veranstaltet, im Mai folgten die Stadtkreise der größeren Städte. Im Juni 1946 wurden die Mitglieder der verfassunggebenden Versammlungen für die drei Länder der US-Zone Württemberg-Baden, Groß-Hessen und Bayern gewählt. Im November und Dezember 1946 wurden in diesen drei Ländern die neuen Verfassungen durch Volksabstimmung bestätigt; damit gekoppelt waren die ersten regulären Landtagswahlen.

In den drei anderen Zonen durften die Wähler erstmals im September 1946 auf kommunaler Ebene an die Urnen. In der sowjetischen Zone folgten im Oktober 1946 Kreistags- und Landtagswahlen. In der britischen Zone war es im April 1947 soweit, daß die Landtage der von der Militärregierung kurz zuvor errichteten Länder Nordrhein-Westfalen, Niedersachsen und Schleswig-Holstein gewählt wurden, und in der französischen Besatzungszone dauerte es noch ein bißchen länger; erst im Mai 1947 schlug dort die Stunde des Wählers für die Landtage von Baden, Württemberg-Hohenzollern und Rheinland-Pfalz.

Das politische Leben spielte sich zunächst in allen Zonen auf der untersten Ebene ab; gegenüber den lokalen deutschen Administrationen, die der Besatzungsmacht verantwortlich waren, spielten die Parteien noch kaum eine nennenswerte Rolle. Nur das Funktionieren der elementaren Notwendigkeiten war auf dieser Ebene zunächst verlangt. Im übrigen galt, was die Regierungen der vier Siegermächte in der „Erklärung in Anbetracht der Niederlage Deutschlands" am 5. Juni 1945 verkündet hatten, nämlich daß die oberste Regierungsgewalt in Deutschland durch die Alliierten ausgeübt werde. Dekretiert war in diesem Dokument deutscher Ohnmacht in sehr allgemeiner Form die Grundtendenz alliierter Politik, nämlich absolute Kontrolle, Entwaffnung, Entmilitarisierung und die Ankündigung detaillierter Befehle. Die vier alliierten Regierungen würden „diejenigen Maßnahmen treffen, die sie zum künftigen Frieden und zur künftigen Sicherheit für erforderlich" hielten, und es hieß, „alle deutschen Behörden und das deutsche Volk" hätten „den Forderungen der Alliierten Vertreter bedingungslos nachzukommen und alle solchen Proklamationen, Befehle, Anordnungen und Anweisungen uneingeschränkt zu befolgen"[3].

Nach der Potsdamer Konferenz im August 1945 wurden – wenn auch undeutlich genug – wenigstens einige Umrisse der künftigen Deutschlandpolitik sichtbar. Im Potsdamer Protokoll hatten die drei Großmächte die Ziele der Besetzung Deutschlands als Arbeitsanweisung für den Viermächtekontrollrat formuliert. Die völlige Abrüstung und Entmilitarisierung und die Ausschaltung bzw. Überwachung der gesamten deutschen Industrie für Kriegsproduktion, die Vernichtung der NSDAP, die Verhaftung, Aburteilung und Bestrafung der Elite des NS-Regimes, die Entnazifizierung – das waren die Nahziele, und dies wurde entsprechend hervorgehoben. Aber angekündigt war auch folgendes: „Die endgültige Umgestaltung des deutschen politischen Lebens auf demokratischer Grundlage und eine schließliche friedliche Mitarbeit Deutschlands am internationalen Leben sind vorzubereiten."[4]

Zu diesem Demokratisierungsprogramm sollte die Abschaffung aller nazistischen Gesetze ebenso gehören wie die Überwachung des deutschen Erziehungswesens, damit sich „demokratische Ideen erfolgreich entfalten" könnten; das Gerichtswesen sollte „entsprechend den Prinzipien der Demokratie, der Gerechtigkeit und der Gleichheit aller vor dem Gesetz ohne Unterschied der Rasse, Nationalität und der Religion reorganisiert werden", und die Verwaltung Deutschlands müsse „in Richtung auf eine Dezentralisation der politischen Struktur und auf die Entwicklung örtlicher Selbstverwaltung hin angelegt werden". Deshalb würden in ganz Deutschland alle demokratischen politischen Parteien erlaubt und gefördert werden, sie sollten das Recht haben, Versammlungen und öffentliche Diskussionen abzuhalten, und der Grundsatz der repräsentativen Demokratie sollte in den Kreis-, Provinzial- und Landesverwaltungen möglichst bald eingeführt werden.

In der Praxis entwickelten sich die Dinge freilich nicht so zielgerichtet, und vor allem verlief in jeder der vier Besatzungszonen die politische Entwicklung nach eigenen Gesetzen. Das lag einerseits daran, daß die Vorstellungen der Alliierten über die künftigen Strukturen in Deutschland weit auseinandergingen. Der andere Grund für das Auseinanderdriften der Zonen bestand darin, daß sich die vier Siegermächte, die im Alliierten Kontrollrat in Berlin Deutschland gemeinsam zu regieren und zu verwalten vorhatten, sich schon Ende 1945 nicht mehr verständigen konnten, wie das im einzelnen geschehen sollte.

Bayern war jedoch in mehrfacher Hinsicht vom Schicksal begünstigt. Einmal, weil es in der amerikanischen Zone lag: In den staatsrechtlichen Vorstellungen und Absichten der Amerikaner spielte der Föderalismus eine entscheidende Rolle. Zum anderen blieb Bayern, wenn man vom Verlust der französisch besetzten Pfalz absieht, in seiner territorialen Gestalt unverändert. Lediglich die beiden Stadtstaaten Hamburg und Bremen teilen dieses Geschick. Alle anderen Länder wurden durch Machtspruch der Alliierten entweder ganz neu gebildet, aus Resten des aufgelösten Preußen und kleineren territorialen Einheiten zusammengesetzt; im Südwesten wurden die beiden traditionsreichen Länder Württemberg und Baden durch die amerikanisch-französische Zonengrenze in drei neue Staatsgebilde zerschnitten.

In Bayern war die Situation aber auch deshalb einfacher, weil die Besatzungsmacht ein gewisses Maß an Verständnis für das bayerische Selbstgefühl hatte, vor allem jedoch, weil in Bayern die traditionelle Verwaltung auch unter dem NS-Regime weitgehend intakt geblieben war.[5] Im Rückgriff auf Politiker und Beamte der Zeit vor 1933, die von den Amerikanern im Sommer 1945 zu Bürgermeistern und Landräten, zu Ministern und Beamten in den Städten, Kreisen, Regierungsbezirken und Ministerien ernannt wurden, entstand in Bayern die erste deutsche Landesverwaltung unter Aufsicht der amerikanischen Militärregierung.

Parallel zur Wiederherstellung einer deutschen Verwaltung, die im Auftrag der Besatzungsmacht tätig wurde, vollzog sich die Bildung politischer Gruppierungen. In der östlichen Besatzungszone waren durch Befehl Nr. 2 der Sowjetischen Militär-Administration schon am 10. Juni 1945 Parteien ganz offiziell zugelassen und zur politischen Aktivität ermuntert worden. Das war gleichsam ein Handstreich der sowjetischen Besatzungsmacht gewesen, der in Szene gesetzt wurde, ehe auf der Potsdamer Konferenz die drei großen Siegermächte zusammenkamen, um die Grundsätze einer gemeinsamen Deutschlandpolitik zu besprechen. Am 11. Juni 1945 trat in Berlin die KPD mit einem Gründungsaufruf an die Öffentlichkeit, Mitte Juni folgte die SPD, Ende des Monats die CDU und am 5. Juli wurde die Liberal-Demokratische Partei (LDP) gegründet. Die Wirksamkeit dieser vier Parteien blieb auf Berlin und die Sowjetzone beschränkt.

In der US-Zone wurden die Weichen nicht so rasch gestellt. In der Direktive für den Oberbefehlshaber der amerikanischen Besatzungstruppen in Deutschland, die unmittelbar nach Kriegsende galt, hieß es ganz allgemein, daß keine politische Tätigkeit irgendwelcher Art ohne Genehmigung des Militärgouverneurs begünstigt werden dürfe. Rede-, Presse- und Religionsfreiheit sei den Deutschen zu gewähren, soweit dadurch nicht militärische Interessen beeinträchtigt würden. Die Verbreitung von nazistischen, militaristischen und pangermanistischen Lehren sei ebenso zu verbieten, wie „Aufmärsche militärischer, politischer, ziviler oder sportlicher Art" nicht gestattet werden durften.

Das Vorschriften-Handbuch, aus dem sich die Offiziere der US-Militärregierung über Einzelheiten der Besatzungspolitik informierten, enthielt unter dem Stichwort „Politische Aktivitäten" vier Thesen, die ihnen als Richtschnur dienen sollten: Erstens sollten alle demokratischen Parteien ermuntert werden, und zwar möglichst in ganz Deutschland; es folgte zweitens der Lehrsatz, daß Träger politischer Mandate sich regelmäßig der öffentlichen Diskussion ihres Programms und neuen Wahlen stellen mußten; drittens war vorgeschrieben, daß die Wahlen unter gleichen Bedingungen für alle und mit mindestens zwei konkurrierenden Parteien durchgeführt würden; und viertens war definiert, was unter einer politischen Partei zu verstehen war: demokratisch mußte sie sein, durch freiwilligen Zusammenschluß entstanden und säuberlich getrennt von den Organen der Regierungsgewalt.[6] Das waren Grundüberzeugungen, wie sie in den USA als selbstverständlich galten. In Deutschland mußten diese Grundsätze aber erst wieder erlernt und eingeübt werden, und zwar nach Meinung der Amerikaner zunächst in den Gemeinden und kleineren Städten.

Auf dieser Ebene waren in der US-Zone ab August 1945 die Aktivitäten deutscher politischer Parteien ausdrücklich zugelassen. Die Legitimierungsmaßnahmen waren, ebenso wie die anschließende Überwachung des politischen Treibens durch die Militärregierung, pedantisch-bürokratische Prozesse, die den Beteiligten viel Zeit und Nerven kosteten. Dabei nahmen die Amerikaner aber im Grunde schon die liberaleren Grundsätze vorweg, die erst 1947 formell zur Geltung kamen. In der Zeit offizieller Restriktion wurde schon praktiziert, was die Direktive vom Juli 1947 an Richtlinien für das amerikanische Besatzungsgebiet hinsichtlich der Behandlung der Parteien enthielt. Der Militärgouverneur sollte, wie bisher, die Politik verfolgen, „alle politischen Parteien zuzulassen und zu ermutigen, deren Programme, Tätigkeit und Struktur die Treue zu demokratischen Grundsätzen beweisen. Die politischen Parteien sollen miteinander konkurrieren und durch freiwillige Zusammenschlüsse von Bürgern gegründet sein, bei denen die Führer ihren Mitgliedern verantwortlich sind. Keine Partei soll bevorzugt werden."

Außerdem wurde der Militärgouverneur auf den Grundsatz verpflichtet, „daß sich die Militärregierung und die deutschen Behörden den zugelassenen politischen Parteien gegenüber neutral verhalten" sollten. „Jede zugelassene politische Partei soll das Recht haben, frei ihre Anschauungen zu äußern und ihre Kandidaten für die Wahlen aufzustellen." Die Militärregierung dürfe nicht zulassen, „daß die Parteien in der Ausübung dieses Rechtes eingeengt oder behindert werden". Wenn jedoch festgestellt würde, daß eine zugelassene Partei undemokratisch handele oder undemokratische Ideen vertrete, dann sei es Sache des Militärgouverneurs, deren Rechte und Privilegien einzuschränken oder aufzuheben.[7]

Stärker als die Restriktionen der Besatzungsmacht waren aber im Herbst und Winter 1945, als das politische Leben zu keimen begann, die Bedenklichkeiten seitens der deutschen Politiker. Immer wieder wiesen sie die Amerikaner darauf hin, daß Wahlen verfrüht und noch unerwünscht seien. Im Länderrat der US-Zone, wo im Dezember 1945 eine einheitliche Wahlordnung für die ganze Zone beraten und verabschiedet werden mußte, waren sich die Ministerpräsidenten Geiler (Hessen) und Reinhold Maier (Württemberg-Baden) mit ihrem bayerischen Kollegen Hoegner einig, daß man den Wahltermin verschieben müsse. Wenn Reinhold Maier davon zunächst abriet, so nur, weil er vom Mißerfolg einer entsprechenden Demarche bei den Amerikanern überzeugt war und um das Prestige der Ministerpräsidenten fürchtete.[8]

Gegen die Bedenken auch mancher amerikanischer Berater hielt General Clay, der stellvertretende Militärgouverneur für die US-Zone, jedoch an seinem Plan fest, bei den kleineren Gemeinden beginnend, so bald wie möglich Wahlen abzuhalten.⁹ Trotz des offensichtlichen Erfolgs dieser Wahlgänge blieb Wilhelm Hoegner aber auch in der Rückschau bei der Meinung, es sei zu schnell gegangen: „Die Besatzungsmacht hatte die Wahlen viel zu früh angesetzt. Das Volk lag noch in tiefer Betäubung, die Presse war an die Weisungen der Besatzungsmacht gebunden. Ein Teil der früheren Nationalsozialisten war noch von der Teilnahme an den Wahlen ausgeschlossen. Die Heimatvertriebenen waren noch kein Jahr ansässig, so daß sie an den Wahlen nicht teilnehmen konnten."¹⁰

Der Verdacht liegt nahe, daß es den Politikern der ersten Stunde, deren demokratische Gesinnung, weil schon vor 1933 bewiesen, über Zweifel erhaben war, ganz gut gefallen hätte, wenn der Honoratiorenstil, in dem politische und administrative Aktivitäten damals entfaltet wurden, möglichst lange hätte fortgesetzt werden können. Die Weimarer Demokraten, die von der Besatzungsmacht wieder mit Verantwortung betraut worden waren, hatten aber auch Sorge vor einem Wiederaufleben der chaotischen Parteienvielfalt der ersten Republik. Die Sorgen waren indes eher unbegründet, weil der Gründungseifer bei den Parteipolitikern und ihren potentiellen Anhängern mindestens in Bayern zunächst zu wünschen übrig ließ. Die Kommunisten meldeten sich zuerst, es folgten die Christlich-Soziale Union, eine liberale Partei und die SPD. Das war der Stand Ende Oktober 1945, und in lediglich sechs Landkreisen waren die genannten vier Parteien lizenziert worden.¹¹ Die Sorgen der Mehrheit der Bevölkerung kreisten um die Ernte und waren nicht auf parteipolitische Betätigung gerichtet. Nach der allgemeinen Erfahrung der NSDAP und der individuellen Erfahrung oder Erwartung der Entnazifizierung wiesen die meisten den Gedanken, sich für Politik und Parteien zu engagieren, erst einmal weit von sich.

Trotzdem existierten dann im Laufe des Novembers 1945 SPD, CSU und KPD in den meisten Landkreisen als selbständige Gruppierungen. Die organisatorischen Probleme standen im Vordergrund, und die Programmatik hatte bei den Gründungen auf Kreisebene zunächst nur die Bedeutung, die Richtung zu weisen und der Forderung der Militärregierung nach einer Grundsatz-Erklärung zu genügen.

Das Grundsatzprogramm war neben den Statuten aber nur ein Teil der Formalitäten, die für die Genehmigung einer Partei auf Kreisebene erforderlich waren. Die Amerikaner verlangten im Antragsformular Auskunft über Bezeichnung und Zweck der politischen Organisation, die gegründet werden sollte, ferner die Namen, Berufe und genauen Adressen aller Gründer (fünfundzwanzig waren das Minimum auf der Kreisebene), dann eine Schätzung, wieviel Mitglieder die Partei nach einem halben Jahr voraussichtlich haben würde, Angaben über die

Finanzierung und darüber, wer die einkommenden Gelder verwalten würde. Die Militärregierung wollte auch wissen, in welcher Form die Parteipropaganda erfolgen würde. Das Formular, auf dem alle diese Angaben gemacht wurden, mußte nicht nur von sämtlichen Antragstellern eigenhändig unterschrieben werden, es waren auch die Entnazifizierungsbescheide der Funktionäre bzw. die Fragebogen für die Spruchkammern verlangt, falls die Entnazifizierungsprozedur noch nicht abgeschlossen war. Programm und Satzung mußten jeweils in deutscher und englischer Sprache beigefügt werden.

In der Praxis funktionierte das zum Beispiel so: Unter dem Datum 23. November 1945 reichten in Pegnitz die 41 CSU-Gründer ihren vollständig ausgefüllten Antrag auf Zulassung als Partei auf Kreisebene ein, und am 7. Dezember wurde die vorläufige Genehmigung durch die örtliche Militärregierung erteilt, unter dem Vorbehalt allerdings, daß deren vorgesetzte Stelle – die Landesmilitärregierung – die Genehmigung widerrufen könne. Im August 1946 beantragte die Pegnitzer CSU dann (in je dreifacher Ausfertigung in deutscher und englischer Sprache) die Erlaubnis zum Zusammenschluß mit der Landes-CSU. Die Formulare wurden am 11. Oktober von der Militärregierung Pegnitz nach München an die Militärregierung für Bayern zur Entscheidung weitergeleitet, und am 15. November erteilte man dort die Erlaubnis.[12] Auf diese etwas mühsame Weise entstanden bis Ende 1946 die Organisationsstrukturen der Landesparteien.

Die programmatischen Aussagen, die bei Gelegenheit der Lizenzierungsprozedur vorgelegt wurden, waren in betont demokratischer Diktion und gleichzeitig mit umfassender, allen Bedürfnissen gerecht werdender Zielsetzung abgefaßt. So stellte die CSU in Viechtach im Dezember 1945 ihre Ziele und Bestrebungen mit folgenden Worten dar: „Grundlage unserer Weltanschauung und Staatsauffassung ist das christliche Sittengesetz. Wir sind weiter überzeugt, daß es oberste Aufgabe eines Staates ist, seinen Bürgern Frieden und Wohlfahrt zu sichern und eine freie Entwicklung ihres geistigen Lebens zu gewährleisten. Dieses Ziel läßt sich nur erreichen, wenn die Verfassung eine einheitliche ist und sie die Achtung der Grundgesetze des Menschen zur unverrückbaren Richtschnur nimmt."

Dann folgte der erste Programmpunkt: *„Bayern den Bayern.* Der bayerische Staat ist mit der früheren eigenen Staatshoheit wieder herzustellen. Dieser bayerische Staat soll Mitglied eines künftigen deutschen Bundesstaates sein, dessen Bundesverfassung den einzelnen Gliedstaaten zum mindesten jenes Maß von Freiheit in Gesetzgebung und Verwaltung zugesteht, welches die Verfassung der U.S.A. den einzelnen Föderativstaaten gewährt oder welches den deutschen Bundesstaaten vor dem Jahre 1918 zustand." Daran anschließend wurden Rede- und Pressefreiheit, Unabhängigkeit der Rechtspflege und der Richter, Freiheit der Religionsausübung, Gleichberechtigung von Mann und Frau und die Ächtung des Kriegs propagiert.[13]

Die Lizenzierungsanträge der Sozialdemokraten enthielten als Anlage ein vorläufiges Parteiprogramm, das, anders als die individuellen Anstrengungen der CSU-Kreisparteien, einheitlich war. Im Gegensatz zu den bewußt allgemein gehaltenen CSU-Programmen erhob die SPD gewichtige politische Forderungen auch im Detail: 1. Bestrafung aller Kriegsverbrecher und ihrer Helfershelfer. Reinigung der deutschen Verwaltungskörper und der gesamten deutschen Wirtschaft von allen nazistischen Elementen. Enteignung aller unmittelbar Schuldigen und Mitschuldigen an den Naziverbrechen und Verwendung ihrer Vermögen zur Durchführung sozialer Maßnahmen. – 2. Wiederaufbau aller sozialen und demokratischen Einrichtungen, die in schwerem Kampf errungen wurden. – 3. Freiheit des deutschen Volkes zur Bildung demokratischer Parteien. Freie Wahlen der kommunalen und Landesverwaltung auf demokratischer Grundlage. Einfluß der Gewerkschaften nach freier demokratischer Wahl der Betriebs- und Berufsvertretungen in allen wirtschaftlichen, sozialen und kulturellen Einrichtungen sowie der öffentlichen Körperschaften. – 4. Planmäßiger Wiederaufbau der deutschen Wirtschaft, Verstaatlichung der Schwerindustrie und des Bergbaues, Lenkung und Kontrolle von Industrie und Handel, damit jede versteckte Kriegsvorbereitung für alle Zeiten unterbunden und eine gerechte Verteilung der vorhandenen Lebensmittel und lebenswichtigen Rohstoffe gewährleistet ist. – 5. Auflösung des Großgrundbesitzes, soweit er über ein normales, arbeitendes Bauerntum hinausgeht. – 6. Kampfansage gegen Hunger, Arbeitslosigkeit und Obdachlosigkeit und ihre Ursachen. – 7. Freiheit für Kunst und Wissenschaft. Schutz der freien Religionsausübung. – 8. Neuaufbau des gesamten deutschen Schul- und Erziehungswesens mit dem Ziel, der deutschen Jugend eine freie demokratische Entwicklung zu ermöglichen, ungehemmt von materiellen Sorgen. – 9. Neuaufbau der deutschen Justiz auf der Grundlage wahrer Gerechtigkeit und Menschlichkeit. – 10. Erziehung des deutschen Volkes zur verständnisvollen Zusammenarbeit mit allen anderen Völkern, damit unser Volk sobald wie möglich wieder ein vollwertiges Mitglied der Völkerfamilie wird."[14]

Die Sozialdemokraten ließen es aber, wie das Kronacher Beispiel vom Oktober 1945 zeigt, an Lokalkolorit auch nicht fehlen. In der Begründung des Zulassungsantrags, den der Parteisekretär Emil Sieg, schon vor 1933 in diesem Amt, unterfertigt hatte, hieß es: „Die Arbeiterschaft des Kreises Kronach ist durch den verbrecherischen Krieg, den Hitler und sein System über die Welt gebracht hat, in schwere Not geraten. Arbeitsmöglichkeiten, die den Arbeitern ein glückliches Familienleben bieten könnten, sind wenige vorhanden ... Die Warenknappheit bringt eine große Teuerung für Gebrauchsgegenstände aller Art. Die Arbeiter sind nicht in der Lage, Tauschgegenstände zu verhandeln. Die Nazis haben die Geschäfte, Betriebe, Produktionsmittel und alles andere in Besitz. Die Nazis sind durch die Wirtschaft der letzten 12 Jahre geschäftlich miteinander verwachsen und verfilzt. Die Arbeiter haben zur Zeit keinerlei politischen Einfluß auf die Verwaltung. Der Landrat, über den früher der Bezirkstag und der Bezirksausschuß gestellt waren, wird nicht die Interessen der schaffenden Volksschichten so wahrnehmen, wie es notwendig wäre, um die Verelendung der Arbeitslosen zu verhindern. Es wird deshalb der Antrag um Genehmigung zur Gründung der Sozialdemokratischen Partei gestellt, damit durch diese in Zusammenarbeit mit der Militärregierung die notwendigen Maßnahmen gefunden werden können, um die Auswirkungen der niederliegenden Wirtschaft zu erkennen und zu verhüten, daß sich Not und Elend vergrößern."[15]

Die KPD, die in Kronach am 22. Dezember 1945 zugelassen wurde, hatte außer den Unterschriften von 26 Gründungsmitgliedern ein Parteiprogramm offeriert, das – ebenso wie das der SPD einem einheitlichen Muster folgend – mit einer beschwichtigenden Feststellung anhob: „Die Kommunistische Partei in Kronach erstrebt die Verwirklichung des Sozialismus nicht nach den Prinzipien der Sowjet-Union, da die gegenwärtigen Lebens-, Wirtschafts- und Kulturgrundlagen in Deutschland dies nicht als wünschenswert erscheinen lassen. Sie will arbeiten an der Herstellung der Einheit der Arbeiterbewegung und Schaffung einer Arbeitsgemeinschaft aller fortschrittlichen demokratischen Kräfte unseres Volkes zum Zwecke des gemeinsamen Kampfes gegen die Überreste des Hitlerregimes, für die demokratische Neugestaltung des gesamten öffentlichen Lebens in unserem Stadt- und Landkreis." In neun weiteren Punkten wurden der Militärregierung Unterstützung bei „der restlosen Ausrottung des Faschismus und Militarismus in Deutschland" zugesagt, die „restlose Säuberung aller öffentlichen Ämter von aktiven Nazisten" und „energische Maßnahmen zur Wiederingangsetzung stillgelegter Betriebe" verlangt. Die Erziehung des gesamten Volkes zu höherer Arbeitsmoral, „Kampf dem Müßiggang und der Drückebergerei, die ein Resultat faschistischer Erziehungsmethode ist, die in der Verherrlichung des Kriegshandwerks und der Verachtung friedlichen Wettbewerbs durch Arbeit gipfelten", größte Sparsamkeit bei den öffentlichen Ausgaben und die „demokratische Umerziehung der deutschen Jugend" waren weitere Anliegen.[16]

Ziemlich spät, vereinzelt und verschiedenartig, präsentierten sich die Liberalen als Parteiorganisation. Ende November 1945, als die SPD über 23 und die KPD über 21 Kreisorganisationen der insgesamt 63 in Bayern zugelassenen Parteien verfügte (während die übrigen 19 in neun verschiedene politische Richtungen zerfielen), bestand die spätere FDP erst in Nürnberg unter dem Namen „Deutsche Demokratische Partei" und in Coburg als „Demokratische Partei".[17] Die Coburger Gründung war von Thüringen aus erfolgt, sie profitierte organisatorisch von den Erfahrungen der Liberal-Demokratischen Partei in der Sowjetzone. Wie in Nürnberg bildeten ehemalige Mitglieder der linksliberalen DDP aus der Zeit der Weimarer Republik (in Nürnberg war auch der Name der alten Partei adaptiert worden) den personellen Grundstock der liberalen Neugründung.

Im Gegensatz zu den Arbeiterparteien, die ihre alten Mitglieder und ihre Organisationsstrukturen leicht reaktivieren konnten, taten sich die Liberalen schwer. Der Zahl nach in Bayern ohnehin nicht eben stark, mußten sie der Sogwirkung der neuartigen Sammlungspartei der Mitte, der Christlich-Sozialen Union, widerstehen, die allen bürgerlichen Interessenten ein politisches Dach anbot, das erheblich breiter und damit attraktiver schien, als es das ideologisch eng umzirkelte Gehege der Weimarer Parteien gewesen war. In Konkurrenz zu den liberalen Neugründungen war die CSU für ehemalige Deutschnationale (die aber auch teilweise den Weg zur FDP fanden) ebenso attraktiv wie für Linksliberale der alten DDP und nationalliberale Anhänger der früheren Deutschen Volkspartei Stresemanns. Daß sich die CSU darüber hinaus und in erster Linie als Sammlungsbewegung unter christlichen Vorzeichen verstand und sich folgerichtig auch der Gunst der Geistlichkeit erfreuen durfte, bedeutete für die Liberalen, die energisch für die Trennung von Kirche und Staat eintraten und häufig antiklerikale Töne anschlugen, ein zusätzliches Hindernis.

In Nürnberg dominierte, wie überall bei den liberalen Neugründungen, die DDP-Richtung; am 10. Februar 1946 fand dort eine der ersten öffentlichen Veranstaltungen der bayerischen Liberalen statt. Hauptredner waren Dr. Ludwig Erhard, der über die Grundzüge der demokratischen Wirtschaftspolitik sprach, und Dr. Thomas Dehler, der ein politisches Koreferat dazu hielt. Dehler hatte im Herbst 1945 in Bamberg die DDP wiedergegründet. Der streitbare Demokrat, der in der NS-Zeit keine Konzessionen gemacht, sondern einer Oppositionsgruppe[18] angehört hatte, war 1945 Landrat von Bamberg; er wurde im Frühjahr 1946 zum Landesvorsitzenden der FDP in Bayern gewählt. Ludwig Erhard, der sich auch später als bayerischer Wirtschaftsminister und dann als Direktor der bizonalen Wirtschaftsverwaltung in

Frankfurt als Experte und nicht so sehr als Parteipolitiker darstellte, wurde noch lange zu den Liberalen gerechnet, obwohl oder weil er sich von aller Parteipolitik fern hielt. Ironischerweise wurde gerade er, und zwar noch ohne förmliche Parteimitgliedschaft, 1949 zur Wahllokomotive der CDU und CSU in der ersten Bundestagswahl.

In den Programmen aller FDP-Gründungszirkel spielte die Freiheit der Wirtschaft, wie sie Erhard propagierte, eine beträchtliche Rolle. Stabilisierung der Währung, Aufbau einer freien, ungebundenen deutschen Wirtschaft, „Bodenreform zur Schaffung von Eigenheimen für alle schaffenden Menschen" sowie „Internationalisierung des Geldes und Durchführung eines einheitlichen Wirtschaftsgebietes aller Staaten unter Aufhebung aller Zollgrenzen" – das waren die wichtigsten ökonomischen Forderungen der Nürnberger Liberalen. Die übrigen Programmpunkte waren in weitaus allgemeineren Formulierungen der Propagierung von Demokratie und Freiheit in Kultur und Politik gewidmet.[19]

Die Liberal-Demokratische Partei in München, die am 30. November 1945 nach langen Richtungskämpfen rivalisierender Gruppen – eine schwenkte zur CSU ab, die anderen repräsentierten unterschiedliche Strömungen von linksliberal bis nationalistisch – gegründet wurde, forderte in ihrem Programm nach dem obligaten Bekenntnis zur Freiheit des Individuums in der Demokratie und der Ablehnung von „diktatorischen Methoden und autoritären Manieren" die „grundsätzliche Anerkennung der persönlichen Initiative als der entscheidenden Triebkraft wirtschaftlichen und geistigen Fortschritts und die bedingungslose Anerkennung und Unantastbarkeit ehrlich erworbenen Privateigentums". Weiter hieß es dann: „Unsere Wirtschaftsauffassung widersetzt sich aber jeder Anhäufung monopolartiger Wirtschaftsmacht, und wir bekämpfen die Bodenspekulation."[20]

Bemerkenswert pragmatisch waren die Programmpunkte, die sich mit der Hinterlassenschaft des Nationalsozialismus beschäftigten: „Wir erkennen die grundsätzliche Verpflichtung, den durch den Nationalsozialismus unmittelbar Betroffenen und den durch den Krieg Schwergeschädigten sowie den zurückkehrenden Soldaten jede mögliche Unterstützung beim Neuaufbau ihrer Existenz zu gewähren. Ebenso wollen wir, daß den in unserer Heimat neu aufgenommenen Mitbürgern bestmögliche Unterstützung zur Schaffung eines menschenwürdigen Daseins zuteil wird, soweit es sich dabei nicht um aktive Faschisten mit oder ohne Parteibuch handelt. Im Interesse der Gesundung der Wirtschaft und des Volksganzen wünschen wir, daß den Mitläufern der ehemaligen NSDAP in absehbarer Zeit nach geeigneter Bewährung Gelegenheit zur Rückkehr in die Gemeinschaft gegeben wird."[21]

Das Programm, mit dem die FDP in Bayern Mitte Mai 1946 – vier Monate später als die großen Parteien – die Zulassung als Landespartei beantragte, folgte dieser Linie, auch wenn es als Kompromiß für die heterogenen Kreisgruppen, die schlecht organisiert und in den ersten Wahlen entmutigend erfolglos gewesen waren, zwangsläufig farblos ausgefallen war. Am kernigsten waren die fünf abschließenden Punkte formuliert, die zusammenfaßten, wogegen die FDP (auf diesen Namen hatte man sich in Bayern im Frühjahr 1946 geeinigt) kämpfen wollte, nämlich gegen „1. Separatismus und Partikularismus in jeder Form, jeden völkischen Eigendünkel. – 2. Bürokratie, Denunziantentum, Vetternwirtschaft und Parteibonzentum. – 3. Einmischung und Betätigung der Kirche auf politischem Gebiet. – 4. Egoistische Gewinnsucht durch gewissenlose Ausnutzung jeder wirtschaftlichen Notlage. – 5. Reaktion und Anarchie – Militarismus und jede Diktatur."[22]

Die FDP war, den drei großen Parteien hinterherhinkend, eine Splitterpartei, die wenig beachtet wurde, zeitweise möglicherweise noch weniger als die „Bayerische Heimat- und Königspartei", deren Lizenzierung in München (sie existierte nur in der Landeshauptstadt) den amerikanischen Stäben viel Kopfzerbrechen bereitete. Die Monarchisten hatten im Januar 1946 eine vorläufige Parteilizenz erhalten. Im Parteiprogramm wurde nach einer Präambel in epischer Breite, in der die glücklichsten Zeiten Bayerns unter der Krone des Hauses Wittelsbach besungen wurden, die schlichte Forderung nach staatlicher Unabhängigkeit und der Staatsform einer (eher konstitutionellen als demokratischen) Monarchie erhoben. Sätze wie: „Der König hat darüber zu wachen, daß die Staatsgewalt als von Gott kommend sich in ihren Handlungen an die göttlichen Gebote hält", lösten bei den Amerikanern eine gewisse Ratlosigkeit aus. Von der Münchner Militärregierung aufwärts über die Landesmilitärregierung und den Militärgouverneur für die US-Zone bis zum State Department in Washington beschäftigte man sich gründlich mit den heimat- und königstreuen Bayern, ehe die US-Behörden aufgrund eines ausführlichen Gutachtens des politischen Beraters von General Clay, Robert Murphy (der Bayern übrigens gut kannte, er war in den zwanziger Jahren Konsul in München gewesen!), zum Schluß kam, daß die unzeitgemäße Royalistenpartei keine Existenzberechtigung haben sollte, und sie im Mai 1946 verbot.[23]

Wenig später, im Juni 1946, beschäftigte eine ganz andere Gruppe, die die Zulassung als politische Partei begehrte, die amerikanische Besatzungsbürokratie. Dieser Fall hatte aber grundsätzliche Bedeutung. Es ging um die „Wirtschaftliche Flüchtlingspartei", die in Mainburg die Lizenz für die Regierungsbezirke Niederbayern und Oberpfalz beantragt hatte. Programm, Statuten und 25 Unterschriften waren ordnungsgemäß eingereicht worden. Auf höchster Ebene, durch General Clay persönlich, wurde aber entschieden, daß die Gründung politischer Parteien durch Flüchtlinge und Vertriebene generell nicht geduldet würde. In der Begründung hieß es, die Heimatvertriebenen aus den Ostgebieten müßten in die Gesellschaft ihrer neuen Wohnorte integriert werden, und sie sollten daher ihr politisches Leben im Rahmen der bestehenden Parteien entfalten.[24] Bei dieser Politik blieb es in allen Zonen bis zum Ende des direkten Besatzungsregiments, mit dem 1949 auch der Lizenzierungszwang entfiel. Erst dann entstand im Block der Heimatvertriebenen und Entrechteten (BHE) eine – allerdings kurzlebige – politische Interessenvertretung dieser Gruppe.

Mit ganz entgegengesetzten Zielen, nämlich der Verteidigung bayerischer Eigenart und Tradition, machte sich als partikularistische Protestbewegung gegen die befürchtete „Überfremdung" durch Flüchtlinge, Zugereiste und Preußen die Bayernpartei zum Anwalt kleinbürgerlicher Föderalisten, königstreuer Altbayern und Leuten von ähnlicher patriotischer Gesinnung. Offiziell gilt der 28. Oktober 1946 als Gründungsdatum der Partei, tatsächlich wurden zu diesem Zeitpunkt aber lediglich bereits existierende lokale Gruppierungen vereinigt, wobei die im November 1945 in München gegründete „Demokratische Union" das organisatorische Gerüst bildete. Die Bayernpartei erlebte ab 1948/49, im Zeichen der Bruderkämpfe und der Krisen in der CSU, ihre Blütezeit. Sie bildete damals für die Christlich Soziale Union eine gefürchtete Konkurrenz, die nicht nur prominente CSU-Spitzenfunktionäre wie den Landwirtschaftsminister Josef Baumgartner, sondern auch scharenweise Mitglieder und Wähler anzog. In den ersten beiden Nachkriegsjahren war die Bayernpartei allerdings völlig unbedeutend, sie beteiligte sich auch noch nicht an Wahlen.[25]

Ein Sammelbecken für kleinbürgerliche und bäuerliche Protestwähler, für unzufriedene Einzelgänger, aber ebenso auch für nationalistische Cliquen und für Heimatvertriebene und Flüchtlinge bot die Wirtschaftliche Aufbau-Vereinigung (WAV), die Alfred Loritz sozusagen als Verkörperung des weitverbreiteten Antiparteien-Effekts und der Politikverdrossenheit der Nachkriegszeit gegründet hatte. Am 8. Dezember 1945 wurde die WAV für den Stadt- und Landkreis München genehmigt, am 25. März 1946 wurde sie als vierte Partei in Bayern landesweit lizenziert. Die WAV war ebenso bizarr wie kurzfristig erfolgreich. Sie hatte mit 5,1 Prozent der Stimmen 8 Abgeordnete in der Verfassunggebenden Landesversammlung, aus den Dezemberwahlen 1946 ging sie mit 7,4 Prozent der Stimmen und 13 Mandaten hervor, und im ersten Bundestag war sie noch mit 12 Abgeordneten vertreten, das entsprach 14,4 Prozent der bayerischen Wählerstimmen.

Auf der an pittoresken Gestalten nicht eben armen politischen Szenerie Bayerns bot in den Nachkriegsjahren der WAV-Gründer Loritz gewiß die schillerndste Erscheinung. Er war von Beruf Rechtsanwalt und von Berufung Demagoge; er war vor 1933 Funktionär der „Reichspartei des deutschen Mittelstands", war im Widerstand und seit 1939 im Schweizer Exil gewesen. Als Redner und Propagandist in der Rolle des Volkstribunen brachte er bis zu 30 000 Leute auf die Beine; zur Charakterisierung seiner persönlichen Eigenschaften braucht man Begriffe wie Paranoia, Scharlatanerie, Querulanz, exzessiver Ehrgeiz – ja, manche verglichen ihn, seiner rhetorischen Gaben wegen, sogar mit Hitler. Loritz wurde im Dezember 1946 Entnazifizierungsminister im Kabinett Ehard, im Juli 1947 kam er in Untersuchungshaft wegen Meineids und Schwarzmarktgeschäften, und in jähem Auf und Ab von Flucht, Amnestie, neuerlicher Verhaftung und Verurteilung, Bundestagsmandat verlief seine weitere Karriere; er starb als politischer Asylant in Wien in äußerst armseligen Verhältnissen 1979.

Die Anziehungskraft der WAV beruhte einerseits auf der demagogischen Wirkung von Loritz, andererseits auf einigen griffigen Formeln, die als programmatische Versatzstücke dienten: Das Hauptziel, der wirtschaftliche Wiederaufbau Deutschlands, sollte u.a. durch Subventionen der Bauern, durch staatlich garantierte Mindestlöhne für die Arbeiter und durch den Schutz des Mittelstands vor dem Großkapital erreicht werden. Beifall fanden auch die populistischen Forderungen, alle wichtigen Gesetze durch Volksabstimmung zu beschließen und die Berufsbeamten durch „unpolitische Fachleute" zu ersetzen. Die „wahre Volksdemokratie", wie sie Loritz propagierte, war eine Mischung aus Agitation gegen Parteien und Parlamentarismus mit Propaganda für den unreflektierten Traum einer „Gemeinschaft der schaffenden Stände".

Mit solchen Rezepten ließen sich Existenzängste ventilieren und Protestpotentiale aktivieren, das machte den Erfolg der WAV aus, auch wenn sie schon 1947 durch internen Machtkampf und Spaltung, durch die Verhaftung des Vorsitzenden Loritz und durch die Unfähigkeit der WAV-Funktionäre, das Chaos in den eigenen Reihen zu bannen, unterzugehen drohte. Das Ende der Partei kam aber erst Anfang der 50er Jahre, nachdem das Bündnis mit der Vertriebenenorganisation „Neubürgerbund" zerbrochen war. Die Reste der WAV hatten sich schließlich noch mit dem Strandgut der 1952 verbotenen rechtsextremen „Sozialistischen Reichspartei" liiert.

Das Jahr 1946, als die Partei 52 Kreisverbände in Bayern und – geschätzt – zwischen 8000 und 10 000 Mitgliedern hatte, war die große Zeit der WAV gewesen.[26] Immerhin hatte Loritz damals auch die

CSU das Fürchten gelehrt. Im inneren Zirkel um den CSU-Vorsitzenden Dr. Josef Müller wurde sogar geargwöhnt, die WAV sei ein Vorposten der Kommunisten, der als Spaltpilz auf die anderen Parteien zerstörend wirken sollte.[27] Wie anders, so wurde dort argumentiert, könne man sich erklären, daß die Loritz-Partei fünfmal soviele Plakate anschlage wie die CSU?

In der Verfassunggebenden Landesversammlung bereitete Loritz den Spitzenpolitikern der CSU häufig argen Verdruß, wenn er etwa den Präsidenten Horlacher daran erinnerte, daß er 1933 als Reichstagsabgeordneter der BVP dem Ermächtigungsgesetz zugestimmt hatte. Horlacher reagierte darauf jedesmal wie ein wütender Stier, was nicht nur Loritz erfreute.[28] Im Herbst 1946 sorgte die Behauptung des WAV-Demagogen, der CSU-Vorsitzende Müller habe in der NS-Zeit an einer Arisierung mitgewirkt, wochenlang für Schlagzeilen. Der Vorwurf, Dr. Müller habe sich an jüdischem Vermögen bereichert, erwies sich zwar als unbegründet, aber Müllers Position blieb angeschlagen.[29] So sehr dies manchem Unionspolitiker gelegen kam, so fühlten sich die CSU-Funktionäre insgesamt gegenüber der hemmungs- und skrupellosen Propaganda der WAV in der Defensive. Im Frühjahr 1947 beklagte Landwirtschaftsminister Baumgartner, der damals noch zur CSU-Prominenz gehörte, in einer Runde jüngerer Aktivisten die größere propagandistische Effizienz der Kommunisten und der Loritz-Partei, denen die Münchner nur zu oft und zu gerne zujubelten: „Die KPD, wie auch die WAV, beruft große Massenversammlungen ein, redet und trommelt ohne Unterlaß, die brave Union aber sitzt in so kleinen Kreisen wie wir hier zusammen und läßt es dabei gut sein! Wenn das nicht anders wird, wenn die Union nicht aktiv wird und ebenso wie die anderen auf die Straße geht, dann hat die Union alle Aussicht, in kurzer Zeit derselbe schlappschwänzige Verein zu werden, der die Bayerische Volkspartei vor 1933 war!"[30]

Diese Selbstkritik berührte das Grundverständnis der Partei, das in persönlichen Querelen und Richtungskämpfen unterzugehen drohte. Die Geschichte der CSU in den ersten Nachkriegsjahren enthält eine eindrucksvolle Folge dramatischer Intrigen, Ehrabschneidereien, Denunziationen bei der Militärregierung, Enthüllungen von echten und erfundenen Schlafzimmergeheimnissen – Waffen im politischen Kampf um Grundsätze und Positionen. „Niemals drohte das politische Leben eines Landes ernster zu verwildern als in Bayern 1946/47, und niemals wurde das Christentum bedenklicher herabgewürdigt als durch jene Führer der bayerischen CSU, die eine Zeitlang nichts weiter zu tun zu haben schienen als Journalisten Klatschgeschichten über ihre eigenen Parteifreunde zu erzählen", urteilte 1949 der Münchner Korrespondent eines Berliner Blatts in einem Artikel über „die Dauerkrise der CSU", und der Schreiber erbot sich, dies aus eigenem Erleben zu bezeugen.[31]

Die unerfreulichen Erscheinungsformen christlich-sozialer Politik in Bayern hatten ihre Wurzeln aber nicht (oder nur zum geringen Teil) in charakterlichen Mängeln ihrer Exponenten; die Konflikte ergaben sich fast zwangsläufig aus dem politischen Dilemma, in dem die CSU seit ihrer Gründung steckte. Zwei ideologisch konträre Absichten sollten in der „Union" in Bayern verwirklicht werden, und die verschiedenen Richtungen wurden nicht nur durch rivalisierende Persönlichkeiten artikuliert und ausgetragen, sie spiegelten auch regionale und konfessionelle Gegensätze zwischen dem industrialisierten Norden und dem agrarischen Süden des Landes.

Protagonist der Unionsidee einer liberal-konservativen demokratischen Massenpartei, in der soziale Verantwortung und christliche Ethik konsensbildend sein sollten, war der Rechtsanwalt und Münchner Parteigründer Dr. Josef Müller, der weithin als „Ochsensepp" bekannt war. Der Beiname konnte vom Uneingeweihten als Signalement altbayerischer Herkunft verstanden werden; tatsächlich wies er zwar auf den bäuerlichen Hintergrund Müllers hin, seine Heimat aber war Oberfranken.[32] In Franken hatte Müller, den Freund und Feind als Ausbund politischer Schlitzohrigkeit verehrten oder schmähten, auch seine politischen Anhänger. Josef Müller und seine Mitstreiter – unter ihnen vor allem der Diplomat Friedrich Wilhelm von Prittwitz und Gaffron, der Münchner Oberbürgermeister Scharnagl, Stadtpfarrer Emil Muhler, August Haußleiter, Wilhelm Eichhorn und der Nürnberger CSU-Gründer Paul Nerreter – propagierten als Gegenstück zur SPD eine interkonfessionelle Sammlungspartei. Der eigentliche Vater dieser Unionsidee war Adam Stegerwald, den die Amerikaner im April 1945 zum Regierungspräsidenten von Unterfranken bestellt hatten.

Der christliche Gewerkschafter Stegerwald knüpfte an 1920 erstmals von ihm formulierte Vorstellungen an, als er im August 1945 in Würzburg eine Partei neuartiger politischer Qualität, eine „Brückenbaupartei", unter dem Namen „Christlich-Soziale Arbeiter- und Bauernpartei" propagierte. Sie sollte die Gegensätze zwischen Stadt und Land, zwischen Katholiken und Protestanten überbrücken und die klerikale und soziale Enge der früheren Zentrumspartei und ihrer bayerischen Schwester, der BVP, überwinden.[33] Der Nestor des Unionsgedankens erlebte gerade noch die Gründung der CSU; er starb Anfang Dezember 1945, zwei Wochen bevor Josef Müller vom vorläufigen Landesausschuß zum vorläufigen Vorsitzenden der CSU gewählt wurde. (Die Zulassung als Landespartei erhielt die Christlich Soziale Union am 9. Januar 1946.) Der Ochsen-Sepp konnte sich, zuletzt nur noch durch Taktieren und

Lavieren, bis zum Sommer 1949 an der Spitze der Partei halten, erbittert bekämpft von den Traditionalisten in der Partei, die den Kurs der 1933 verbotenen Bayerischen Volkspartei aufs neue steuern wollten. Exponent dieses CSU-Flügels, der den radikalen Föderalismus bayerischer Observanz verfocht und auch die Abgeschlossenheit des politischen Katholizismus gegenüber interkonfessionellen Bestrebungen nicht scheute, war Fritz Schäffer. Im Vordergrund stand freilich Alois Hundhammer, da über Schäffer, nachdem ihn die Amerikaner als Ministerpräsidenten abgesetzt hatten, im April 1946 auch ein Verbot öffentlicher politischer Betätigung verhängt war, das bis 1948 galt.

Der Schäffer-Hundhammer-Flügel hatte seine Hochburgen in Altbayern, die staatenbündischen Ideale verbanden sich mit traditionellem bäuerlichem und kleinbürgerlichem Standesprotektionismus. Der Müller-Flügel propagierte dagegen sozialen Fortschritt und lehnte – gestützt auf die „Reichstreue" der Franken – Sezessionswünsche und südbayerischen Partikularismus ab.[34] Zwischen diesen Positionen siedelte die mächtige innerparteiliche Bauernfraktion, geführt von Michael Horlacher, Alois Schlögl und Josef Baumgartner. Die Bauernriege machte Interessenpolitik und unterstützte im übrigen den Müller-Flügel, wenn es gegen die Wiederbelebung der BVP-Traditionen ging. In der Frage der bayerischen „Eigenstaatlichkeit" kämpften die Bauernvertreter jedoch mit Überzeugung in den Reihen des gouvernementalen Hundhammer-Flügels.

Die Richtungskämpfe wurden mit größter Erbitterung und nimmermüder Schlagkraft geführt bis an den Rand des Ruins der Partei. Zimperlich waren die Matadoren dabei nicht und titulierten sich drastisch. Den Parteivorsitzenden bezeichnete einer als „eine typische Schieberfigur", den Landtagspräsidenten Staatsrat Horlacher hießen sie „Klotz" und „Saubauer", und der Ausdruck „Weißwurstfaschist" fiel ebenfalls in einer innerparteilichen Diskussion. Wenn Schäffer seinem Gegner Müller unterstellte, er habe ihn bei den Amerikanern angeschwärzt und seinen Sturz herbeigeführt,[35] so gruben Müllers Anhänger in alten Zeitungsbänden Äußerungen Schäffers aus der Zeit der nationalsozialistischen Machtübernahme aus, in denen der damalige BVP-Vorsitzende Zustimmung zu Hitler und dessen Politik hatte erkennen lassen.[36]

Das Verhältnis deutscher Politiker zum Nationalsozialismus war mindestens für die Militärregierung der Prüfstein für die demokratische Gesinnung, und diese Probe bestand dieser und jener nicht. Im Juni 1946 verbot die Militärregierung die gesamte CSU im Stadt- und Landkreis Würzburg, weil lokale Spitzenfunktionäre Nationalsozialisten gewesen waren und weil der suspendierte Vorsitzende aus Trotz wiedergewählt worden war. Die „Mainpost" schrieb dazu, es werde

„höchste Zeit, daß die CSU endlich jene Reinigung ihrer Mitgliedschaft von reaktionären Elementen vornimmt, von deren Notwendigkeit objektive Beurteiler der Verhältnisse schon lange überzeugt sind"[37].

Daß ehemalige NSDAP-Mitglieder sich der CSU anschlossen, war ganz natürlich, viele andere Möglichkeiten, eine neue politische Heimat zu finden, gab es ja nicht, und die CSU warb mit der Forderung nach einem schnellen Abschluß der Entnazifizierung. Am 17. Mai 1946 hatte die Landesversammlung der Partei einstimmig folgendes Postulat beschlossen: „Die Union fordert eine beschleunigte, strenge, aber gerechte Durchführung des Entnazifizierungsgesetzes, die zu einer dem Maß der Schuld entsprechenden Bestrafung aller verantwortlichen Elemente führt."[38] (Gleichzeitig wurde die loyale Zusammenarbeit mit der Besatzungsmacht als „selbstverständliche Pflicht" sowie ein Bekenntnis zum bayerischen Volk und Staat „in unwandelbarer Treue" beschlossen.) Die führenden Leute in der CSU, ganz gleich, ob sie zum katholisch-konservativen weiß-blauen Flügel gehörten oder zur anderen Richtung bis hin zu August Haußleiter, der 1949 mit seinen Anhängern die Union verließ und die nationalistische „Deutsche Gemeinschaft" gründete – sie hatten keine Sympathien für den Nationalsozialismus gehabt.

Josef Müller war im Widerstand gegen Hitler aktiv gewesen und dafür ins Gefängnis und Konzentrationslager geraten, sein Gegenspieler Hundhammer war wie viele andere konservative Katholiken wegen dieser Gesinnung im KZ Dachau inhaftiert gewesen. Durch forcierten Antifaschismus tat sich die CSU-Prominenz allerdings auch nicht hervor. Die neue Partei warb ja als Sammlungsbewegung um Wähler und Mitglieder, um alle, die sich nicht den Sozialdemokraten und Kommunisten zugehörig fühlten. Die Präambel der zehn Grundsätze der CSU, die an der Jahreswende 1945/46 veröffentlicht wurden, machte dieses Ziel deutlich: „Eingedenk der unheilvollen parteipolitischen Zersplitterung der Vergangenheit haben sich Männer und Frauen aller Berufsstände aus einst getrennten politischen Lagern zu einer machtvollen Sammelbewegung zusammengeschlossen, deren Ziel es ist, die aus tausend Wunden blutende Heimat im Geiste des Christentums und einer wahrhaft sozialen Gesinnung wieder aufzurichten."[39]

Um potentielle Anhänger nicht durch zu differenzierte und spezielle Forderungen zu verprellen, übte die CSU Abstinenz gegenüber detaillierten programmatischen Aussagen. An grundsätzlichen Äußerungen fehlte es nicht ganz, außer den Schriften Stegerwalds gab es zum Beispiel die „Bamberger Denkschrift" Gerhard Krolls[40] oder Richard Jaegers Gedanken zur bayerischen Selbstbesinnung, denen er die Überschrift „Auf dem Weg zur Demokratie"[41] gegeben hatte, aber das waren private Äußerungen, die lediglich bestimmte Strömungen in der Partei reflektierten. Die Zehn-Punkte-Erklärung vom 31. Dezember 1945 war auch nicht mehr als ein Leitmotiv, und mehr sollte es nach Ansicht des Taktikers Müller vorerst auch nicht geben. Zunächst müsse die Partei aufgebaut werden, hatte der CSU-Vorsitzende verfügt, „in einem oder in zwei Jahren könne man sich dann um das Programm prügeln"[42].

Im Mai 1946 machte Michael Horlacher auf der Arbeitstagung des vorläufigen Landesausschusses einen Programmvorschlag, der von etwa 20 Unterzeichnern (darunter Josef Baumgartner, Alois Schlögl und August Schwingenstein) als Mindestforderung für die Gesamtpolitik deklariert wurde. Die Quintessenz war in den drei ersten Punkten enthalten:

„1. Klares Bekenntnis zum bayerischen Volk und Staat. Der politische Neuaufbau muß dem demokratischen Gedanken entsprechen und auf der Grundlage selbständiger Bundesstaaten erfolgen. Dem Reich ist an Aufgaben nur zu überlassen, was zur Erhaltung der politischen und wirtschaftlichen Reichseinheit unbedingt notwendig ist. Die künftigen Reichsgrenzen müssen die Einheit und Existenz des gesamten Deutschen Volkes gewährleisten.

2. Eindeutiges Bekenntnis zur christlichen Staats-, Wirtschafts- und Gesellschaftsauffassung im Gegensatz zur egoistisch-kapitalistischen Profitwirtschaft und Kollektivwirtschaft. Das grundsätzlich anzuerkennende Privateigentum muß im Einklang mit den christlichen Sittengesetzen gesehen werden.

3. Bekenntnis zu einer wirklich fortschrittlichen, ehrlich gemeinten Demokratie. Daher scharfe Ablehnung jeder Art von Reaktion, zu der auch militaristische, diktatorische, klassendiktatorische und sonstige volks- und staatsfeindliche Umtriebe gehören."[43]

Zwischen Horlachers Skizze und dem Grundsatzprogramm, das die Landesversammlung in Eichstätt am 14./15. Dezember 1946 verabschiedete, lagen viele Entwürfe und Redaktionsfassungen und der übliche innerparteiliche Hader. Das Grundsatzprogramm vom Dezember 1946[44] enthielt dann in größerer Breite und ausführlicher formuliert die Aussagen vom Mai 1946 bzw. vom Dezember 1945. Sie bildeten den größten gemeinsamen Nenner für die Politik der CSU als Sammlungsbewegung. Kurz zuvor hatte die Partei, angesichts ihrer innerparteilichen Querelen wider allgemeines Erwarten in den Landtagswahlen einen strahlenden Sieg errungen.

Für den Monat Mai 1946 stellte sich nach den Unterlagen der Militärregierung (und andere oder gar bessere gibt es nicht) die finanzielle Situation der bayerischen Parteien folgendermaßen dar: Die SPD hatte 6000 RM Einnahmen aus Mitgliedsbeiträgen und Spenden, denen

5024 RM Ausgaben für Büro, Porto, Fahrkosten und Propaganda gegenüberstanden. Die CSU hatte auf der Einnahmenseite 47 562 RM aufzuweisen und 22 109 RM davon wieder ausgegeben. Die KPD hatte die höchsten Einkünfte und die geringsten Ausgaben, nämlich 57 588 RM, von denen nur 11 843 RM wiederverwendet wurden. Die WAV hatte von den 10 821 RM, die durch Mitglieder und Spender einliefen, 9630 wiederausgegeben. Die FDP versicherte der Militärregierung dagegen, daß sie überhaupt keine Einnahmen hatte und daß ihre Ausgaben aus der Tasche der Parteifunktionäre bestritten würden. Die Parteifinanzen standen mit dem Mitgliederstand natürlich in engem Zusammenhang, und die Militärregierung interessierte sich dafür ebenfalls stark. Im Sommer 1946 waren etwa 71 000 Männer und Frauen in der bayerischen SPD organisiert. Die CSU hatte 55 000 Mitglieder, die WAV etwa 7000 und bei der FDP waren rund 3000 eingeschrieben. Am erstaunlichsten erschien der Mitgliederstand der KPD. Nicht weniger als 76 000 waren angeblich im Besitz des kommunistischen Parteibuchs, eine Zahl, an der die Militärregierung allerdings einige Zweifel hatte.[45]

Die KPD war in den ersten Nachkriegsjahren aber eine ernstzunehmende Größe in der bayerischen politischen Landschaft. Bei den Wahlen des Jahres 1946 behaupteten die Kommunisten jeweils den dritten Platz, und ihre Ziele und Bestrebungen wurden ernstgenommen. Zur Spitze der Partei in Bayern gehörte Ludwig Ficker, ein gebürtiger Münchner, der sich 1929 als junger Hilfsarbeiter der KPD angeschlossen hatte und der die Jahre ab 1933 teils im Untergrund, illegale politische Arbeit und Widerstand gegen das NS-Regime organisierend, teils in der Emigration verbracht hatte. Im Oktober 1945 war er Staatssekretär im bayerischen Innenministerium geworden. In der Propaganda der KPD spielten die Unterschiede zwischen der Ostzone und den Westzonen eine wichtige Rolle. Georg Fischer, der wie Ficker zur bayerischen Parteiprominenz gehörte und Staatssekretär im Wirtschaftsministerium war, sprach am Vorabend der Stadtkreiswahlen in Ingolstadt vor etwa tausend Zuhörern. Er berichtete über eigene Erfahrungen in der Ostzone, die in starkem Kontrast zu einem Artikel der „Süddeutschen Zeitung" standen, der kurz vorher über die Leipziger Messe veröffentlicht worden war.[46] Der Reporter habe nur Negatives gesehen. Gewiß sei es richtig, sagte Fischer, daß in sehr großem Maßstab Demontage von Fabriken und Eisenbahnanlagen betrieben werde. Aber erstens wäre das, gemessen an den ungeheuren Zerstörungen, die die deutschen Divisionen im Osten angerichtet hatten, verständlich. Zweitens würden die Bayern dasselbe erleben, wenn auch sechs oder neun Monate später, weil in Bayern eben alles sehr langsam gehe, und drittens hätten die russischen Militärbehörden den Gewerkschaften versprochen, ab 1. Mai keine weitere Demontage in ihrer Zone mehr durchzuführen. Die Demontage der Russen sei hiermit als beendet anzusehen. Fischer sagte, er habe in der russischen Zone nicht einen einzigen Menschen gesehen, der nicht bestätigt hätte, daß es dort wirtschaftlich aufwärts gehe. Man habe in dem erwähnten Artikel darüber polemisiert, daß man ja alle Dinge, die auf der Messe gezeigt wurden, nicht kaufen könne. Das sei aber nur so lange der Fall, als die Zonengrenzen noch bestünden. Fielen diese Schranken, so könne man zum Beispiel sofort eine monatliche Produktion von 2500 Olympiaschreibmaschinen und noch vieles andere mehr, wie Hosenknöpfe, Griffel, Babyschnuller (alles Dinge, die man sonst nirgends bekomme), kaufen. Davon habe der Berichterstatter der „Süddeutschen Zeitung" nichts gebracht, daß der wirtschaftliche Aufbau in der Sowjetzone viel weiter gediehen sei als in allen anderen Zonen, vor allem in Bayern, oder daß die Entnazifizierung viel schneller durchgeführt wurde, was nur an der politischen Einheit der Arbeiterpartei liege.[47]

Die Einheit der Arbeiterklasse bzw. die Verschmelzung von SPD und KPD zu einer Einheitspartei, wie sie in der Ostzone im April 1946 durchgesetzt worden war, bildete das Hauptanliegen der KPD; in den Wahlkämpfen des Jahres 1946 spielte das Thema die größte Rolle. In Ingolstadt erklärte Staatssekretär Fischer, das Bürgertum habe versagt, es gehe jetzt um die Interessen des schaffenden Volkes. Gegen Junkertum, reaktionäre Beamtenschaft und Kapitalismus müsse sich die Arbeiterbewegung geschlossen – und nicht getrennt in SPD und KPD – zur Wehr setzen. Fischer betonte mehrfach, daß sich die KPD grundlegend geändert habe, daß sie zugebe, 1933 zu doktrinär gewesen zu sein. (Daß die KPD damals erbitterter gegen die SPD als gegen die NSDAP agitiert hatte, sagte er freilich nicht ganz so deutlich.) Die KPD habe es damals nicht verstanden, die Einheit der Schaffenden herzustellen, deshalb sei die Spaltung der Arbeiterklasse erfolgt, die Reaktion hätte einen Nährboden gefunden, und daher sei Hitler zur Macht gekommen. Diesem etwas simplen und historisch recht bedenklichen Rückblick ließ Fischer die Zukunftsvision der KPD folgen: „Heute sehen wir, daß es notwendig ist, Deutschland entsprechend seiner historischen Entwicklung zu behandeln und die Mentalität des Deutschen Volkes bei der Sozialisierung zu berücksichtigen. Wir wollen nicht, wie es so primitiv behauptet wird, ein getreues Abziehbild des Sowjetstaates auf Deutschland übertragen, wir wollen Gerechtigkeit für alle Schaffenden, wollen die Schlüssel der Wirtschaft in die Hände des Deutschen Volkes legen. Wir haben erkannt, daß die Privatinitiative des Mittel- und Bauernstandes gewahrt bleiben muß, und wir werden bei der 100 ha-Grenze bei der zu erwartenden Bodenreform verständnisvoll verfahren."[48]

Nennenswerten Beifall habe Fischer trotz des guten Besuchs der Versammlung aber nicht gefunden, schrieb der Beobachter der Militärregierung abschließend in seinem Bericht.

Im Sommer 1946 waren auch prominente Redner der SED in Bayern zu vernehmen, die für die Einheit der Arbeiterparteien, die Neugestaltung Deutschlands auf sozialistischer und unitaristischer Grundlage und für die Einheit Deutschlands – man sagte damals noch allenthalben „Reichseinheit" dazu – warben. Auf dem Münchner Königsplatz sprachen am 29. Juli 1946 bei einer Großkundgebung der KPD Max Fechner (der als ehemaliger Sozialdemokrat der Berliner SED-Zentrale angehörte) und anschließend kein geringerer als Walter Ulbricht. Die Amerikaner hatten natürlich Beobachter auch zu dieser Veranstaltung – der ersten politischen Kundgebung unter freiem Himmel nach dem Kriege – geschickt. Deren Aufzeichnungen für die Militärregierung machten Stimmung und Atmosphäre der Veranstaltung anschaulich:

„Eine ziemlich dicht stehende Menge, an die 2000 Personen, füllte den halben Platz aus und ließ sich auch durch wiederholte Regengüsse nicht vertreiben. Sie schien aus Angehörigen so ziemlich aller Schichten gebildet; zwischen Arbeitern und den kleinbürgerlichen, werktätigen oder wie immer zu nennenden, jedenfalls mehr oder weniger proletarisierten Elementen nicht minder zahlreich bürgerliche Typen und Vertreter der sogenannten Intelligenz. Ein relativ hoher Prozentsatz (etwa ein Viertel) entfiel auf die jugendlichen, teils studentischen Teilnehmer; insgesamt jedoch wesentlich mehr Männer als Frauen ... Nach dem starken Beifall zu schließen, der stereotyp immer an den Stellen der Reden einsetzte, welche die Forderungen nach Wahrung der Reichseinheit und Aufteilung des Grundbesitzes abhandelten, befand sich der zustimmende Teil der Versammlung dem vom kritischen Interesse bestimmten oder nur von bloßer Neugier herbeigelockten gegenüber in beträchtlicher Überzahl. So sehr waren die Ausführungen nach dem Herzen der Zuhörer, daß an den bezeichneten Mündungspunkten seiner Rede sogar Ulbricht beklatscht wurde, den sein sächsischer Zungenschlag in München sonst von jeder oratorischen Wirkungsmöglichkeit ausschließen müßte."[49]

Ein anderer Kundschafter in amerikanischen Diensten kam zu einer etwas abweichenden Einschätzung des Publikums. Es habe durchweg dem Arbeiterstand angehört, und der „sogenannte echte Münchner bürgerlicher Observanz" habe gefehlt, „wenn auch fast alle Leute Münchner Herkunft gewesen sein mögen, was aus Sprache und Gehaben ersichtlich war". Fechners Rede sei die bessere gewesen, aber beide Reden „waren im großen und ganzen sachlich und brachten durchaus nichts Neues, insbesondere keinen Angriff gegen die Militärregierung, wenn auch Worte der Kritik an den Verhältnissen in den Zonen, die von den Westmächten besetzt sind, ausgesprochen wurden. Es geschah dies in der geschickten Art, daß die Verhältnisse in der Ostzone besonders positiv geschildert wurden und der Zuhörer dann mehr oder weniger selber veranlaßt wurde, Vergleiche zu ziehen, was auch in gelegentlichen zustimmenden Zwischenrufen zum Ausdruck kam."[50]

In Augsburg, wo Fechner und Ulbricht einige Tage später auf einer Tagung von Betriebsratsvorsitzenden und Gewerkschaftsfunktionären und anschließend auch auf einer öffentlichen Kundgebung auftraten, schien ihr Erfolg geringer als in München. Gemessen an den Erwartungen der Veranstalter, „die glaubten, daß durch das Auftreten von Fechner und Ulbricht eine mächtige Bewegung und schwungvolle Begeisterung für die Einigung ausgehen würde", sei es ein Fiasko gewesen. Beide Redner, die über dieselben Themen wie in München sprachen, hätten versagt, schrieb der „German Investigator" in Diensten des „Augsburg Detachment" der US-Militärregierung für Bayern: „Sie mußten versagen, weil ihre Ausführungen im Widerspruch mit der Wirklichkeit waren und zum Teil nicht mit den Wünschen und Auffassungen überzeugter Sozialisten übereinstimmten."[51] Das war schon beim Landesparteitag der bayerischen SPD deutlich zum Ausdruck gekommen. Die Sozialdemokraten hatten sich am 13. und 14. April 1946 in Erlangen versammelt und die Frage der Vereinigung der beiden Arbeiterparteien kurz abgetan. Die Gemüter der Delegierten seien durch das kommunistische Projekt einer sozialistischen Einheitspartei nicht erregt worden, schrieb ein Beobachter des Parteitags, und Ministerpräsident Hoegner erhielt viel Beifall nicht nur für seine große Grundsatzrede, sondern auch für seine Bemerkung, die KPD möge sich auflösen und die Mitglieder könnten ja dann der SPD beitreten.[52]

Ulbricht hatte sich in Augsburg auch mit dem Entwurf der bayerischen Verfassung beschäftigt und festgestellt, sie bleibe hinter der Weimarer Reichsverfassung von 1919 zurück. Gegen den Verfassungsentwurf regte sich aber auch bei dem kleinen Häuflein der Liberalen heftiger Widerstand. Vor 89 Besuchern bezweifelte im Augsburger Ludwigsbau am 23. November 1946 der Kultusminister von Württemberg-Baden, Theodor Heuss, als Gastredner die Notwendigkeit der Verfassunggebung. Die Zeit dazu sei noch nicht reif, aber es sei nun einmal der Wunsch und Wille der Besatzungsmacht. Daß die Idee des bayerischen Staatspräsidenten nicht verwirklicht sei, hielt Heuss für ein Glück, die beabsichtigte zweite Kammer sei wirkungslos und finanziell ein Luxus, die Schulfrage, bei der die Sozialdemokratie „die wohl lächerlichste Rolle in ihrer Geschichte gespielt" habe, sei nicht günstig gelöst. In Württemberg habe man Konfessionsschulen abgelehnt.[53]

Theodor Heuss äußerte sich als Minister des Nachbarlandes mit betonter Zurückhaltung zur bayerischen Verfassung. Der temperamentvolle Thomas Dehler, der sich im Landtag gerne exponierte, ebenso wie später als erster Bundesminister der Justiz, hatte an derselben Stelle wie Heuss drei Wochen zuvor mit Deutlichkeit und Schärfe Position bezogen. Eine Verfassung, die in solcher Notzeit geschaffen werde, könne keine Wurzeln schlagen. Sie komme zu früh, es sei auch ein Unrecht, daß die vielen Kriegsgefangenen und noch nicht Entnazifizierten an der Abstimmung nicht teilnehmen könnten. (Zur letzteren Kategorie zählten in Bayern noch 278 000 Personen, deren Wahlrecht bei den Dezemberwahlen 1946 suspendiert war.) Bei den Verfassungsberatungen habe der „Münchner Geist" und nicht ein deutscher geherrscht, genau wie nach der Revolution von 1918. Die Gemeinschaftsschule sei die Grundlage der Demokratie, die mit Hilfe der SPD installierte Konfessionsschule sei dagegen Ausdruck muffigen Geistes. Die FDP, die für eine Übergangszeit lediglich eine Notverfassung haben wollte, lehnte die neue Konstitution ab: „Die Verfassung verkörpert nicht die demokratische Auffassung der Freien Demokratischen Partei. Sie enthält zwar allerhand Rechte auf Wohnung, Arbeit, Ausbildung, Postgeheimnis usw., die aber praktisch nicht vorhanden sind und nicht gewährt werden können." Dehler beklagte vor seinen 300 Zuhörern die Intoleranz der beiden großen Parteien bei den Verfassungsberatungen; besonders die SPD, aber auch die CSU hätten „die Demokratie verraten. Tyrannen haben den Beamten das Rückgrat gebrochen."⁵⁴ Was mit dem letzten Satz gemeint war, war nicht so recht ersichtlich, aber es war eine kräftige Sprache, wie man sie damals besonders liebte.

Jedenfalls opponierte die FDP zusammen mit der WAV und der KPD gegen den Verfassungsentwurf. Die beiden großen Parteien gerieten dagegen im Herbst 1946 in heftige Krisen. Entzündet hatte sich der innerparteiliche Streit, sowohl bei den Sozialdemokraten wie in der CSU, an der Frage des Staatspräsidenten. In der CSU kämpfte der Müller-Flügel gegen das Projekt, das schon in der Weimarer Zeit, damals zugunsten eines Ersatzkönigs, propagiert worden war. Wegen des Staatspräsidenten ging durch die CSU-Fraktion der Verfassunggebenden Versammlung ein tiefer Riß; auf der anderen Seite des Grabens standen die Traditionalisten um Hundhammer, Schäffer, Pfeiffer, denen ein bayerisches Staatsoberhaupt als Garant bayerischer Eigenstaatlichkeit begehrenswert erschien. Den Sieg in der Staatspräsidentenfrage, den Josef Müller über den Hundhammer-Flügel der CSU errang, mußte er wenig später bitter büßen, als ihn die Traditionalisten in der Ministerpräsidentenwahl im Stich ließen und statt des Ochsensepps Hans Ehard auf den Schild hoben.

Die Sozialdemokraten lehnten die Institution eines Staatspräsidenten ab und hatten das in der Wahlkampagne des Sommers 1946 unmißverständlich artikuliert. Um so erstaunlicher erschien es dann, daß Ministerpräsident Hoegner im Herbst 1946 nicht nur seine Sympathien für das Staatspräsidentenamt entdeckte, sondern sich dafür stark exponierte. Die Quittung erhielt er bei der Abstimmung in der Konstituante, bei der die Sozialdemokraten fast einmütig gegen den Staatspräsidenten votierten. Hoegner machte als Regierungschef und als SPD-Vorsitzender auch persönlich keine besonders gute Figur, als er bei der Abstimmung im ersten Durchgang für den Staatspräsidenten optierte und vor dem zweiten Wahlakt den Saal verließ. Es kam daraufhin zu jener denkwürdigen Szene vor der Abgeordnetengarderobe, bei der der FDP-Vorsitzende Dehler Hoegner deswegen einen Feigling nannte. Der Ministerpräsident gebot dem Liberalen Schweigen oder er lasse ihn „abführen". Dehler genoß die Szene und rief: „Hören Sie alle, meine Herren, der bayerische Ministerpräsident will mich verhaften lassen." Hoegner replizierte mit der Frage: „Wie benehmen Sie sich überhaupt einem Vorgesetzten gegenüber?" Womit er Dehler natürlich endgültig ins Messer lief, der abschließend die Ranggleichheit aller Abgeordneten konstatierte.[55]

Der Vorfall lehrte, daß das demokratische Verhalten auch bei bewährten Demokraten noch verbesserungsfähig war. Insgesamt endeten die Verfassungsberatungen mit einer Vertrauenskrise, die beide Parteien erschütterte. Um so erstaunlicher waren dann die Wahlergebnisse am 1. Dezember 1946, die beiden nur geringfügige Verluste brachten. Vielleicht war der gleichzeitige Volksentscheid über die Verfassung ein stärkeres Indiz für den Unmut der Bürger über die verschlungenen Wege der Parteipolitik. Während in Niederbayern/Oberpfalz 80,6% Ja-Stimmen gezählt wurden, waren es in Oberbayern nur 65,3% (in den zehn Münchner Stimmkreisen weniger als 55%) und in Ober- und Mittelfranken nur 63,6%. In Schwaben votierten 73,2% für die Verfassung, in Unterfranken waren es immerhin 78,6%.[56]

Volksentscheid und Landtagswahl hätten für den Kenner der politischen Verhältnisse in der wirtschaftlichen Struktur des Landes keine bedeutende Überraschung gebracht, kommentiert die „Süddeutsche Zeitung"[57] die Resultate vom 1. Dezember. Offensichtlich war aber mit noch weniger Zustimmung zur Verfassung gerechnet worden. Immerhin sei es zu begrüßen, „daß sich eine große Mehrheit hinter die Verfassung gestellt hat, die nunmehr die Voraussetzung für einen demokratischen Aufbau des Staates auf parlamentarischer Grundlage schafft".

WAHLEN IN BAYERN

	Gemeindewahlen (Gemeinden bis zu 20 000 Einw.) 27. Januar 1946 Wahlbeteiligung: 86,7%[1]			Kreiswahlen 28. April 1946 Wahlbeteiligung: 73,1%[2]			Stadtkreiswahlen (Stadtkreise und Gemeinden mit mehr als 20 000 Einw.) 26. Mai 1946 Wahlbeteiligung: 86,8%[3]			Wahl zur Verfassunggebenden Landesversammlung 30. Juni 1946 Wahlbeteiligung: 72,1%[4]			Wahl zum Bayerischen Landtag 1. Dezember 1946 Wahlbeteiligung: 75,7%[5]			Wahl zum Bayerischen Landtag 26. November 1950 Wahlbeteiligung: 79,9%		
	Stimmenzahl	in Prozent	Mandate	Stimmenzahl	in Prozent	Mandate	Stimmenzahl	in Prozent	Mandate	Stimmenzahl	in Prozent	Mandate	Stimmenzahl	in Prozent	Mandate	Stimmenzahl	in Prozent	Mandate
CSU	887 950	43,6	15 315	1 234 282	67,9	3 730	425 237	45,1	410	1 587 595	58,3	109	1 593 908	52,3	104	2 527 370	27,4	64
SPD	338 401	16,6	3 619	415 769	22,9	1 156	358 343	38,0	303	786 045	28,8	51	871 760	28,6	54	2 588 549	28,0	63
FDP	15 707	0,8	199	27 082	1,5	61	36 591	3,9	38	68 417	2,5	3	172 242	5,6	9	653 741	7,1	12
KPD	47 572	2,3	286	70 769	3,9	137	64 594	6,9	43	145 749	5,3	9	185 023	6,1	–	177 768	1,9	–
WAV	–	–	–	9 865	0,5	23	30 955	3,3	12	137 765	5,1	8	225 404	7,4	13	259 687	2,8	–
Bayernpartei	–	–	–	–	–	–	–	–	–	–	–	–	–	–	–	1 657 713	17,9	39
BHE-DG	–	–	–	–	–	–	–	–	–	–	–	–	–	–	–	1 136 148	12,3	26
Sonstige	746 225	36,7	22 206	60 283	3,3	199	26 510	2,8	18	–	–	–	–	–	–	236 864	2,6	–

Quellen: Statistisches Jahrbuch für Bayern 1947, hrsg. vom Bayerischen Statistischen Landesamt, München 1948, S. 304 ff. – Statistisches Jahrbuch für Bayern 1952, hrsg. vom Bayerischen Statistischen Landesamt, München 1952, S. 448 f. – Wahl zum Bayerischen Landtag am 26. November 1950, hrsg. vom Bayerischen Statistischen Landesamt, München 1951, S. 9

[1] Zahl der Wahlberechtigten, die aus politischen Gründen (noch nicht erfolgte Entnazifizierung) nicht in die Wählerliste aufgenommen oder am Wahltag zurückgewiesen wurden: 212 708 (8,1%).   [2] Wahlberechtigung suspendiert: 178 799 (6,5%).   [3] Wahlberechtigung suspendiert: 76 589 (6,4%).   [4] Wahlberechtigung suspendiert: 271 436 (6,6%).
[5] Wahlberechtigung suspendiert: 278 021 (6,2%).

Barbara Fait

Auf Befehl der Besatzungsmacht?
Der Weg zur Bayerischen Verfassung

Die Geburt des neuen Bayern war, wie die Zeitung „Frankenpost" wenige Wochen vor Beginn der Verfassungsberatungen das Kommende apostrophierte, nicht das Ergebnis eines „feurigen Schöpfungsaktes", nicht Errungenschaft einer „märtyrerhaften Revolution": „An der Wiege des neuen Bayern steht ein Befehl der Besatzungsmacht."[1]

Die Bedingungen, unter denen 1946 das neue bayerische Staatsgrundgesetz entstand, ließen für romantischen Stilisierungen in der Tat kaum Raum. Als am 8. Februar 1946 durch Befehl der amerikanischen Besatzungsmacht die Weichen für die Ausarbeitung der neuen bayerischen Verfassung gestellt wurden, lag das Ende des Zweiten Weltkrieges weniger als ein Jahr zurück. Deutschland – in vier Besatzungszonen unterteilt – wurde von den Siegermächten regiert, die die Opfer des Krieges und der Nazi-Diktatur mit einer restriktiven Programmatik gegenüber dem „besiegten Feindstaat" beantworteten. Entnazifizierung, Entmilitarisierung, Bestrafung der Kriegsverbrecher, industrielle Abrüstung verbunden mit einer fortgesetzten Kontrolle über Deutschlands Kriegspotential bildeten die Schwerpunkte alliierter Zielsetzung gegenüber Nachkriegsdeutschland. Die für die Besatzungspolitik geltenden Richtlinien, die (Straf-)Direktive JCS 1067 und das Potsdamer Abkommen vom August 1945 enthalten nur wenige konstruktive Aussagen. Immerhin stellte das Potsdamer Abkommen in vagen Formulierungen die Rekonstruktion deutschen politischen Lebens in Aussicht: deutsche politische Aktivitäten seien zu fördern und alle Ebenen der – dezentralen – Verwaltung so schnell wie möglich durch Wahlen zu legitimieren.[2] Die Ausarbeitung von deutschen Verfassungen – als eine grundsätzliche Konzession der Besatzungsmacht an die deutsche Autonomie – widersprach zwar den Potsdamer Vereinbarungen nicht, war aber unvereinbar mit einem dominanten Aspekt der Besatzungsrealität: der klaren Unterordnung deutscher Interessen und deutscher Politik unter die Weisungen der Besatzungsmacht, die die oberste Regierungsgewalt ausübte und die wichtigsten politischen Entscheidungen dazu nach Prioritäten traf, unter denen deutsche Interessen von geringster Bedeutung waren.

Schon aus diesen Gründen waren die Rahmenbedingungen für die Ausarbeitung einer Verfassung eigentlich nicht gegeben. Wohnungsnot, Hunger, Mangel an fast allen Dingen des täglichen Bedarfs – verschärft noch durch den nicht endenden Flüchtlingsstrom –, die Konfrontation mit den Folgen der nationalsozialistischen Herrschaft – Massenentlassungen, Internierung, Kriegsgefangenschaft – beherrschten das Leben der Nachkriegsdeutschen. Die von der amerikanischen Besatzungsmacht wiederholt beklagte „komplette politische Apathie"[3] einer durch existentielle Probleme weitgehend absorbierten Bevölkerung, ihr weitgehender Rückzug von der Politik auch als Reaktion auf die permanente Indienstnahme für monumentalpolitische Ziele in der Nazi-Zeit, deutliche Restbestände nazistischen Gedankenguts im Bewußtsein der meisten Nachkriegsdeutschen – all diese Hypotheken der zwölf Jahre währenden NS-Herrschaft waren sicher keine gute Basis für die „sakrale Handlung" der Ausarbeitung einer Verfassung als „eines Volkes ... wertvollste Kleinodie"[4]. Daß es trotz dieser widrigen Umstände gelang, ein Staatsgrundgesetz zu schaffen, das bis heute im wesentlichen unverändert Gültigkeit besitzt, ist vor allem auf zwei Faktoren zurückzuführen: Grundvoraussetzung hierfür war das von demokratischem Bewußtsein geprägte Bemühen der amerikanischen Militärregierung, den Akt der Verfassunggebung aus dem Besatzungsalltag herauszulösen, die Beratungen gleichsam auf eine Insel zu versetzen, auf der die Verfassungsväter „in einer Atmosphäre von Freiheit"[5] weitgehend unberührt von den oft rüden Praktiken der Besatzungsmacht ihre verfassungspolitischen Vorstellungen frei entfalten konnten. Trotz der unfreien Bedingungen unter der Herrschaft einer fremden Macht gelang es so, ein Staatsgrundgesetz auszuarbeiten, das, wie der Präsident der Bayerischen Verfassunggebenden Landesversammlung Michael Horlacher (CSU) in seiner Schlußansprache vor der Versammlung ausdrücklich betonte, auf der „freien Beschlußkraft", den „eigenen Anstrengungen" und dem „eigenen Willen" seiner Schöpfer beruhte[6].

Diese waren bemüht, eine Verfassung zu schaffen, „die für Jahre und Jahrzehnte ... das Kleid des bayerischen Volkes sein soll"[7]. Vor allem die 21 Mitglieder des Verfassungsausschusses der Verfassunggebenden Landesversammlung, deren Vorgaben mit wenigen Ausnahmen unverändert vom Plenum übernommen wurden, verstanden ihre Arbeit eher unpolitisch-sachlich. Besonders die Hauptexponenten der beiden großen Parteien CSU und SPD, Wilhelm Hoegner (SPD), Alois Hundhammer und Hans Ehard (CSU), waren in Konfliktsituationen bestrebt, für beide Parteien tragbare Kompromisse auszuhandeln: „Wir müssen die Verfassung so gestalten, daß sie hernach niemand zu gereuen braucht."[8] In den meisten Sitzungen herrschte daher „ein artig vornehmer und objektiver Ton bei den Vertretern aller Parteien, ... daß wir stolz darauf sein konnten"[9]. Die Volksabstimmung am 1. Dezember 1946 bestätigte die erfolgreiche Zusammenarbeit der Parteien und die kluge Politik der Besatzungsmacht: Bei einer Wahlbeteiligung von 75,7 Prozent wurde die bayerische Verfassung mit 70,6 Prozent der gültigen Stimmen angenommen.[10]

Der Initiator des abenteuerlichen Experimentes einer Verfassunggebung unter den dirigistischen Bedingungen der frühen Nachkriegszeit war die für die am 19. September 1945 neu gebildeten Staaten Bayern, Hessen und Württemberg-Baden zuständige amerikanische Militärregierung (OMGUS), genauer der stellvertretende amerikanische Militärgouverneur General Lucius D. Clay. Daß Clay bereits Ende 1945, nur wenige Monate nach Unterzeichnung des restriktiv ausgerichteten Potsdamer Abkommens, auf die Ausarbeitung von Verfassungen für die Länder der US-Zone drängte, war durchaus demokratisch motiviert, hatte daneben aber pragmatische besatzungspolitische Gründe: In der demokratischen Legitimation der deutschen Länderregierungen sah er eine wesentliche Voraussetzung zur Reduzierung des amerikanischen Personals und zur Rationalisierung des viel zu großen und teuren Militärregierungsapparates, der in der amerikanischen Öffentlichkeit zunehmend unter Beschuß geriet. Weiter galt es, das amerikanische Programm eines förderalistischen Aufbaus in Deutschland abzusichern, das vor allem durch Maßnahmen der sowjetischen und britischen Besatzungsmächte zunehmend in Frage gestellt wurde. Die nach dem Inkrafttreten der Verfassungen in ihrer Bedeutung und in ihrem Selbstbewußtsein gestärkten Länderregierungen bildeten ein starkes Gegengewicht gegen Zentralisierungstendenzen der alliierten Partner. OMGUS plante, dem förderalistischen Aufbau der amerikanischen Zone mit ihrer zonalen Koordinierungsstelle, dem Stuttgarter Länderrat, Modellcharakter für die übrigen Zonen zu verleihen, von denen man sich eine baldige Eingliederung in dieses System erhoffte. Für solche Pläne sprachen nicht zuletzt ökonomische Gründe: Die wirtschaftliche Zerrissenheit des in vier Zonen zerteilten Deutschland war speziell für die Amerikaner mit hohen Kosten verbunden. Nachdem die in Potsdam vereinbarte deutsche Wirtschaftseinheit und die Bildung wirtschaftlicher Zentralbehörden sich wegen der Opposition Frankreichs nicht realisieren ließen, versuchten die Amerikaner alternativ, die wirtschaftliche über die politische Einheit Deutschlands zu erreichen. OMGUS plädierte für die schnelle Bildung starker Länder mit demokratischen Verfassungen, die sich zu einem föderalistisch aufgebauten deutschen Staat zusammenschließen sollten, der schließlich in der Lage wäre, die angestrebte Wirtschaftseinheit zu verwirklichen. Der politische Aufbau der

US-Zone war die erste Etappe auf diesem Weg, den es angesichts der prekären Lage der deutschen Wirtschaft schnellstens zurückzulegen galt.[11]

Der bayerische Ministerpräsident Wilhelm Hoegner erfuhr – ebenso wie seine Kollegen aus Hessen und Württemberg-Baden – bereits um die Jahreswende 1945/46 von den amerikanischen Plänen zur Wahl Verfassunggebender Versammlungen im Mai oder Juni 1946. Um ihre Meinung befragt, rieten alle drei Ministerpräsidenten allerdings von einer so frühzeitigen Verfassunggebung ab. Deutsche politische Parteien waren teils nur auf lokaler Ebene zugelassen, auf Landesebene zögernd ab November 1945, in Bayern erst ab Mitte Januar 1946 die CSU, SPD und KPD, Ende März die WAV und erst im Mai die FDP. Zu Recht wiesen die Länderchefs darauf hin, daß sich bis zu dem von OMGUS avisierten Termin das politische Meinungsgefüge kaum ausreichend entwickeln könne; auch erfordere die Ausarbeitung von Verfassungsvorschlägen mehr Zeit.[12]

Angesichts der genannten Motive Clays für die frühzeitige Schaffung der Länderverfassungen konnten diese Bedenken der Ministerpräsidenten, die übrigens von nicht wenigen OMGUS-Offizieren und -Beratern geteilt wurden, den General nicht überzeugen: Am 8. Februar wurde Ministerpräsident Hoegner vom Amt der Militärregierung für Bayern (Office of Military Government for Bavaria, OMGBY) offiziell beauftragt, für Mai oder Juni 1946 Wahlen zu einer Verfassunggebenden Landesversammlung anzusetzen. Mit dem gleichen Schreiben wurde er angewiesen, bis zum 22. Februar eine kleine vorbereitende Kommission von Fachleuten zu ernennen, die bis spätestens 20. Mai die notwendigen Unterlagen für die Verfassunggebende Versammlung zusammenstellen und in den Parteien und der Öffentlichkeit eine Verfassungsdiskussion in Gang bringen sollte. Die Arbeitsergebnisse der Kommission sollten der Militärregierung in Form eines Abschlußberichtes, der dann auch der Verfassunggebenden Versammlung zur Verfügung zu stellen war, bis zum 20. Mai vorgelegt werden. Der Konstituante, die spätestens 15 Tage nach der Wahl zusammentreten sollte, war ein sehr knapper Arbeitsplan vorgegeben: Bis zum 15. September erwartete OMGUS die Vorlage des fertigen Verfassungsentwurfs, der nach der Genehmigung durch die Besatzungsmacht spätestens am 3. November dem Volk zur Abstimmung unterbreitet werden sollte. Für den gleichen Tag war die Wahl des ersten Landtages vorgesehen.[13]

Hoegner, der inoffiziell schon vorher in diese Pläne eingeweiht worden war,[14] präsentierte der Militärregierung drei Tage vor dem festgesetzten Termin die Zusammensetzung des vorbereitenden Ausschusses: Mit Zustimmung des bayerischen Ministerrates übernahm er selbst den

Vorsitz, weitere Ausschußmitglieder waren Innenminister Josef Seifried (SPD), der wegen Krankheit häufig von Staatssekretär Heinrich Krehle (CSU) vertretene Arbeitsminister Albert Roßhaupter (SPD), der Leiter der Bayerischen Staatskanzlei Anton Pfeiffer (CSU), der Staatssekretär im Justizministerium und spätere bayerische Ministerpräsident Hans Ehard (CSU), die Münchener Bürgermeister Karl Scharnagl (CSU) und Thomas Wimmer (SPD) sowie der Minister für Sonderaufgaben Heinrich Schmitt (KPD).[15] Auf Wunsch Hoegners nahm an einigen Sitzungen der Staatsrechtslehrer Hans Nawiasky teil. Nawiasky, vor 1933 der BVP nahestehend, war schon an der Ausarbeitung der alten bayerischen – der sogenannten Bamberger – Verfassung von 1919 beteiligt. Während der NS-Zeit war er ebenso wie Hoegner in die Schweiz emigriert, wo sich beide zu intensiven Gesprächen über die Zukunft Deutschlands bzw. seit 1944 über eine neue bayerische Verfassung zusammengefunden hatten.[16]

Zur Eröffnungssitzung des Vorbereitenden Verfassungsausschusses am 8. März 1946 war auch der Leiter von OMGBY, Land Director General Walter J. Muller, erschienen. In seiner Eröffnungsrede betonte er die Bedeutung des neuen Staatsgrundgesetzes als großen Schritt zur Wiederherstellung einer demokratischen bayerischen Regierung.[17] Die feierlichen Ansprachen waren kaum verklungen, als der Ausschuß noch am gleichen Tag mit seiner Arbeit begann. Man begnügte sich jedoch keineswegs mit den von OMGUS vorgegebenen Aufgaben: Bereits zur ersten Sitzung präsentierte Hoegner den fertigen Vorentwurf einer „Verfassung des Volksstaates Bayern", den er „in wenigen Wochen", unmittelbar im Anschluß an den Auftrag der Militärregierung zur Vorbereitung der Verfassunggebung fertiggestellt hatte.[18]

Der Hoegner-Entwurf, der dem Vorbereitenden Ausschuß in seinen vierzehn, jeweils knapp zweistündigen Sitzungen als Arbeitsgrundlage diente, lehnte sich in weiten Teilen sowohl an die Bamberger als auch die Weimarer Verfassung an; auch zeigen sich Einflüsse der Schweizer Verfassung.[19] Neu war der Entwurf vor allem im Hinblick auf die Konsequenzen, die sich für Hoegner aus den Erfahrungen der Weimarer Republik und der NS-Zeit ergaben: Es ging dem Ministerpräsidenten und Vorsitzenden der bayerischen Sozialdemokraten vor allem darum, erklärte Gegner der Demokratie von den demokratischen Rechten auszuschließen, die Regierungsgewalt gegenüber dem Parlament zu stärken und die Grundrechte den Erfordernissen eines modernen Sozialstaates anzupassen. Die Stelle des „rücksichtslosen Wettbewerbs, der Neid- und Haßgefühle und des Kampfes aller gegen alle" sollte, so Hoegner, künftig „gegenseitige Hilfe" einnehmen, in einer Gesellschaftsordnung, „in der die Menschen am wichtigsten sind".[20] Für den Sozialdemokraten implizierte dies eine Wirtschaftsform, die auf die „Gewährleistung eines menschenwürdigen Daseins für alle und [die] allmähliche Erhöhung der Lebenshaltung besonders der unteren Volksschichten" ausgerichtet war; der erste Abschnitt des Hauptteils „Wirtschaftsleben" in Hoegners Entwurf trägt den programmatischen Titel „Die Planwirtschaft".[21]

Angesichts der sozialistischen Prägung des Entwurfs ist es bemerkenswert, daß er vom Vorbereitenden Ausschuß, der ihn bis zum 3. Mai in zwei Lesungen durcharbeitete, in großen Teilen widerspruchslos übernommen wurde. Immerhin war die Union mit drei, zählt man den sehr einflußreichen Nawiasky sowie den häufig für Roßhaupter einspringenden Krehle hinzu, sogar mit fünf Mitgliedern in dem neunköpfigen Gremium vertreten. Die Toleranz der CSU-Vertreter, die aus den eigenen Reihen, auf einer Sitzung des dem rechten Flügel der CSU nahestehenden sogenannten „Dienstag-Club" am 4. Juni 1946 scharf kritisiert wurde, erklärt sich nur partiell aus dem unverbindlichen Charakter der Entscheidungen dieses Ausschusses, der de jure nur vorbereitende Funktionen zu erfüllen hatte, obwohl Scharnagl gegenüber den Kritikern im Dienstag-Club das Verhalten der CSU-Repräsentanten in diesem Sinne entschuldigte: „Festgelegt ist überhaupt noch nichts worden. Der Ausschuß ... hat bisher sehr wenig Praktisches niedergelegt. Zu einer Abstimmung ist es eigentlich nie gekommen. Die Wahlen [zur Verfassunggebenden Landesversammlung] werden aber eine entscheidende Veränderung in der Zusammensetzung ... bringen und somit auch eine entscheidende Veränderung der Vorschläge!"[22] An Gegenvorschlägen seitens der CSU aber mangelte es – während der Sitzungsperiode des Vorbereitenden Ausschusses und auch später. Bis zur Wahl der Konstituante legte die Partei keinen Gegenentwurf vor, und auch nach Konstituierung der Verfassunggebenden Versammlung beschränkte man sich darauf, sich in einem „kleinen Ausschuß von gewählten Abgeordneten und von Sachverständigen ausserhalb des Parlaments" mit dem „offiziellen Regierungsentwurf" sowie „sieben oder acht anderen Entwürfen ... , die von Privatpersonen ausgearbeitet waren" zu „befassen". Die auf erwähnter Sitzung des Dienstag-Clubs als Skandal, sogar Betrug gegenüber den Wählern angeprangerte „Programmlosigkeit" der CSU in der Verfassungsfrage resultierte aus der Uneinigkeit der Union zu wesentlichen Verfassungsinhalten, die einen Gegenentwurf unmöglich machte. Um eine Spaltung der jungen Partei zu verhindern, trat die CSU – äußerlich geschlossen – „an die Verfassungsarbeit nicht mit einem formulierten bis in die Einzelheiten ausgearbeiteten Programm heran", sondern nur mit einem Minimalkatalog, der die Zustimmung aller heterogenen Elemente dieser neuen Sammlungsbewegung finden konnte: mit „allgemeinen grundsätzlichen Richtlinien, die vorsahen, daß die neue Verfassung einen christlichen und sozialen Geist haben solle".[23]

Hinzu kam, daß die Hauptakteure beider großer Landesparteien überzeugt waren, die gewaltigen Aufgaben der Nachkriegszeit nur gemeinsam bewältigen zu können. Die Vorstellung, „zunächst einmal eine unpolitisch verstandene praktische Arbeit leisten zu müssen" – ein allgemeines Charakteristikum der deutschen Verantwortlichen der ersten Stunde[24] – förderte die Kompromißbereitschaft aller Parteien. Diese Haltung war auch mitbedingt durch die Erfahrungen der jüngsten Vergangenheit. Allen Beteiligten war es ein starkes Bedürfnis, das Parteiengezänk der Weimarer Zeit, das als wesentliche Ursache für das Scheitern der Republik und die Machtergreifung der Nationalsozialisten angesehen wurde, zu vermeiden, im konkreten Fall also eine Verfassung zu schaffen, die von einer möglichst breiten Mehrheit getragen würde. Alois Hundhammer (CSU) begründete diese Haltung für die CSU nach Abschluß der Verfassungsberatungen in einem Vortrag am 28. September 1946: Die Union, die bei den Wahlen zur Verfassunggebenden Landesversammlung die absolute Mehrheit erreicht hatte, „hätte mit ihrer Mehrheit im Parlament eine Verfassung durchdrücken können, die nach ihrem Herzen gewesen wäre. Aber es bestand von vornherein darüber Klarheit, daß wir nicht eine Verfassung schaffen wollten, die ... dem Parlament aufgezwungen wäre, sondern eine solche, die in der Abstimmung mit einer möglichst grossen Mehrheit des ganzen Volkes angenommen werden könnte. Deshalb haben wir uns bemüht, bei schwierigen Fragen eine gemeinsame Linie mit der sozialdemokratischen Fraktion zu finden".[25]

Trotzdem deuteten sich während der Sitzungen des Vorbereitenden Ausschusses bereits die grundlegenden Meinungsverschiedenheiten an, die später zu ernsthaften Auseinandersetzungen innerhalb der gewählten verfassunggebenden Gremien Anlaß gaben: Während Hoegner und die Sozialdemokraten für ein verbessertes Verhältniswahlrecht eintraten, favorisierten Karl Scharnagl und die CSU-Vertreter die Einführung des Mehrheitswahlsystems in Einmannwahlkreisen mit einer nachträglichen Verteilung von Restsitzen nach dem Verhältniswahlsystem. Man einigte sich auf die Beibehaltung des Verhältniswahlrechts bei gleichzeitiger Bindung der Kandidaten an ihren Stimmkreis und auf die Einführung einer 10-Prozent-Sperrklausel für jeden Wahlkreis zur Ausschaltung von Splitterparteien – Scharnagl hatte sogar 15 Prozent gefordert.[26] Keine Einigung erzielte der Ausschuß zur Frage der Errichtung einer zweiten Kammer, die von Nawiasky zur Diskussion gestellt wurde. Der Staatsrechtler plädierte für eine Konstruktion, in der Vertreter der sozialen, kulturellen und kommunalen Körperschaften des Landes – in klarer Abgrenzung von der Zusammensetzung des Parlaments – teils gutachterliche, teils gesetzgeberische Funktionen erfüllen sollten. Die Aufgabe der Kammer sollte „nicht eigentlich politischer Natur sein. Die zweite Kammer soll zu sachlicher Arbeit gezwungen werden, nicht zur Austragung politischer Gegensätze." Nachdem die CSU-Vertreter einmütig für die zweite Kammer als Regulativ und Stabilisierungsfaktor – als „Gegengewicht gegen die Parteien" – eintraten, die SPD-Vertreter und Schmitt (KPD) sie jedoch ablehnten, brach man die Diskussion ab und fügte, da man in dieser wichtigen Frage „der zukünftigen Verfassunggebenden Landesversammlung nicht vorgreifen" wollte, den von Nawiasky entworfenen Abschnitt dem Entwurf als Anlage hinzu.

Ähnlich verfuhr der Ausschuß in der Frage des Staatspräsidenten, der wiederum von Nawiasky am selben Tag zur Debatte gestellt wurde: „Es muß der feste Punkt gefunden werden, der dem Staatsgefüge Stabilität verleiht."[27] Ein Meinungsaustausch zu diesem Problem kam allerdings nicht zustande. Hoegner, der im Gegensatz zur bayerischen SPD dieses Amt eindeutig befürwortete, sogar seinen Rücktritt vom Parteivorsitz erwog, als ihm die Partei in dieser Frage nicht folgte[28], warf pflichtschuldig nur die grundsätzliche Frage auf, „ob wir einen Staatspräsidenten überhaupt wollen", regte dann freilich sofort an, auch diesen Eventualvorschlag ohne weitere Diskussion dem Entwurf als Anlage hinzuzufügen, „da Einstimmigkeit über dieses Amt im Verfassungsausschuß wohl nicht zu erzielen ist". Dieses Eisen war heiß und Hoegner, der hoffte, die SPD schließlich für den Staatspräsidenten zu gewinnen, wollte seine Partei durch die eigenmächtige Befürwortung dieses Amtes nicht provozieren.

Die bedeutendste Modifikation des Hoegner-Entwurfes durch den Vorbereitenden Ausschuß ging ebenfalls auf Nawiasky zurück: Er sprach sich – ausgehend von den Erfahrungen der Weimarer Republik – gegen die Abhängigkeit der Regierung vom Vertrauen des Parlaments aus und setzte sich für eine feste Wahldauer der Staatsregierung ein. Der Ausschuß folgte einstimmig seinem Vorschlag und strich das in Hoegners Entwurf vorgesehene Mißtrauensvotum ersatzlos. Hans Ehard tröstete sich und die übrigen Ausschußmitglieder über diesen Bruch parlamentarischer Tradition mit dem Hinweis hinweg, die neue Regelung entferne sich de facto gar nicht so weit vom parlamentarischen System. Der Ministerpräsident „könne sich praktisch nur durchsetzen und arbeiten, wenn er sich auf eine entsprechende Mehrheit des Landtages stützen könne. ... Der Landtag könne praktisch den Ministerpräsidenten aushungern auf die gleiche Weise, wie dies beim parlamentarischen System möglich sei. Vermieden werde nur, daß eine Zufallsmajorität zum Sturz der Regierung führe. Er glaube also nicht, daß sich dieses System so weit vom sogenannten parlamentarischen System entferne. Es vermeide vielmehr die Gefahren, die beim deutschen Volk infolge seiner wenig starken demokratischen Erziehung gegeben seien."[29]

Nach der Abreise des Staats- und Verfassungsrechtlers, der während seiner kurzen Anwesenheit von der vierten Sitzung am 26. März bis zur neunten Sitzung am 5. April 1946 durch seine Sachkenntnis eine dominierende Rolle gespielt hatte, ergaben sich keine wesentlichen Modifikationen des Hoegner-Entwurfs mehr. In nur zwei Sitzungen arbeitete der Ausschuß den zweiten Hauptteil „Grundrechte und Grundpflichten" durch, der trotz des reichlich vorhandenen politischen Zündstoffes – speziell in den Schulbestimmungen und im Abschnitt Planwirtschaft – ohne substantielle Änderungsvorschläge seitens der CSU-Vertreter beide Lesungen passierte. Am 3. Mai hatte der Ausschuß seine Arbeit beendet und Hoegner konnte der Militärregierung zwei Wochen vor dem gewünschten Termin weit mehr liefern, als OMGUS verlangt hatte: einen kompletten Verfassungsentwurf, der von wichtigen Repräsentanten beider großer Landesparteien getragen wurde.

Der Vorbereitende Ausschuß blieb weitgehend unbehelligt von Eingriffen der Militärregierung. Sie beschränkte sich darauf, die Arbeit dieses Gremiums aufmerksam zu verfolgen, da sie davon ausging, daß der Entwurf bei den eigentlichen Verfassungsberatungen ohnehin noch modifiziert werden würde.[30] Allerdings hatte OMGUS von vornherein klargestellt, daß sich die Besatzungsmacht im ganzen und im einzelnen das Recht auf Ablehnung der Verfassung vorbehielt: „The Office of Military Government for Germany (U.S.) reserves the right to disapprove a Land Constitution in whole or in part because of provisions which are undemocratic, contrary to American or Allied policies, or prejudicial to the future structure of the Reich."[31]

Wenn sich auch die Ermahnung zur demokratischen Gestaltung der Verfassung in der Vorbereitungsphase weitgehend erübrigte, da in diesem Punkt ein klarer Konsens zwischen Deutschen und Amerikanern bestand, so mußten sich doch die übrigen Bedingungen, die den Verfassungsvätern mit dem Genehmigungsvorbehalt auf den Weg gegeben wurden, auf die Entwürfe auswirken. So wies Hoegner bereits in der ersten Sitzung des Vorbereitenden Ausschusses darauf hin, daß die neue Verfassung „viel umfangreicher sein" müsse, als die Bamberger Konstitution, „denn eine Bezugnahme auf eine künftige Reichsverfassung dürfe in ihr nicht vorhanden sein."[32] Auf die an zweiter Stelle genannte Einschränkung lief die offenbar einzige förmliche Intervention der

Militärregierung während der Vorbereitungszeit hinaus. In einer Rede vor dem Stuttgarter Länderrat wies Clay am 4. Juni 1946 die Ministerpräsidenten an, dafür Sorge zu tragen, daß die Verfassungen die Übertragung von notwendigen Hoheitsbefugnissen der Länder – vor allem auf wirtschaftlichem Gebiet – auf eine spätere Bundesregierung bzw. zunächst den Länderrat erlauben würden.[33] Clay wollte offensichtlich sicherstellen, daß die Effizienz der gerade in ihrer Organisation gestärkten zonalen Koordinierungsstelle nach der Annahme der Verfassungen nicht gemindert würde. Inzwischen waren die Amerikaner – wie sich auf der Pariser Außenministerkonferenz zeigen sollte – auch fest entschlossen, die im Potsdamer Abkommen vorgesehenen Zentralverwaltungen notfalls ohne Frankreich oder die Sowjetunion durchzudrücken. Daß dies auch auf eine wie immer geartete politische Verschmelzung der amerikanischen und britischen Besatzungszone hinauslaufen mußte, war vorauszusehen und von OMGUS auch intendiert. Abweichend von ihren gegenteiligen öffentlichen Beteuerungen hatte die US-Militärregierung bereits vor der Pariser Rede von Byrnes im Juni 1946 als Alternative zur Errichtung einer gesamtdeutschen Regierung auch eine „federal stucture for a western Germany, or a long-term transitional government on bizonal basis" ins Auge gefaßt.[34] Auch dies war ein primär aus wirtschaftlichen Notwendigkeiten erwachsener Alternativ-Plan, dessen effiziente Realisierung die Besatzungsmacht keineswegs an etwaigen Widerständen der nach Annahme der Verfassungen demokratisch legitimierten und von den Parlamenten abhängigen Länderregierungen scheitern lassen wollte.

Fast zwei Monate nach Abschluß seiner Arbeit trat aufgrund dieser Intervention der bayerische Vorbereitende Verfassungsausschuß am 24. Juni 1946 erneut zusammen, um eine entsprechende Ergänzung des Verfassungsentwurfs zu diskutieren. Seine Mitglieder zeigten sich von dem amerikanischen Wunsch keineswegs begeistert, war es doch noch völlig ungeklärt, in welcher Gestalt das künftige deutsche Staatsgebilde wiederentstehen würde. Die Übertragung „erforderlicher Machtbefugnisse" an einen bislang nicht existenten Staat nahm schließlich die bayerische Zustimmung zu jedwedem Zentralisierungsgrad des neuen Staatsgebildes vorweg. Diese Forderung traf damit einen besonders sensiblen Aspekt bayerischer Nachkriegspolitik, die sich zur Aufgabe gestellt hatte, „vom Süden des Reiches aus den Neuaufbau des Reiches [zu] erarbeiten, und zwar auf einer Grundlage, welche die Selbständigkeit der einzelnen Länder nicht mehr antastet".[35] Nach einigem Hin und Her, wie dem amerikanischen Wunsch am besten Rechnung zu tragen sei, ohne die eigene Ausgangsstellung im Kampf um die bayerische Eigenstaatlichkeit zu verschlechtern, kam schließlich ein Artikel zustande, der die Möglichkeit der Kompetenzübertragung auf die Gebiete der auswärtigen Beziehungen, der Wirtschaft, des Geldwesens und des Verkehrs begrenzte.[36] Noch am gleichen Tag legte Hoegner den Artikel der Militärregierung vor[37], die, wie sich später zeigen sollte, diesen wie auch weitere Versuche einer Präjudizierung der Gestaltung des künftigen deutschen Staates nach bayerischen Vorstellungen nicht hinzunehmen bereit war.

Wenige Tage vor Konstituierung der Verfassunggebenden Versammlungen präzisierte Militärgouverneur Joseph T. McNarney, der im November 1945 die Nachfolge Eisenhowers angetreten hatte, auf einer Pressekonferenz die amerikanischen Vorstellungen von den neuen deutschen Länderverfassungen: Eine „Bill of rights", die die Grundrechte des Individuums, die Freiheit der Rede, der Religion und der politischen Vereinigung garantierte, war ebenso ein Muß wie die Beachtung der Potsdamer Dezentralisierungsklauseln.[38]

Am 30. Juni 1946 wählte Bayern seine Verfassunggebende Landesversammlung. Es war nur den landesweit lizenzierten Parteien CSU, SPD, FDP, KPD und Wirtschaftliche Aufbauvereinigung (WAV) erlaubt, sich zu dieser Wahl zu stellen, die nach dem Verhältniswahlsystem durchgeführt wurde.[39] Die Bayerische Verfassunggebende Landesversammlung konstituierte sich am 15. Juli und tagte bis einschließlich 26. Oktober 1946. Von den 180 Abgeordneten stellten die CSU 109, die SPD 51, KPD und WAV je 8 und die FDP 4 Abgeordnete.[40]

Das Plenum wählte aus seinen Reihen einen 21-köpfigen Verfassungsausschuß, der die eigentliche Beratung der Verfassung vornahm und dessen Vorgaben – mit Ausnahme des Amtes eines Staatspräsidenten – im wesentlichen unverändert angenommen wurden. Entsprechend der Sitzverteilung in der Landesversammlung waren die CSU mit 12, die SPD mit 6, die kleinen Parteien mit je einem Vertreter in diesem Gremium vertreten. Die Akteure des Vorbereitenden Ausschusses trafen sich hier beinahe vollzählig ein zweites Mal zur Verfassungsdiskussion; zu den ständigen Mitgliedern des Verfassungsausschusses zählten Ehard, Hoegner, Nawiasky, Roßhaupter, Seifried und Wimmer, zwei weitere Mitglieder des Vorbereitenden Ausschusses – Scharnagl und Krehle – waren als Vertretungen vorgesehen. Nawiasky, der nach wie vor in der Schweiz lebte, besaß allerdings kein Mandat; er wurde nur in beratender Funktion hinzugezogen[41], nahm aber wie schon im Vorbereitenden Ausschuß infolge seiner Sachkenntnis erheblichen Einfluß auf die Beratungen.

Auch die Arbeitsweise des Verfassungsausschusses wies bemerkenswerte Parallelen zum Vorbereitenden Ausschuß auf. Wieder stand die sachliche, eher unpolitisch verstandene Arbeit im Vordergrund. Ideologisch begründete Grabenkämpfe wurden größtenteils durch persönliche Absprachen der Hauptprotagonisten – Hoegner, Hundhammer, Ehard – ausgefochten, häufig noch bevor die Akteure im Ausschuß ihre Geschütze geladen hatten.[42] Die meisten Verfassungsartikel fanden so die Zustimmung beider großen Parteien, nur das Abstimmungsverhalten der kleinen Parteien trübte hin und wieder das harmonische Bild der Einstimmigkeit. Man war stolz auf diese sachliche Eintracht: Als der Vorsitzende der WAV, Alfred Loritz, einmal aus der Rolle fiel und einen unsachlichen Angriff gegen seinen ehemaligen Lehrer Nawiasky startete, wurde er vom Vorsitzenden Lorenz Krapp (CSU) jäh unterbrochen: „Ich muß feststellen, in den ... Sitzungen, die wir bisher gehabt haben, hat ein artig vornehmer und objektiver Ton bei den Vertretern aller Parteien geherrscht, daß wir stolz darauf sein konnten. Ich muß den lebhaften Wunsch äußern, daß unsere Verhandlungen in diesem Sinne weitergeführt werden und nicht ein Ton einreißt, der uns an die Tage erinnert, die in die Jahre 1931 bis 1933 fallen, an die unser ganzes Volk, das jetzt auf den Trümmern dieser Demagogie sitzt, mit Entsetzen zurückdenkt."[43]

Das saß. Die traumatische Erfahrung der jüngsten Vergangenheit war schon in den Verhandlungen des Vorbereitenden Ausschusses gelegentlich zum Ausdruck gekommen; für die Beratungen des Verfassungsausschusses wurde sie zum bestimmenden Faktor. Kaum ein Artikel der Bayerischen Verfassung durchlief die Beratungen ohne Rückgriff auf die negativen Erfahrungen der Weimarer Zeit bzw. des Nationalsozialismus, die man durch das neue Staatsgrundgesetz endgültig aus dem Bereich des Möglichen zu verbannen trachtete. Mit einigem Recht verwies jedoch Hermann Schirmer (KPD) auf die Gefahren dieser Tendenz: „Wir können nicht von der Voraussetzung ausgehen, nun jede Bestimmung, die in der Weimarer Verfassung vorhanden war und dann von den Nationalsozialisten übertrieben und in ihr Gegenteil umgefälscht wurde, zum Ausgangspunkt der Stellungnahme für unsere jetzige Verfassung zu machen."[44] Dieser Umgang mit den Erfahrungen der Vergangenheit förderte nämlich – zum Schutze der Demokratie – die Bereitschaft zum Einbau autoritärer obrigkeitsstaatlicher Elemente in die neue Verfassung. Dies zeigte sich beispielsweise an der ersatzlosen Streichung des Mißtrauensvotums im Vorbereitenden Ausschuß, eine Maßnahme, die in der Presse heftig kritisiert wurde und deshalb später auf Initiative ihres Urhebers Nawiasky – "um den Bedenken derjenigen, die auf das deutsche Bedürfnis, alles zu formalisieren, eingeschworen sind, Rechnung zu tragen" – wieder abgemildert wurde. „Es bestehen auch ungeschriebene Verfassungsgrundsätze", so Nawiasky, und einer dieser Grundsätze sei der „der Homogenität zwischen Regierung und Parlament. Darauf beruht das parlamentarische System und dieser Grundsatz würde vom Ministerpräsidenten verletzt, wenn er ein solcher Narr sein und nicht zurücktreten wollte", falls er von keiner parlamentarischen Mehrheit mehr getragen würde. Aber, so fügte Nawiasky hinzu: „Es gibt schließlich auch Narren in der Politik – wenn man sich in der bayerischen Politik umsieht, so haben wir es auch gesehen – , und man müßte dagegen eine Vorkehrung treffen." Der Verfassungsausschuß folgte seinem Vorschlag und verpflichtete den Ministerpräsidenten daher „von sich aus" zum Rücktritt, für den Fall, daß ein vertrauensvolles Zusammenarbeiten zwischen ihm und dem Landtag nicht mehr möglich sei.[45] Diese als „Veredelung" des „parlamentarischen Systems" begriffene „außerordentliche" Stärkung der Position des Ministerpräsidenten, die für die Dauer seiner vierjährigen Amtszeit weitgehend in sein Ermessen gestellte (Un-)Abhängigkeit vom Vertrauen des Parlamentes, die die ständigen Regierungswechsel der „Weimarer (Instabilitäts-)Republik"[46] für die Zukunft ausschließen sollte, wurde in ihrer „Schlagkraft" noch erhöht durch die Richtlinienkompetenz des Ministerpräsidenten und sein Recht, das Kabinett zu berufen und zu entlassen.[47]

Zur Stabilisierung der neuen Demokratie sollte auch die Einrichtung einer zweiten Kammer und des Amtes eines bayerischen Staatspräsidenten beitragen, letzterer sollte als „Hüter der Verfassung" agieren[48], beide als Regulativ gegen die Schwankungen der Tagespolitk wirken.

Im Fall des Staatspräsidenten, der umstrittensten Frage der bayerischen Verfassungsberatungen, diente der Hinweis auf die Instabilität der Weimarer Republik dazu, partikularistischen Interessen zusätzlichen moralischen Rückhalt zu verschaffen, die in Bayern keineswegs erst als Reaktion auf die negativen Erfahrungen der jüngsten Vergangenheit entstanden waren. Schon bei der Beratung der Bamberger Verfassung von 1919 hatte der Mitberichter im Verfassungsausschuß, Fraktionsvorsitzende der BVP und spätere bayerische Ministerpräsident Heinrich Held die Einrichtung dieses Amtes angeregt. Und im Juni 1920 berichtete der württembergische Gesandte in München, Carl Moser von Filseck, der von 1906 bis 1933 die Vorgänge in München aufmerksam und sachkundig beobachtete: „Die Frage der Schaffung eines Staatspräsidenten für Bayern entsprechend der Forderungen, welche die Bayerische Volkspartei in ihrer Landesversammlung aufgestellt hat, beschäftigt die Öffentlichkeit sehr stark. Sie findet in allen partikularistisch gesinnten Kreisen Anklang, denn in dem Gedanken an einen Staatspräsidenten verkörpert sich der Wunsch nach möglichster Selbständigkeit Bayerns, deren Sinnbild er sein soll."[49] Während der gesamten Weimarer Zeit hatte sich die BVP um eine entsprechende Verfassungsrevision bemüht; ihre Forderung entsprach föderalistischer Interessenpolitik, war aber auch geleitet vom innerparteilichen Wunsch nach Einführung eines autoritären Regierungssystems als Ersatz für eine unter den damaligen Bedingungen ausgeschlossene Restauration der Monarchie.[50]

Und so entsprach es auch nur einer Teilwahrheit, als sich 1946 die Befürworter dieses Amtes in den Verhandlungen des Vorbereitenden Ausschusses ausschließlich auf den Stabilisierungseffekt beriefen, den der Staatspräsident „als der feste Punkt, ... der dem Staatsgefüge Stabilität verleiht", für die neue bayerische Demokratie bedeuten würde. Zwar hielten die Anhänger der Staatspräsidentenidee an dieser Begründung auch in der Diskussion des Verfassungsausschusses zunächst fest, doch zeigte sich bald die Vordergründigkeit dieses Arguments: Der Staatspräsident sollte „nach außen die staatsrechtlich sichtbare Repräsentation der Eigenstaatlichkeit, der staatlichen Selbständigkeit bilden", zwar „selbstverständlich ganz und gar nicht ein Hemmnis für einen von uns allen erstrebten und für unbedingt notwendig gehaltenen künftigen Wiederaufbau des Reiches" sein, doch „schon durch sein Dasein, durch seine staatsrechtliche Existenz" wollten seine Befürworter zeigen: „Wir wollen als Bayerischer Staat im Bunde der deutschen Staaten bei der Gestaltung des neuen Reiches mitreden, wir wollen unter allen Umständen den übertriebenen, völlig unnötigen, aber höchst gefährlichen Zentralismus verhindern, denn wir wissen und haben es schaudernd erlebt, daß dieser ungesunde Zentralismus geradewegs zur Diktatur ... führt."[51] Der Verteidigung bayerischer Eigenstaatlichkeit und der Sicherung eines föderalistischen Aufbaus des künftigen Reiches also sollte dieses Amt dienen, und monarchistisch gesinnte Kreise – innerhalb der CSU um Hundhammer – sahen in ihm gar eine Chance zur Restauration einer bayerischen Monarchie. Bei der erregten Debatte im Plenum bekannte Hundhammer endlich Farbe, als er den Konflikt um den Staatspräsidenten auf einen klaren Nenner brachte: „Daß wir für ein starkes Bayern eintreten ... ist ja wohl der entscheidende Hintergrund in dem Für und Wider."[52]

Die Gegner des Staatspräsidenten lehnten ihn dann auch ab als „ein Hemmnis für die erstrebenswerte Zusammenfassung aller deutschen Kräfte", eine „Vorstufe zur Monarchie" oder Gefährdung der Demokratie in Erinnerung an die Stellung des Reichspräsidenten in der Weimarer Verfassung.[53]

Zustimmung und Ablehnung des Staatspräsidenten liefen quer durch die Fraktionen, stellten die CSU vor eine Zerreißprobe[54], und brachten einen ersten deutlichen Bruch zwischen Hoegner und seiner Partei. „Nicht nur für den Bereich Verfassungspolitik, sondern der gesamten

Programmatik und Politik" hatte die Diskussion um den Staatspräsidenten „eine offene und deutliche Wendung der bayerischen SPD gegen ihren Landesvorsitzenden" bewirkt, der auch wenig später, im Mai 1947 auf der Landeskonferenz der bayerischen SPD in Landshut, durch Waldemar von Knoeringen abgelöst wurde.[55] Der überzeugte Föderalist und Verfechter bayerischer Eigenstaatlichkeit Wilhelm Hoegner, „als Ministerpräsident von der Nützlichkeit, ich möchte beinah sagen, von der Notwendigkeit eines bayerischen Staatspräsidenten überzeugt", um so mehr als die Verhandlungen um die Bizone und die Schaffung zentraler Institutionen das partikularistisch-föderalistische bayerische Kalkül zunehmend gefährdeten, hatte bis zuletzt versucht, die SPD für das Amt zu gewinnen. Bis zur Abstimmung im Plenum davon überzeugt, daß ihm die Sozialdemokraten folgen würden[56], erlitt er eine empfindliche Niederlage. Die Vorlage des Verfassungsausschusses wurde in namentlicher Abstimmung vom Plenum mit 85 gegen 84 Stimmen bei vier Stimmenthaltungen knapp abgelehnt. Auf Betreiben Josef Müllers an der Spitze des „reichstreuen" Flügels der CSU hatte der erweiterte Landesausschuß der Union wenige Tage zuvor ausdrücklich den Fraktionszwang aufgehoben, und die SPD war diesem Beispiel gefolgt. Gegen den Staatspräsidenten stimmten der Müller-Flügel der CSU, die KPD und FDP und – außer Hoegner und weiteren vier Sozialdemokraten – geschlossen die SPD.[57]

Nicht ganz so erregt wie die Diskussion um den Staatspräsidenten, bei der der Konflikt in einer zweiten von Hundhammer inszenierten Abstimmung im Plenum in „stürmischen und unwürdigen Szenen" seinen Höhepunkt erreichte, bevor das Amt endgültig fiel[58], verliefen die Beratungen zweier weiterer wichtiger Streitfragen, des Wahlsystems und der Schulbestimmungen.

Nachdem CSU und SPD sich im Vorbereitenden Ausschuß auf ein verbessertes Verhältniswahlrecht geeinigt hatten, hatte die Union während des Wahlkampfes eine Kehrtwendung zum Mehrheitswahlsystem vollzogen. Dafür sprachen neben der Erfahrung der Parteienzersplitterung der Weimarer Republik – von vielen Zeitgenossen als wichtigste Ursache ihres Scheiterns angesehen – auch parteitaktische Erwägungen: Versuchsberechnungen des Bayerischen Statistischen Landesamtes, die im Auftrag der Bayerischen Staatskanzlei im Frühjahr 1946 auf der Basis von Wahlergebnissen des Jahres 1932 für verschiedene Varianten des relativen Mehrheitswahlrechtes in Einmannwahlkreisen durchgeführt worden waren, ließen klar erkennen, daß die CSU als stärkste Partei Bayerns gegenüber allen anderen Parteien überproportional begünstigt würde.[59] Die Union hatte also einen guten Grund, für das Mehrheitswahlrecht einzutreten, und in ihren Reihen bestand auch

„weitgehend die Neigung, das Mehrheitswahlrecht durchzusetzen", zumal ihr „als Ziel für die künftige Entwicklung des Parteilebens vorschwebte, ... möglichst einem Zweiparteiensystem zuzustreben", in dem ihr „ein gesundes Funktionieren des Parlaments-Apparates ... am besten gewährleistet" schien.⁶⁰

Trotzdem ging die CSU bei der Diskussion des Wahlsystems im Verfassungsausschuß wieder von ihrer Forderung ab und trat – im Einklang mit den übrigen Parteien – erneut für ein modifiziertes Verhältniswahlsystem ein.⁶¹ Die auch in dieser Frage uneinige Union wußte aber die Trumpfkarte Wahlrecht für taktische Winkelzüge gegenüber den übrigen Parteien zu nutzen, die sich – einen drohenden Alleingang der CSU vor Augen – zweifelsohne zu Kompromissen bereit finden würden. Das Signal setzte Carl Lacherbauer (CSU), der die scheinbare Eintracht im Verfassungsausschuß jäh störte, als er die bereits angelaufene Detaildiskussion – auf der Grundlage des Verhältniswahlsystems – mit einer konfliktträchtigen Frage unterbrach: „Sind wir uns aber denn schon über das Prinzip [der Verhältniswahl] einig geworden?" Der Vorschlag Hundhammers, die prinzipielle Frage zunächst zurückzustellen, löste auf Seiten der SPD einige Unruhe aus. Wimmer gab empört zu verstehen, daß die SPD auf ihrer Forderung nach dem Verhältniswahlrecht beharre: „In dieser Frage des Wahlrechts haben wir das Verhältniswahlrecht gefordert. In dieser Frage ist mit uns nicht zu reden". In dieser Situation griff Hundhammer zu einem häufig und erfolgreich vom Verfassungsausschuß angewandten Rezept der Konfliktbewältigung. Er schlug vor, das Problem zunächst in einer persönlichen Unterredung mit Hoegner und den Fraktionsvertretern zu besprechen. Als der Verfassungsausschuß nach kurzer Unterbrechung wieder zusammentrat, schien das Problem gelöst: „Wir sind alle zusammen der Meinung, daß das Wahlrecht, das jetzt für die Verfassunggebende Landesversammlung Geltung hatte, in großen Zügen als gut anzusprechen ist".⁶² Man hatte sich also auf ein modifiziertes Verhältniswahlrecht geeinigt. In Detailfragen allerdings – vor allem bei der Diskussion um die Festsetzung der Höhe der Sperrklausel – wirkte der Schock dieser Machtdemonstration fort. Aufgrund der Wahlergebnisse des Jahres 1946 war die SPD zur Überzeugung gelangt, die vom Vorbereitenden Ausschuß vorgesehene 10-Prozent-Klausel könne nicht aufrechterhalten werden, da sie vermutlich sämtliche kleinen Parteien von der Volksvertretung ausschließen würde. Gemeinsam mit der FDP, KPD und WAV, die zwar für eine fünfprozentige Sperrklausel eintraten, in der 10-Prozent-Klausel jedoch eine „Niederknüppelung des Kleinen und des Schwachen" sahen, mit der man „der Demokratie einen Schlag versetze", stimmte die SPD zunächst gegen die CSU, die auf den 10 Prozent beharrte, da jede Partei, die „wirklich Boden in der Bevölkerung" finde, „für die ein Bedürfnis in der politischen Situation des Landes" vorliege, diesen Satz ohne weiteres erreichen könne.[63] Bei der zweiten Lesung und im Plenum stimmte die SPD jedoch mit der CSU, „weil Herr Dr. Hundhammer als Fraktionsführer der Union durchblicken ließ, daß er unter Umständen wieder auf das Mehrheitswahlrecht zurückgehen würde, wenn in dieser Frage nicht eine einheitliche Lösung zustande käme".[64] Artikel 14 der Bayerischen Verfassung von 1946, der ein verbessertes Verhältniswahlsystem mit der umstrittenen zehnprozentigen Sperrklausel in jedem Wahlkreis vorsah, wurde erst am 19. Juli 1973 mit dem 3. Gesetz zur Änderung der Verfassung dem bundesweit üblichen Satz von 5 Prozent angeglichen.

Das angesichts der Mehrheitsverhältnisse bemerkenswerte Bemühen der CSU, kontroverse Punkte auf einer breiten Basis – zumindest mit den Stimmen der SPD – zu lösen, das in diesem Fall sogar in der Drohung gipfelte, von einem Kompromiß wieder abzugehen, wenn nicht auch die andere Partei konsequent und in jedem Punkt die gefundene Lösung unterstütze, setzte sich bei der Diskussion der Schulartikel fort. Entgegen traditioneller sozialdemokratischer Programmatik hatte Hoegner in seinem Vorentwurf die freie Wahl zwischen Bekenntnis- und Gemeinschaftsschule vorgesehen. Dahinter stand das Faktum der Anerkennung der 1925 geschlossenen Kirchenverträge durch die amerikanische Militärregierung.[65] Diese Sonderverträge zwischen den Kirchen und dem bayerischen Staat, die entgegen den Bestimmungen der Weimarer Verfassung in Bayern die Bekenntnisschule zur Regelschule erklärten, waren seinerzeit von den Sozialdemokraten heftig bekämpft worden. Als „Regierungspartei" sah sich die SPD aber 1946 gezwungen, den Kirchenverträgen Rechnung zu tragen, obwohl sie nach wie vor die Gemeinschaftsschule wünschte und in ihrem Aktionsprogramm vom Januar 1946 auch gefordert hatte.[66]

Die einschlägigen Bestimmungen des Hoegner-Entwurfes waren in Verhandlungen des bayerischen Ministerpräsidenten mit den Kirchen auf der Basis der Verträge entstanden und vom Vorbereitenden Ausschuß in der vorliegenden Fassung auch gebilligt worden.[67] Als die CSU im Verfassungsausschuß plötzlich „angesichts der Gesamteinstellung der Bevölkerung, die sich bis zu 98 Prozent für die Bekenntnisschule ausspricht", die Favorisierung der Bekenntnisschule als Regelschulart forderte, begannen die Emotionen aufzuwallen: Die SPD, die schon im Vorentwurf weitgehende Konzessionen gemacht hatte, beharrte auf den Vereinbarungen mit den Religionsgemeinschaften, und FDP und KPD forderten die Gemeinschaftsschule als alleinige Schulart. Doch die CSU war nicht bereit, von ihrer Forderung abzugehen, die ohnehin lediglich die tatsächlichen Verhältnisse in Bayern bestätige. An diesem Tag ging der Verfassungsausschuß auseinander, ohne daß eine Lösung in Aussicht stand, und als Hundhammer nach altbewährter Manier vorschlug, „noch in unserem Kreis untereinander Fühlung zu nehmen", warnte ihn Hoegner gereizt, „das, was die Weisheit erfahrener Männer durch gegenseitiges Nachgeben zustande gebracht" habe, „nicht durch eine parteipolitische Antragstellung jetzt zu gefährden".[68] Der SPD war es bitterernst, doch wollte sie schließlich „nicht die Verantwortung übernehmen, an dieser Frage das gesamte Verfassungswerk scheitern zu lassen".[69] Nach interfraktionellen Besprechungen, in denen die CSU zwar die anfangs vorgeschlagene Formulierung abmilderte, faktisch jedoch der SPD nicht entgegenkam, entschloß sich die SPD „mit Rücksicht auf die Einstellung der überwiegenden Mehrheit des bayerischen Volkes und im Interesse des religiösen Friedens" dem Antrag der CSU zuzustimmen: „Wir wollen in der gegenwärtigen Not unseres Vaterlandes einen Schulstreit, der von unabsehbaren Folgen begleitet sein könnte, unter allen Umständen vermeiden."[70] In ihrem Aktionsprogramm vom Dezember 1946, nahmen die Sozialdemokraten wenige Monate später ihre alte Forderung nach der Gemeinschaftsschule wieder auf, doch gelang es erst 1968 durch ein Volksbegehren, die Schulartikel zugunsten der Gemeinschaftsschule zu ändern.[71]

In dem sachlichen, auch in wichtigen Streitfragen von gegenseitiger Kompromißbereitschaft beherrschten Klima der Verfassungsberatungen entstand ein Staatsgrundgesetz, in dem die Handschrift der mit nur 51 Sitzen sehr schwach vertretenen SPD ebenso deutlich zum Ausdruck kommt, wie die der mit der absoluten Mehrheit von 109 Sitzen ausgerüsteten CSU. Dies war nicht zuletzt auf die Person des „weiß-blauen" SPD-Landesvorsitzenden Hoegner zurückzuführen, der 1946 noch weitgehend von seinem Staatsamt aus die Programmatik und Politik der sich erst allmählich wiederformierenden bayerischen Sozialdemokratie bestimmen konnte. Sein Konzept der starken Betonung bayerischer Eigenstaatlichkeit zur Verhinderung eines neuen Reichszentralismus traf sich mit den Vorstellungen der bayerisch-konservativen Föderalisten im altbayerischen Hundhammer- und im Bauernflügel der CSU. Auch aus seinem Bestreben, unter Berücksichtigung der spezifischen „politischen und wirtschaftlichen Verhältnisse in Bayern"[72], sowohl den Interessen katholisch-kirchlicher wie bäuerlicher Kreise entgegenzukommen, ergab sich von vornherein mancher Konsens. Daß sich die SPD unter Hoegners Regie in realistischer Einschätzung der Machtverhältnisse auch in den wenigen Fällen des klaren Dissens, selbst bei Forderungen, die ihrer traditionellen Programmatik so konträr gegenüberstanden wie die Favorisierung der Bekenntnisschule, zu eher einseitigen

Kompromissen bereit fand, verschaffte ihr das Prestige eines ernstzunehmenden (Koalitions-)Partners und verpflichtete die Union zu gleichen Verhalten.

Die CSU warf ihre Mehrheit vor allem dort in die Waagschale, wo es um die Realisierung ihres christlichen Staatsbildes ging, wie sie es in ihrem Grundsatzprogramm vom Dezember 1946 auch forderte.[73] Ihr insgesamt gelungener Versuch der Verankerung christlicher Staatsauffassung in der neuen bayerischen Verfassung zeigt sich schon in der Präambel, die eine „gute" Staats- und Gesellschaftsordnung mit der Achtung vor Gott und den christlichen Werten untrennbar verknüpft: „Angesichts des Trümmerfeldes, zu dem eine Staats- und Gesellschaftsordnung ohne Gott, ohne Gewissen und ohne Achtung vor der Würde des Menschen die Überlebenden des zweiten Weltkriegs geführt hat ..." – mit diesem „eindeutigen Bekenntnis zu Gott, zu der Verpflichtung ihm gegenüber"[74], das die bayerische Verfassung mit allgemeiner Zustimmung einleitet, wollte die Konstituante gleich zu Beginn den christlichen Charakter des neuen Staatsgrundgesetzes kennzeichnen, der sich besonders deutlich in den Schulbestimmungen niederschlug.

Zur Erfolgsbilanz der SPD zählte zweifelsohne die Durchsetzung des Verhältniswahlsystems, und auch die Gestaltung der zweiten Kammer, die zwar gegen die Überzeugung der Sozialdemokraten auf Antrag der CSU eingerichtet wurde, aber gegenüber den anfänglichen Vorstellungen der Union in ihren Befugnissen außerordentlich geschwächt aus den Beratungen hervorging, spiegelt den erheblichen Einfluß der Sozialdemokraten. Während die Union dem Senat gesetzgeberische Funktionen übertragen wollte, zeigte sich die SPD, die sich allem, „was irgendwie einer Zweiten Kammer ähnlich sieht", widersetzte, allenfalls bereit, dem Senat rein beratende, gutachterliche Funktionen zuzugestehen. Sie setzte sich durch: Zwar gestattet die Bayerische Verfassung dem Senat, Gesetzesvorlagen in den Landtag einzubringen, und er hat auch das Recht, zu wichtigen Gesetzen gutachtlich Stellung zu nehmen, doch liegt die Beschlußfassung allein beim Landtag.[75]

Die Handschrift der Sozialdemokraten zeigt sich deutlich auch im Wirtschaftsteil der Verfassung, der zwar gegenüber dem Hoegner-Entwurf nurmehr stark verwässerte sozialistische Prinzipien aufweist, trotzdem aber von der SPD als Erfolg gefeiert werden konnte. Aus den Wirtschaftsbestimmungen der Verfassung spreche ein „sozialistischer Geist", so die SPD, „dieser ... Hauptteil kann die Grundlage für eine sozial und wirtschaftlich fortschrittliche Gesetzgebung des Landes Bayern bilden".[76] Die Planwirtschaft war gefallen, doch sieht Artikel 152 der Verfassung die Überwachung „der geordneten Herstellung und Verteilung der wirtschaftlichen Güter zur Deckung des notwendigen

Lebensbedarfs der Bevölkerung" durch den Staat vor. Artikel 160 erlaubt gegen angemessene Entschädigung die Überführung lebenswichtiger Produktionsmittel, Großbanken und Versicherungen in Gemeineigentum, Artikel 166 sichert das Recht auf Arbeit. Artikel 167 wendet sich unter Strafandrohung gegen die Ausbeutung der menschlichen Arbeitskraft, Artikel 168 verspricht den Frauen gleichen Lohn bei gleicher Arbeit und Artikel 175 garantiert den Arbeitnehmern ein Mitbestimmungsrecht.

Als sich die Parteien nach Abschluß der harmonisch verlaufenen Beratung der neuen bayerischen Verfassung im Kampf um eine starke Position im neuen bayerischen Landtag als Kontrahenten gegenüberstanden (die Wahl des ersten Landtags fand ja zusammen mit dem Referendum über die Verfassung am 1. Dezember 1946 statt), betonte die SPD auch mit großen Worten ihren Erfolg bei den Verfassungsberatungen: Die Union sei „im wesentlichen der Linie der SPD, wenn auch mit Widerständen, gefolgt. Die CSU war in der Situation, daß sie sich dem Zwang fortschrittlicher Gedanken nicht mehr entgegenstellen konnte, ohne dabei ihr eigenes Ansehen aufs schwerste zu gefährden. Die Sozialdemokratie war die vorwärtstreibende Kraft. Die CSU war in der Abwehr. Sie wurde trotz ihrer 109 Sitze weit zurückgedrängt."[77] Auch Wilhelm Hoegner feierte die Verfassung als ein Staatsgrundgesetz, das „mit Profitwirtschaft und Hochkapitalismus nichts mehr zu schaffen" habe; er mußte jedoch drei Jahre später zugeben, daß viele der fortschrittlichen Bestimmungen niemals durch Ausführungsgesetze realisiert worden seien: Die „halbherzigen sozialen Anwandlungen"[78] der Union, deren Zugeständnisse speziell im Bereich der staatlichen Einwirkungsmechanismen auf die Wirtschaft maßgeblich von der nach Kriegsende herrschenden Notsituation beeinflußt waren, hatten sich schnell verflüchtigt.

Die beschriebene Kompromißbereitschaft vor allem der beiden großen Parteien war schließlich auch auf die allgegenwärtige Präsenz eines Dritten im Bunde zurückzuführen, gegen den es sich – trotz gelegentlicher Koalitionswechsel – zu solidarisieren galt. Jener Dritte war die amerikanische Militärregierung, die nicht nur die Weichen zur Verfassunggebung gestellt hatte, sondern auch – wenn auch sehr behutsam – hin und wieder korrigierend auf die Beratungen einwirkte.

Es war zwar der ausdrückliche Wunsch des Initiators dieses demokratischen Experimentes, des stellvertretenden US-Militärgouverneurs General Lucius D. Clay, daß die neuen Länderverfassungen möglichst frei von jedwedem Diktat der Besatzungsmacht als freies Werk der gewählten Repräsentanten entstehen sollten: „These constitutions must go to the German people as free creation of their elected representatives and with the least possible taint of Military Government dictation."[79] Andererseits waren aber weder Clay noch sein Stab geneigt, den Besatzungszielen oder vitalen amerikanischen Interessen zuwiderlaufende Verfassungsinhalte zu akzeptieren. Um diesen widersprüchlichen Zielen gerecht zu werden, hatten sich seit Juni 1946 hochrangige Offiziere und Zivilberater von OMGUS mit dem schwierigen Problem der Ausarbeitung einer geeigneten Verfassungspolitik beschäftigt. Dabei sollte der Tatsache, daß nicht nur der Vorbereitende Verfassungsausschuß Bayerns, sondern auch die Ausschüsse Hessens und Württemberg-Badens bereits fertige Vorentwürfe geliefert hatten, eine erhebliche Bedeutung zukommen. Eine erste Überprüfung dieser Entwürfe hatte erfreulicherweise gezeigt, daß sie bereits weitgehend den amerikanischen Anforderungen gerecht wurden, so daß sich einschneidende Interventionen der Besatzungsmacht erübrigen würden: „If these drafts are looked at with reasonable tolerance, they will be found to contain little or nothing objectionable to the broad principles stated."[80]

Die Fachleute legten Clay, der sich in der Verfassungsfrage die letzte Entscheidung vorbehielt, am 18. Juli 1946 einige Alternativvorschläge für die amerikanische Verfahrensweise gegenüber den Verfassungsberatungen vor.[81] Die vom General schließlich abgesegnete Taktik war bemerkenswert: Er ordnete zunächst eine genaue Überprüfung der Vorentwürfe an, wies jedoch gleichzeitig nachdrücklich darauf hin, daß sich Kritik ausschließlich auf Verfassungsinhalte zu beschränken habe, die vital den von McNarney formulierten demokratischen Grundprinzipien oder wesentlichen Zielen der Militärregierung zuwiderliefen: „Objections are to be made in a spirit of great caution and self-restraint and only because of considerations vitally related to the essential objectives of Military Government or the basic policy announced by the Military Governor." Die alleinige Zuständigkeit in der Verfassungsfrage übertrug Clay der OMGUS-Civil Administration Division (Abteilung für Zivilverwaltung, OMGUS-CAD) und einem ihm selbst direkt unterstellten „Interdivisional Committee on German Governmental Structures". Experten dieses Komitees sollten während der Verfassungsberatungen einen engen Kontakt zu führenden deutschen Repräsentanten herstellen, um informell den amerikanischen Einwänden Geltung zu verschaffen. Notwendige Änderungen sollten den Verfassunggebern aber keinesfalls aufgezwungen werden: „Informality should be the key note of their contacts and the effort should always be to elicit necessary changes on the initiative of the Germans, and not to impose them."[82]

Am 7. August 1946 erschien Roger Hewes Wells, im Zivilleben deutschlandkundiger Professor für Politische Wissenschaften am Bryn

Mawr College, 1946 stellvertretender Direktor der OMGUS-CAD und späterer Leiter der Historical Division beim US-High Commissioner in Germany, im Verfassungsausschuß der Bayerischen Verfassunggebenden Landesversammlung. Nachdem er sich und zwei Sonderbeauftragte der bayerischen CAD den Anwesenden vorgestellt hatte, deutete er an, daß man bei der Genehmigung der Verfassung mit nur wenigen Änderungswünschen seitens der Militärregierung zu rechnen habe; um jedoch mögliche Mißverständnisse von Anfang an zu vermeiden, sollten auftauchende Fragen in einem gegenseitigen freien Meinungsaustausch geklärt werden: „Wir stehen Ihnen zur Verfügung und würden gern von Zeit zu Zeit zwanglos mit Ihnen zusammenkommen... wir hoffen, daß die Fraktionsführer und die Mitglieder des Verfassungsausschusses ihre Probleme frei und ungezwungen mit uns besprechen werden."[83]

Wells bewies im Umgang mit den bayerischen Repräsentanten viel Fingerspitzengefühl. Hoegner und Nawiasky bestätigten in späteren Veröffentlichungen übereinstimmend, daß die bayerische Verfassung weitgehend frei von amerikanischem Einfluß entstanden sei und hoben die vorsichtige Art der amerikanischen Interventionen hervor.[84] Die – angesichts des lückenhaften Quellenmaterials leider nur bedingt mögliche – Rekonstruktion der Arbeitsweise Wells gibt ihnen Recht: In der Regel wandten sich Wells und die beiden Vertreter der bayerischen CAD an führende Einzelpersonen der bayerischen Landesversammlung, um in informellen Gesprächen, die, so Nawiasky, „stets in freundschaftlichem Geiste" geführt wurden, die amerikanischen Ansichten vorzutragen und die bayerischen Intentionen herauszufinden. Die Amerikaner pflegten unverbindliche Empfehlungen weiterzugeben, präzisere Formulierungen einzelner Artikel anzuregen und Fragen zu stellen, die die Verfassunggeber zum Überdenken einzelner Punkte veranlassen sollten, wobei die Fragen allerdings das erwartete Ergebnis des Nachdenkens oft bereits implizierten. Gewünschte Ergänzungen wurden in allgemeiner Form artikuliert, die Ausgestaltung und Akzentuierung war den Deutschen überlassen.[85]

Viele der amerikanischen Anregungen wurden mit bemerkenswerter Einmütigkeit berücksichtigt. Dabei handelte es sich allerdings überwiegend um kleine Änderungen innerhalb der bayerisch-amerikanischen Konsensbreite. So kritisierten die Verbindungsleute zu Recht, daß Verfassungsänderungen, die nach dem bayerischen Entwurf in einem Volksentscheid der Mehrheit der Stimmberechtigten bedurften, bei zu geringer Wahlbeteiligung nie zustande kommen würden.[86] Solche Hinweise auf „Flüchtigkeitsfehler" waren durchaus erwünscht. Doch folgte man auch substantiellen Anregungen, die teilweise den Intentionen zumindest einiger Repräsentanten widersprachen, so bei der Einfüh-

rung des Leistungs- und Wettbewerbssystems für die Einstellung und
Beförderung von Beamten, mit der sich vor allem Nawiasky und einige
Vertreter der Union nicht anfreunden konnten. Da „von amerikanischer
Seite Gewicht darauf gelegt" wurde, stimmten schließlich aber auch die
Gegner des Systems dem amerikanischen Vorschlag zu.[87]

Noch weniger Beifall fand der amerikanische Einwand gegen die in
Artikel 6 (2) formulierten Bestimmungen zur Unverlierbarkeit der
bayerischen Staatsangehörigkeit, der auf Wunsch von OMGUS nicht
zwischen „angeborener" und „erworbener" Staatsangehörigkeit unterscheiden
sollte. Auch diesem Ansinnen fügte man sich, wenn auch mit
dem Kalkül, man könne ja per Gesetz von vornherein den Erwerb der
bayerischen Staatsangehörigkeit erschweren.[88] Die wohl wichtigste
Bestimmung, die den Anregungen Wells zum Opfer fiel, war die im
Vorentwurf vorgesehene Planwirtschaft, die ersatzlos gestrichen und
durch einen stark verwässerten Artikel ersetzt wurde.[89] Doch berücksichtigte
man keineswegs sämtliche von amerikanischer Seite vorgebrachten
Wünsche oder Anregungen: So weigerte sich der Verfassungsausschuß,
die Regelung der Größe von Stimmkreisen der Wahlgesetzgebung
vorzubehalten, und auch dem amerikanischen Wunsch, die
10-Prozent-Klausel zur Ausschaltung der Splitterparteien als Höchstsatz
zu definieren, folgte er nicht. Die CSU, die sich in dieser Frage gegen
die anderen Parteien durchgesetzt hatte, drohte auf das Mehrheitswahlrecht
zurückzukommen, falls man diesem amerikanischen Vorschlag
nachgebe: Angesichts der Tatsache, „daß die Ratschläge der Militärregierung
... als bloße Anregung bezeichnet wurden, ohne daß wir sie
etwa als Weisung zu betrachten hätten", blieben beide Bestimmungen
unverändert.[90] Es bestand also offensichtlich auch im Falle eines bayerisch-amerikanischen
Dissens durchaus ein erheblicher Spielraum zur
Durchsetzung der eigenen Vorstellungen; daß sich die Verfassunggeber
dessen sehr wohl bewußt waren, zeigt ein als vertraulich gekennzeichneter
Brief Nawiaskys vom Dezember 1947, in dem er bitter beklagt,
daß man nach seiner Abreise „sozusagen ahnungslos" eine Reihe von
amerikanischen Änderungswünschen akzeptiert habe: „Mindestens
hätte man sich weniger sklavisch an Einzelwünsche halten sollen. Dabei
habe ich immer die Erfahrung gemacht, daß man mit den Amerikanern
gut reden kann, wenn man ihnen überlegen ist."[91]

Daß man trotzdem auch unerwünschten, substantiellen Anregungen
oder Vorschlägen der Besatzungsmacht entgegenkam, ist in engem
Zusammenhang mit der grundsätzlichen bayerischen Zustimmung zu
der frühen Verfassunggebung zu sehen. Zwar hatte Hoegner noch um
die Jahreswende im Einklang mit seinen Ministerpräsidentenkollegen
aus Hessen und Württemberg-Baden die frühzeitige Verabschiedung

einer Verfassung abgelehnt, doch erkannte man in Bayern sehr rasch den Vorteil, der sich daraus ergab – die verfassungsrechtliche Absicherung bayerischer Eigenart nämlich, die die bayerische Ministerriege, den Vorsitzenden der Sozialdemokraten und Ministerpräsidenten Hoegner eingeschlossen, mit allen Mitteln zu verteidigen entschlossen war. Man wollte eine Verfassung, um so mehr, als diese auch augenfälliges Sinnbild bayerischer Eigenstaatlichkeit sein würde.[92]

Schließlich konnte auch die milde Form, in der OMGUS Einwände geltend machte, nicht darüber hinwegtäuschen, daß die kritisierten Verfassungsinhalte von der Militärregierung mißbilligt wurden, und jede Anregung, die unberücksichtigt blieb, erhöhte in bayerischen Augen die Gefahr, daß die gesamte Verfassung abgelehnt würde: „Wir müssen uns darüber klar sein, daß wir nicht Herren unseres Geschickes sind, und wir müssen darnach trachten, den Wünschen der Militärregierung entgegenzukommen, weil von ihr die Genehmigung unserer Verfassung abhängt."[93]

Wonach richtete sich aber der Grad des Entgegenkommens? Bei Änderungsvorschlägen, die als irrelevant oder konstruktiv im bayerischen Sinne empfunden wurden, war die Entscheidung problemlos. Einige Kritikpunkte, die aus Mißverständnissen oder Übersetzungsfehlern resultierten, konnten schnell im Sinne der Konstituante aufgeklärt werden. Schwierig wurde es erst, wenn Änderungswünsche substantielle Inhalte tangierten, etwa im Falle der Planwirtschaft. Am Beispiel des vorzeitigen Endes eines bayerischen „Sozialismus" läßt sich gut zeigen, welche Kriterien für die Ablehnung oder Übernahme amerikanischer Vorstellungen entscheidend waren:

Wie die Beteiligten auch in späteren Veröffentlichungen versicherten, war die Planwirtschaft „an dem Widerspruch der amerikanischen Militärregierung gescheitert".[94] Die einschlägige Stellungnahme der OMGUS-Fachleute zum Wirtschaftsteil des „Regierungsentwurfs", die in einem ausführlichen Bericht festgehalten ist, lautete aber eindeutig, die sozialistischen Elemente in der Verfassung sollten unangetastet bleiben, soweit sie mit der Organisation des Länderrates der US-Zone oder einer größeren Wirtschaftseinheit vereinbar seien und nicht zur Anhäufung wirtschaftlicher Macht in den Händen weniger – im bayerischen Vorentwurf der Staatsregierung – führten: „The degree to which the constitutions depart from a capitalistic toward a socialistic economic system is entirely their concern." In diesem Sinne wollte OMGUS zwar auf eine Änderung, nicht aber Streichung der Wirtschaftsartikel hinwirken. Interessant ist in diesem Zusammenhang auch, daß die Fachleute von vornherein davon ausgingen, daß speziell der Wirtschaftsteil des Entwurfes bei den Beratungen noch modifiziert würde: „It is by no means certain that they will be approved in their present form by the convention."[95]

Entsprechend den amerikanischen Erwartungen erreichten die bürgerlichen Parteien, allen voran die CSU, eine klare Mehrheit in der Verfassunggebenden Versammlung und die Diskussion um die Formulierung des Ersatzartikels – der ursprüngliche Artikel war entgegen sonstiger Gewohnheit kommentarlos gestrichen worden – zeigt auch deutlich, daß die Amerikaner Recht behalten hätten: Die bayerische FDP sprach sich ohnehin gegen die Planwirtschaft aus und die Befürworter aus den Reihen der in dieser Frage uneinigen Union wollten keine sozialistische Planwirtschaft, „sondern eine ordnungsgemäße und saubere Lenkung der Wirtschaft", um der sich aus den Kriegsfolgen ergebenden Notlage gerecht werden zu können. Der in diesem Sinne formulierte Ersatzartikel wurde für diesen Zweck als ausreichend erachtet und im Verlauf der Verhandlungen auf Initiative der CSU sogar noch weiter abgemildert.[96] Daß andererseits die Amerikaner, die sozialistische Bestrebungen während der Besatzungszeit wiederholt unterdrückten, auch in bezug auf sozialistische Tendenzen in den Verfassungen nicht unnachgiebig waren, zeigt ein Blick auf parallel ablaufende Vorgänge in Hessen. Trotz aller Bemühungen gelang es den Amerikanern dort nicht, eine Änderung des Artikels 41, der weitgehende Sozialisierungsbestimmungen enthält, durchzusetzen. Der dort agierende Verbindungsmann stieß auf die feste Front aller Parteien, die den Artikel, der Bestandteil eines Kompromisses zwischen CDU und SPD war, geschlossen unterstützten.[97] Bei entsprechender Entschlossenheit hätte man in Bayern durchaus die Chance gehabt, die Planwirtschaft in der Verfassung durchzusetzen. Die eigentliche Ursache für die nachhaltige Wirkung der amerikanischen Beanstandung in Bayern war, daß die Planwirtschaft hier unter den deutschen Repräsentanten selbst keine Mehrheit fand. Die Militärregierung brachte lediglich einen längst lokkeren Stein ins Rollen, und es darf vermutet werden, daß der amerikanische Vorstoß den Gegnern sozialistischer Ideen höchst willkommen war.

Amerikanischer Einfluß konnte sich immer dann substantiell bemerkbar machen, wenn die Kritik den Interessen einer der großen Parteien entgegenkam. Die Interventionen der Besatzungsmacht wurden gleichsam in den Dienst von Parteiinteressen gestellt, die mit amerikanischer Rückendeckung problemloser zu realisieren waren, denn keine der Parteien wollte die alleinige Verantwortung für das Risiko der Ablehnung der Verfassung durch OMGUS tragen. So wurden auch unabhängig von tatsächlichen Interventionen laufende Aktivitäten der Besatzungsmacht zitiert, um eigenen Vorschlägen größeren Nachdruck zu verleihen.⁹⁸ Stieß OMGUS dagegen auf die geschlossene Front beider großen oder aller Parteien, konnte sich die deutsche Seite in der Regel durchsetzen. Vor diesem Hintergrund ist auch die offene Drohung zu sehen, mit der die CSU die Stimmen der SPD zur 10-Prozent-Klausel erzwang, denn auch diese Bestimmung war von den Amerikanern beanstandet worden.

Der bayerische Verfassungsentwurf, der nach seiner Annahme durch das Plenum am 27. September 1946 bei OMGUS eintraf, war aus amerikanischer Sicht, wie Clay feststellte: „the best that can be obtained by suggestion. ... The assemblies believe and proclaim that the instruments as they now stand truly represent their own work."⁹⁹ Durch ihr vorsichtiges Taktieren war es der Militärregierung gelungen, die beiden widersprüchlichen Ziele – einerseits Sicherung des amerikanischen Einflusses auf die Verfassungen, andererseits Schaffung einer Atmosphäre der Verfassunggebung frei vom Diktat der Besatzungsmacht – weitgehend miteinander in Einklang zu bringen. OMGUS war insgesamt mit dem Ergebnis der Beratungen zufrieden. Einige Beanstandungen, die man nach genauer Überprüfung des Entwurfs noch für unerläßlich befand, gab Clay anläßlich einer Sitzung des Länderrates am 8. Oktober 1946 bekannt.¹⁰⁰ Einige weitere Änderungswünsche, die sich zur Verärgerung des Generals durch ein Eingreifen der Washingtoner Ministerien noch ergeben hatten – sowohl das Kriegs- wie auch das Außenministerium verlangten in letzter Minute noch ein Mitspracherecht –, übermittelte Wells dem Verfassungsausschuß.¹⁰¹ Obwohl auch in dieser Endphase noch ein Spielraum zur Durchsetzung bayerischer Vorstellungen gegenüber den amerikanischen Modifizierungswünschen bestand, wurden sie sämtlich von der Konstituante befolgt, die sie mit einer Ausnahme allerdings auch für nicht sehr bedeutsam hielt.¹⁰²

Der 26. Oktober 1946 war der von OMGUS mit großer Spannung erwartete Tag der „feierlichen" Schlußabstimmung, der, wie die „Süddeutsche Zeitung" schilderte, eigentlich „recht nüchtern" verlief: „Durchdringende Obstkälte erfüllte als ungebetener Gast die Aula der Universität mit ihrem frostigen Hauch, die Mitglieder des Hohen Hauses saßen ... frierend in ihren Mänteln und das Auf- und Niedersetzen bei den Abstimmungen ... wurde als willkommene Bewegung empfunden, um warm zu werden."¹⁰³ In namentlicher Abstimmung wurde das Verfassungswerk von der Verfassunggebenden Landesversammlung mit 136 Stimmen der CSU und SPD gegen 14 Stimmen der FDP, KPD und WAV bestätigt. Die KPD und FDP lehnten die Verfassung ab, da diese kein deutliches Bekenntnis zur Einheit Deutschlands enthalte. Beide Parteien monierten die „kleinstaatliche Engstirnigkeit"(KPD) bzw. die nur „platonische Liebe" zu Deutschland (FDP), die in der Verfassung zum Ausdruck komme, und es beiden unmöglich mache, ihr zuzustimmen. Hinzu kamen Einwände gegen kulturpolitische Inhalte, vor allem gegen die Favorisierung der Bekenntnisschule, sowie – allerdings aus gegensätzlichen Motiven – gegen die Gestaltung der Wirtschaftsordnung.[104] Die WAV begründete ihre Ablehnung vor allem mit dem Fehlen volksdemokratischer Elemente, die sie – in Anlehnung an das Schweizer Muster – gefordert hatte.[105]

Nach einer kurzen Pause im Anschluß an die Schlußabstimmung versammelte man sich zu einem Festakt. In die entspannte Atmosphäre hinein verlas der Präsident der Verfassunggebenden Landesversammlung, Michael Horlacher, das Genehmigungsschreiben General Clays, das der Chef der bayerischen Militärregierung, General Walter J. Muller, ihm zuvor überreicht hatte. Hatte sich die Militärregierung bisher gescheut, eigene Vorstellungen für das Staatsgrundgesetz verbindlich zu machen, so zeigten sich jetzt die Grenzen des bislang bezeugten Respektes vor dem „sakralen" Akt der Verfassunggebung. Gewisse unberücksichtigt gebliebene amerikanische Interessen kamen nun doch zu Wort, wenn auch nicht in der Verfassung selbst, sondern in jenem Schreiben, das als Bestandteil der Verfassung zu gelten hatte. Die darin genannten amerikanischen Vorbehalte richteten sich vor allem gegen separatistische Tendenzen Bayerns, die OMGUS in den Bestimmungen zur bayerischen Staatsangehörigkeit und in Artikel 178 der Verfassung zu erkennen glaubte, der den Beitritt Bayerns zu einem deutschen Bundesstaat an zwei Bedingungen knüpfte – die Freiwilligkeit des Zusammenschlusses und die Sicherung des staatsrechtlichen Eigenlebens der Länder – , um Bayern eine möglichst starke Ausgangsposition bei den Verhandlungen um die Ausgestaltung des künftigen deutschen Staatsgebildes zu sichern.[106] Dem setzte Clay ein klares Nein entgegen: der Wille, einem künftigen Bundesstaat beizutreten, war als eine „Anweisung" auszulegen, „aber nicht als ein Recht, die Teilnahme an irgendeiner Form der deutschen Regierung zu verweigern"; dies kam praktisch einer Streichung des Artikels gleich. Noch einschneidender aber war ein Vorbehalt, der sich fast gleichlautend auch in den Genehmigungsschreiben für Hessen und Württemberg-Baden wiederfindet: OMGUS wies nicht nur auf die gegenüber der Verfassung höhere Geltung der Viermächte-Gesetzgebung sowie internationaler Verträge und Abkommen hin, sondern behielt sich auch sämtliche Vollmachten vor, die notwendig seien, „um die grundlegenden Richtlinien für die Besatzung in die Tat umzusetzen".[107] Diese Vollmachten waren in einer am 30. September erlassenen Direktive im einzelnen definiert und garantierten der Besatzungsmacht auch nach der Ratifizierung der Verfassung „noch die Kontrolle der gesamten Gesetzgebung der Einzelstaaten wie überhaupt des gesamten öffentlichen Lebens".[108] OMGUS war also keinesfalls gewillt, nach Ratifizierung der Verfassung die Zügel aus den Händen zu geben.

Die Versammlung schluckte die bitteren Pillen, die ihr die amerikanische Militärregierung in letzter Minute verabreichte, ohne Protest. Erleichtert meldete Wells noch am gleichen Tag, 12.25 Uhr, nach Berlin: „Everything went off as planned."[110] Der Weg zur Ratifizierung der Verfassung war frei.

Constantin Goschler

Reformversuche gegen siegreiche Traditionen.
Bayerische Politik und amerikanische Kontrolle

Ein Untersuchungsausschuß des bayerischen Landtags stieß 1951 im Rahmen seiner Arbeit auf die Frage, welchen Einfluß die amerikanische Militärregierung in der zurückliegenden Zeit auf die bayerische Politik genommen hatte. Hans Müller, von 1945 bis 1951 Staatsrat und Staatssekretär im Bayerischen Finanzministerium, berichtete dazu aus seiner eigenen Erfahrung: „Es war außerordentlich schwierig, bei den Amerikanern Verordnungen oder Gesetze durchzubringen ..., bei allem Entgegenkommen, bei aller Liebenswürdigkeit der Herren, die drüben, in der Holbeinstraße war es damals, später in der Tegernseer Landstraße, waren. Die Herren waren auch sehr vorsichtig und hatten ihre gebundenen Machtbefugnisse, sie hatten dicke Bücher, das waren fast Bibeln, mit einer Dicke von 10 cm, da stand alles drin, wie sie mit uns verfahren sollten." „Das waren die ... Morgenthau-Anweisungen", vervollständigte der ehemalige Ernährungsminister Josef Baumgartner.[1] Solche stilisierten Beschreibungen des Verhältnisses zur Besatzungmacht finden sich nicht selten in den Selbstäußerungen der damals tätigen bayerischen und deutschen Politiker. Dabei mischen sich reale Erfahrungen häufig, so wie hier, mit der Tendenz, der angeblichen Allmacht der Militärregierung eine fast mythische Dimension zu verleihen.

Ende 1946, anderthalb Jahre nach Kriegsende, existierte in Bayern immer noch keine demokratisch legitimierte Landesregierung. Der Ministerpräsident wurde bis dahin schlichtweg von der amerikanischen Militärregierung ernannt oder auch abgesetzt und war allein dieser verantwortlich. Gemäß dem amerikanischen Konzept der schrittweisen Rückgabe der politischen Entscheidungsgewalt in deutsche Hände sollten nun endlich Landtagswahlen die Voraussetzung für einen demokratisch bestimmten und einem Parlament verantwortlichen Ministerpräsidenten in Bayern und auch in den anderen Ländern der amerikanischen Besatzungszone schaffen.

So durften am 1. Dezember 1946 3,2 Millionen bayerischer Wähler über die Zusammensetzung des Landtags und die Annahme der Landesverfassung entscheiden.[2] Eine weitere Million Wahlberechtigter hatte sich der Stimme enthalten, wozu der Aufruf der nicht zugelassenen

Bayernpartei zum Wahlboykott beigetragen haben mag. Neubürger, die sich noch nicht länger als ein Jahr in Bayern aufhielten, und politisch Belastete waren nicht im Genuß des Wahlrechts. Die bayerische Verfassung wurde mit fast 76 Prozent der Stimmen angenommen. Deutlicher Sieger der Landtagswahl war die CSU mit 52,3 Prozent der Stimmen, wodurch sie allein 104 der 180 Abgeordnetensitze erhielt. Die SPD erreichte 28,6 Prozent und war dafür im Landtag mit 54 Sitzen vertreten. Die Wirtschaftliche Aufbau-Vereinigung (WAV), die in der zweiten Wahlperiode den Sprung in den Landtag nicht mehr schaffen sollte, errang immerhin 7,4 Prozent der Stimmen und 13 Abgeordnetensitze. Die kleinste Fraktion bildete die FDP mit neun Abgeordneten, wozu ihr 5,6 Prozent der Stimmen verholfen hatten. Die KPD hingegen, die noch in der Verfassunggebenden Landesversammlung vertreten war, blieb ohne Abgeordnete. Ihr war es zwar gelungen, mit 6,1 Prozent landesweit die Fünf-Prozent-Hürde zu überspringen, doch scheiterte sie an der damals zusätzlich ins Wahlgesetz eingebauten Klippe, daß Parteien in wenigstens einem der Wahlkreise zehn Prozent der Stimmen gewinnen mußten.

Etwa ein Sechstel der neugewählten Abgeordneten war bereits vor 1934 in den Landtag oder auch Reichstag gewählt worden, etwa ein Drittel hatte kürzere oder längere Zeit in Gefängnissen oder Konzentrationslagern des NS-Regimes verbracht. 82 der 102 Abgeordneten der CSU hatten früher der Bayerischen Volkspartei (BVP) angehört, drei der 180 Parlamentarier waren Frauen, alle von der CSU. Ein Drittel der Parlamentarier waren Beamte.[3]

Am 16. Dezember 1946 kam der neugewählte bayerische Landtag in Anwesenheit des Direktors der amerikanischen Militärregierung für Bayern (OMGB), Walter J. Muller, in der mangels Heizmaterial eisigen Großen Aula der Universität München zum ersten Mal zusammen. Bei der Wahl des Ministerpräsidenten kam es gleich zu erheblichen Komplikationen, da die CSU trotz der ungewöhnlich klaren Mehrheitsverhältnisse nicht in der Lage war, alleine einen Kandidaten durchzubringen. Ihre damaligen inneren Auseinandersetzungen hinderten sie daran, sich auf einen gemeinsamen Kandidaten zu einigen. Von einer christlich-interkonfessionellen Massenpartei, wie sie ihrem Parteivorsitzenden Josef Müller vorschwebte, war die CSU damals noch weit entfernt. Innerhalb der Partei rivalisierten verschiedene Gruppen, die in erster Linie durch die restriktive Lizenzierungspraxis der Militärregierung unter einem Dach zusammengehalten wurden. Dem Müller-Flügel, der sich auf „reichstreue", fränkische Kräfte stützte, stand der Hundhammer-Schäffer-Flügel mit seinem großen Anhang im katholischen Altbayern entgegen. Dazwischen bewegte sich eine Gruppe bäuerlicher

Interessenvertreter um Josef Baumgartner, Michael Horlacher und Alois Schlögl. Müller gelang es nun nicht, den Hundhammer-Schäffer-Flügel für seine Kandidatur um das Ministerpräsidentenamt zu gewinnen, da ihm dieser eine zu „zentralistische" Haltung vorwarf.[4]

Vor der entscheidenden Abstimmung im Landtag trat eine von Alois Hundhammer, Michael Horlacher und Heinrich Krehle geführte Gruppe an die SPD heran und versuchte diese für eine gemeinsame Wahl Hans Ehards (CSU) zu gewinnen. Ehard war Jurist und hatte 1924 im Hitler-Prozeß als Anklagevertreter amtiert. Bis 1933 war er einfaches BVP-Mitglied, konnte aber seine Laufbahn im Dritten Reich fortsetzen. 1945/46 wurde er Staatssekretär im Bayerischen Justizministerium. Ehard bot insbesondere den Vorteil, sich bislang politisch nicht sehr profiliert zu haben, was allen Beteiligten den Kompromiß erleichtern sollte. Nach heftigen inneren Kontroversen nahm die SPD den Vorschlag und das daran geknüpfte Koalitionsangebot an, machte aber zur Bedingung, daß das am 14./15. Dezember 1946 vom Landesausschuß der SPD verabschiedete „Aktionsprogramm" durch den Koalitionspartner angenommen werde.[5] Als Gegenleistung mußten die Sozialdemokraten ihrerseits anerkennen, daß auch das von der CSU aufgestellte Landtagswahlprogramm „30 Punkte der Union" zum Regierungsprogramm erhoben werde. Einige inhaltliche Unvereinbarkeiten blieben dabei offen, doch erlitt auf Grundlage dieser Koalition der vom stellvertretenden amerikanischen Militärgouverneur Lucius D. Clay favorisierte Josef Müller am 21. Dezember eine empfindliche Abstimmungsniederlage. Während Müller nur 73 der 180 Stimmen auf sich vereinigen konnte, wurde im zweiten Wahlgang Hans Ehard mit der deutlichen Mehrheit von 121 Stimmen zum Ministerpräsidenten gewählt.

In seinem Kabinett ernannte Ehard seinen Vorgänger Wilhelm Hoegner (SPD) zum Justizminister und zugleich zum stellvertretenden Ministerpräsidenten. Zum Staatssekretär im Justizministerium wurde Willi Ankermüller (CSU) bestellt, den Hoegner schon bald als Aufpasser empfinden sollte.[6] Auch das Amt des Wirtschaftsministers (Rudolf Zorn), des Innenministers (Josef Seifried) und des Arbeitsministers (Albert Roßhaupter) überließ Ehard der SPD, doch setzte er auch ihnen CSU-Staatssekretäre vor das Ministerbüro. Anton Pfeiffer beauftragte er mit der Leitung der Staatskanzlei. Die CSU stellte den Kultusminister (Alois Hundhammer) und die Minister für Finanzen (Hans Kraus), für Ernährung (Josef Baumgartner) und Verkehr (Otto Frommknecht). Alfred Loritz, der exzentrische Vorsitzende der WAV, wurde Sonderminister für politische Befreiung. Für diese Wahl war die Erwartung ausschlaggebend gewesen, daß er sich in diesem Amt am schnellsten politisch unmöglich machen werde.[7] Allein die FDP war von diesem

„Kabinett der Konzentration" ausgeschlossen. Am 10. Januar 1947 konnte Ehard die Bildung seiner Regierung abschließen. An diesem Tag legte er vor dem Landtag in einer Regierungserklärung die Grundlagen seiner zukünftigen Politik dar.[8] Unter den innerbayerischen Problemen ragten die Flüchtlingsfrage, die Entnazifizierung, die Ernährungslage und die Wiederingangsetzung der Wirtschaft weit heraus. Als weitere wichtige Probleme nannte Ehard die Frage der künftigen Schulreform sowie der Durchführung des Bodenreformgesetzes.

Entscheidend für die politischen Gestaltungsmöglichkeiten der neuen bayerischen Regierung war aber weiterhin der Rahmen, den die amerikanische Besatzungsmacht steckte. Hier hatte sich durch die Annahme der bayerischen Verfassung und die Bildung des Landtags zwar einiges verändert, doch blieb die amerikanische Militärregierung für Bayern weiterhin ein wesentlicher politischer Faktor. Nachdem die bayerische Verfassung in Kraft getreten war, übermittelte die amerikanische Militärregierung am 20. Dezember ein Dokument, das die Beziehungen zwischen der Militärregierung und den Zivilregierungen der US-Zone neu regelte. Die Direktive forderte von der bayerischen und den anderen künftigen Landesregierungen der amerikanischen Zone weiterhin zahlreiche Beschränkungen. Solche ergaben sich aus grundsätzlichen Stellungnahmen der amerikanischen Regierung zur Besatzungspolitik wie aus Einschränkungen aus internationalen Abkommen über Deutschland, Viermächteentscheidungen, grundsätzlichen Entscheidungen des amerikanischen und britischen Bipartite Control Office, den besonderen Befugnissen der amerikanischen Besatzungsmacht innnerhalb ihrer Zone sowie den spezifischen Besatzungszielen der amerikanischen Regierung. Zugleich kündigte die Militärregierung mit dieser Direktive an, nach Annahme der bayerischen Verfassung ihre Ziele in erster Linie durch Beobachtung, Nachprüfung, Berichterstattung und Beratung verfolgen zu wollen sowie lediglich solche wirtschaftliche, soziale, politische und staatliche Tätigkeiten abzulehnen, die nach ihrem Empfinden deutlich gegen die von ihr definierten Ziele verstoßen würden.[9]

Die Annahme demokratischer Verfassungen in den Ländern ihrer Besatzungszone veranlaßte die amerikanische Militärregierung zudem, auch die Proklamation No. 2 vom 19. September 1945, die bislang das Verhältnis zur bayerischen Regierung geregelt hatte, zu revidieren. Dazu erließ sie am 1. März 1947 die Proklamation No. 4, die den Ländern Hessen, Württemberg-Baden und Bayern die volle legislative, exekutive und judikative Gewalt innerhalb der durch die Verfassung und Rechte der Besatzungsmacht gegebenen Grenzen bestätigte.[10] Auf diese Weise erklärte die amerikanische Militärregierung ihre Absicht, auch nach Verabschiedung der bayerischen Verfassung und Einsetzung einer parlamentarisch zustandegekommenen Regierung im Sinne des amerikanischen Demokratisierungs- und Umerziehungskonzeptes regulierend präsent zu bleiben.

Schon bald sollte sich reichlich Gelegenheit ergeben, die neuen Grundlagen auf ihre Bewährung in der Praxis zu überprüfen. In wesentlichen Bereichen der bayerischen Politik bestanden erhebliche Differenzen zwischen den Vorstellungen der amerikanischen Besatzungsmacht und denen der nun auf demokratische Weise zustandegekommenen Regierung. Schon bei der Entnazifizierung, die bereits unmittelbar nach der alliierten Besetzung mit ersten Maßnahmen eingesetzt hatte, war es immer wieder zu Konflikten gekommen. Noch zäher als bei diesem Prozeß, der sich ja im wesentlichen auf einen mehr oder weniger durchgreifenden Elitenaustausch beschränkte, wurde aber bei denjenigen Fragen gerungen, bei denen die Amerikaner strukturverändernde Maßnahmen gegen festgefügte deutsche Traditionen durchsetzen wollten. Vor allem in Bayern nährte der Stolz auf eigene Traditionen, der oft genug mit einem Überlegenheitsgefühl gegenüber den „kulturlosen Amerikanern" einherging, eine starke Opposition gegen alle amerikanischen Reformversuche. Dies wurde dadurch verstärkt, daß die Amerikaner strukturelle Reformen häufig erst zu einem Zeitpunkt ernsthaft angingen, als sie bereits begonnen hatten, durch die Anerkennung von Länderverfassungen und die Wahl von Länderparlamenten in ihrer Besatzungszone ein Stück demokratischer Eigenverantwortung zurückzugeben.

So setzte sich die amerikanische Militärregierung besonders für eine Reform des deutschen öffentlichen Dienstes ein, weil sie im System des Berufsbeamtentums einen Teil des nationalsozialistischen Herrschaftsapparates verkörpert sah.[11] Ihre Hauptvorwürfe gegen die traditionelle Organisation des öffentlichen Dienstes richteten sich gegen die Verletzung des Prinzips der Gewaltenteilung, die Nichteinhaltung des Gleichheitsgrundsatzes und seine mangelnde Öffentlichkeit. In der ersten Zeit nach dem Krieg überwogen personalpolitische Maßnahmen wie die Entfernung nationalsozialistischer Beamter aus dem Dienst. In Bayern wurde erst kurz vor den ersten Landtagswahlen durch Ministerpräsidenten Hoegner ein Beamtengesetz erlassen. Zur Verwirklichung der amerikanischen Forderungen sah es die Errichtung eines Landespersonalamtes vor, das für eine einheitliche und gerechte Personalpolitik sorgen sollte. Doch erkannte die amerikanische Militärregierung in der sich daraus entwickelnden Praxis keine Verbesserung des früheren Zustandes, weshalb sie ständig auf weitere Reformen drängte. Das führte zwar im April 1949 zu einem Wechsel des Generalsekretärs des bayerischen Landespersonalamts, aber zu keiner tatsächlichen Änderung der Zustände. Der Konflikt hatte sich jedoch mittlerweile teilweise aus der Sphäre der Landespolitik herausverlagert, denn die Amerikaner hatten zusammen mit den Briten auf bizonaler Ebene das Militärregierungsgesetz Nr. 15 vom 15. Februar 1949 erlassen: sie oktroyierten ein alliiertes Mustergesetz zur Regelung des öffentlichen Dienstes. Die Auseinandersetzung wurde auch noch mit der ersten Bundesregierung fortgeführt, bis dann zuletzt 1952 der amerikanische Reformeifer erlahmte. Die Struktur des öffentlichen Dienstes blieb schließlich ganz im Sinne der deutschen Traditionen unangetastet, was die Amerikaner im Grunde mit der Billigung des Grundgesetzes, das in seinem Artikel 33 die alten Zustände festschrieb, auch schon anerkannt hatten.

Nicht viel besser erging es der amerikanischen Militärregierung bei ihrem Versuch, die Gewerbefreiheit in ihrer Besatzungszone durchzusetzen.[12] In Bayern vereinheitlichte das durch den Ministerpräsidenten erlassene Gesetz Nr. 42 vom 23. September 1946 den Rechtszustand. Die Neugründung eines Gewerbe- oder Handwerkbetriebs war dadurch an eine Erlaubnis geknüpft, auf deren Erteilung Handwerkskammern und Innungen einen wesentlichen Einfluß besaßen. Dies wurde von den bestehenden Betrieben durchaus auch zur Unterdrückung unerwünschter Konkurrenz genutzt. Zugleich war ein Befähigungsnachweis – im Bereich des Handwerks in Gestalt der Meisterprüfung – Voraussetzung für eine Gewerbegründung. Das verhinderte nach Auffassung der Amerikaner die erwünschte Ausbreitung des ihnen vertrauten Systems des „free enterprise", weshalb sie nach einigem Hin und Her am 29. November 1948 eine Direktive erließen, mit der sie die bisherige Gewerbelizenzierung für weitgehend hinfällig erklärten. Damit entfielen nicht nur die allgemeine Zwangsinnung und der „Große Befähigungsnachweis", sondern auch der öffentlich-rechtliche Status von Handwerks-, Industrie- und Handelskammern. Auch dagegen formierte sich langwährender Widerstand, der sich in erster Linie gegen die Aufhebung des bislang geforderten Befähigungsnachweises richtete. Wie die alliierten Neuordnungsversuche des öffentlichen Dienstes überlebte auch dieses Reformvorhaben nicht die ersten Jahre der Bundesrepublik. 1953 wurde die Meisterprüfung im Rahmen der Bundeshandwerksordnung wieder ein festes Element der Gewerbezulassung, und auch Handwerkskammern und Innungen wurden wieder zu Körperschaften des öffentlichen Rechts. Gleichwohl trug die amerikanische Initiative dazu bei, „ein wirtschaftspolitisches Klima zu schaffen, in dem Elemente des Protektionismus wie die Bedürfnisprüfung verpönt waren, das Leistungsprinzip galt und auch das Handwerk es sich nicht mehr erlauben konnte, vom Staat die Sicherung von Erbhöfen zu verlangen".[13]

Im Falle der Gewerbefreiheit und des öffentlichen Dienstes rührte sich der Hauptwiderstand gegen die amerikanischen Reformen in den Reihen der betroffenen Berufsorganisationen, die es verstanden, eine einflußreiche Lobby aufzubieten. Die übrige Bevölkerung dagegen sympathisierte zumindest in der Sache häufig mit den Angriffen der Militärregierung auf die mit den deutschen Traditionen verbundenen Mißstände. Anders war es, als die Amerikaner auf eine Reform des Erziehungswesens in Bayern und den anderen Ländern ihrer Besatzungszone drängten. In diesem Bereich spielten in Bayern insbesondere konfessionelle Traditionen eine wichtige Rolle, die zudem in der Bevölkerung fest verankert waren. Während die Konflikte um den öffentlichen Dienst und die Gewerbezulassung sich auf die Ebene der Bundesregierung verlagerten, blieb die Auseinandersetzung um die Schulreform bis zuletzt im Spannungsfeld zwischen der bayerischen Landesregierung und der amerikanischen Militärregierung. Sie bildet deshalb ein besonders geeignetes Paradigma für das Verhältnis von amerikanischer Militärregierung und bayerischer Politik.

Die Amerikaner hatten erst nach der Verabschiedung der bayerischen Verfassung begonnen, konkrete Pläne zur Neugestaltung des bayerischen Erziehungswesens auszuarbeiten, und dadurch natürlich bereits einer gewissen bayerischen Eigenentwicklung Raum gelassen. Bis dahin hatte sich die Militärregierung in erster Linie auf Maßnahmen regulativer Natur beschränkt, so etwa die Entnazifizierung der Lehrerschaft. Am Anfang der nun entwickelten Pläne stand der Bericht einer amerikanischen Erziehungskommission unter dem Vorsitz von George F. Zook.[14] Die Delegation, der amerikanische Gewerkschafter, Vertreter verschiedener Religionsgemeinschaften, Pädagogen und andere Experten angehörten, bereiste auf Einladung des amerikanischen Außen- und Kriegsministeriums 1946 das besetzte Deutschland und legte am 20. September Lucius D. Clay, dem stellvertretenden Militärgouverneur der amerikanischen Militärregierung für Deutschland (OMGUS), ihre Ergebnisse vor. Zunächst würdigte der Zook-Bericht die früheren Leistungen des deutschen Schulsystems und die materiellen Schwierigkeiten, unter denen sich jeglicher Unterricht nun abspielte. Der durch die Entnazifizierung drastisch verschärfte Lehrermangel sowie die in Folge der Bombenzerstörungen, der zuströmenden Flüchtlinge und der alliierten Gebäudebeschlagnahmungen höchst akute Schulraumnot mußten jedem Reformversuch elementare Schwierigkeiten bereiten. Dann machte der Bericht aber um so deutlicher, welchen Stellenwert die deutsche Schule im Rahmen der amerikanischen Umerziehungspolitik einnehmen sollte und welche Forderungen sich daraus ergaben: „Zunächst muß sich die Auffassung durchsetzen, daß die Schule ein Hauptfaktor für die Demokratisierung Deutschlands ist. Davon war früher in den Schulen nichts zu spüren. Sehr früh, tatsächlich schon am Schluß des vierten Schuljahres, zerfiel die Schule bisher in zwei Teile: einen für die 5 oder 10% der geistig, sozial oder wirtschaftlich Begünstigten, die zur höheren Schule, zur Hochschule und in die höheren Berufe übergingen; und einen anderen für die große Gruppe, die weitere vier Jahre die schulgeldfreie Grundschule und drei oder mehr Jahre die Berufsschule besuchten ... Dieses System hat bei einer kleinen Gruppe eine überlegene Haltung und bei der Mehrzahl der Deutschen ein Minderwertigkeitsgefühl entwickelt, das jene Unterwürfigkeit und jenen Mangel an Selbstbestimmung möglich machte, auf denen das autoritäre Führerprinzip gedieh."[15]

Am 10. Januar 1947 erreichte die amerikanische Militärregierung für Bayern (OMGB) ein Telegramm Lucius D. Clays, in dem er unter dem Eindruck des Zook-Berichts Leitsätze aufgestellt hatte, denen ein nunmehr von den Ländern der amerikanischen Besatzungszone und somit auch von Bayern bis zum 1. Juli vorzulegender Erziehungsplan Genüge leisten sollte.[16] Um die darin formulierten Grundsätze der amerikanischen Militärregierung zu erläutern, hielt John W. Taylor, Chef der Erziehungsabteilung der amerikanischen Militärregierung für Deutschland, einen Vortrag im bayerischen Staatsministerium für Unterricht und Kultus. Dort präsentierte er den Anwesenden die Auffassung, daß die deutsche Schule „die undemokratische Spaltung des deutschen Volkes in soziale Gruppen und Klassen" spiegele. Die demokratische Schule hingegen, wie sie die Amerikaner wünschten, sichere „allen Bürgern eine gleichwertige, jedoch nach Begabung und Berufsrichtung verschiedene Bildungsmöglichkeit. Sie ist in diesem Sinne eine differenzierte Einheitsschule".[17]

Das Kernstück der amerikanischen Schulreformpläne bestand somit darin, zweizügige Systeme und Überschneidungen von Schulen zu beseitigen. Volksschule und höhere Schule sollten zwei aufeinanderfolgende Ebenen und nicht zwei verschiedene Unterrichtstypen oder -werte darstellen.[18] Damit verbunden waren die Forderungen nach Schulgeldfreiheit und nach Abbau des Systems der einklassigen Zwergschulen zugunsten eines Systems stärkerer Differenzierung. Aus diesem Grunde hatten die mit dieser Angelegenheit befaßten Angehörigen der amerikanischen Militärregierung meist auch eine positivere Haltung gegenüber der Gemeinschaftsschule, in der Schüler aller Konfessionen gemeinsam unterrichtet werden sollten, da die dabei entstehenden größeren Schulkörper eine solche Differenzierung erleichtert hätten. Weitere Bestandteile der amerikanischen Reformvorstellungen bildeten die Betonung sozialwissenschaftlicher Fächer an den Schulen, die Einbeziehung der Kindergärten in den regulären Schulbetrieb und vor allem die Ausbildung der Volksschullehrer auf Universitätsniveau.[19]

Mit der Mehrzahl dieser Forderungen stießen die Amerikaner jedoch auf die heftige Ablehnung der verantwortlichen bayerischen Politiker. An erster Stelle stand dabei Kultusminister Alois Hundhammer, dessen von der katholischen Staatslehre geprägtes Demokratiebewußtsein den Amerikanern zwar wiederholt Verständnisschwierigkeiten bereitete, der aber zugleich auf eine überaus ehrenhafte Vergangenheit in der Zeit der nationalsozialistischen Herrschaft verweisen konnte. Aber mit der gleichen mönchischen Strenge, mit der er seinerzeit einer nationalsozialistischen Kompromittierung widerstanden hatte, widersetzte er sich nun den amerikanischen Schulreformplänen. Den Kern des Konflikts bildete eine gänzlich andere Auffassung von den Ursachen des Nationalsozialismus, als sie den amerikanischen Überlegungen zugrundelag. Während diese auf Überwindung einer im deutschen Schulsystem verankert geglaubten Disposition zum autoritären Charakter sannen, sahen Hundhammer und zahlreiche Gleichgesinnte den Nationalsozialismus als die verheerende Folge des Säkularisierungsprozesses im 20. Jahrhundert an. Deshalb lehnte er die amerikanischen Strukturreformen als äußerlich ab und forderte statt dessen die „innere Erneuerung"[20] des bayerischen Schulwesens. Dementsprechend sah der bayerische Schulreformplan vom 31. März 1947, der den ersten Anlauf darstellte, den amerikanischen Forderungen nachzukommen, vor allem die Rekonfessionalisierung des bayerischen Schulwesens vor. Es sei geboten, „Religion wiederum als Grundlage der gesamten Erziehungsarbeit zu erkennen und anzuerkennen und die Wahrheitswerte und Bildungskräfte, welche sie der Persönlichkeits- und Gemeinschaftsbildung zur Verfügung stellt, in unserem gesamten Erziehungs- und Schulwesens voll auszuwerten".[21] Mit diesen Absichten genoß Hundhammer naturgemäß das volle Vertrauen der katholischen und auch der evangelischen Kirche. Auf einen Nenner gebracht wollten diese Pläne die Wiederherstellung des bayerischen Schulwesens, wie es vor 1933 gewesen war. Innerhalb und auch außerhalb des bayerischen Kultusministeriums wurden die Amerikaner häufig als kulturell unterlegen angesehen, was man schon daran erkennen könne, daß sich das Wort „Bildung" gar nicht richtig ins Englische übersetzen lasse.[22] Deshalb wurden die amerikanischen Reformpläne von dieser Seite öffentlichkeitswirksam, aber nicht ganz zutreffend, vor allem als Attacke auf das humanistische Gymnasium dargestellt.

Gleichwohl existierten in Bayern politische Kräfte, deren schulpolitische Vorstellungen gerade auch hinsichtlich der Einheitsschule denen der Amerikaner recht nahe kamen. Dazu gehörten in erster Linie die SPD sowie der Bayerische Lehrerverein (BLV). Das war weniger Liebedienerei gegenüber der Besatzungsmacht als die Folge dessen, daß die amerikanische Militärregierung gleichfalls an deutsche Reformtendenzen aus der Zeit der Weimarer Republik anknüpfte und durchaus nicht blindlings bestrebt war, ihr eigenes Bildungssystem nach Deutschland zu übertragen.[23]

Sowohl die Erziehungsabteilung der amerikanischen Militärregierung für Deutschland als auch deren oberster Chef, General Clay, lehnten den ersten bayerischen Schulreformplan als vollkommen ungenügend ab. Von dort aus erging an die Münchner Militärregierung die Weisung, gegenüber der bayerischen Regierung auf nicht weniger als der vollständigen Erfüllung der gestellten Forderungen zu bestehen.[24] Um die Autorität der amerikanischen Anweisungen zu stärken, erwirkte Clay zusätzlich die Verabschiedung der Kontrollratsdirektive Nr. 54, die die amerikanischen Forderungen zur Reform des Erziehungswesens für das gesamte besetzte Deutschland für verbindlich erklärte.[25]

Hundhammer war deshalb aber längst noch nicht bereit, von seinem Kurs abzuweichen. Auch im zweiten bayerischen Schulreformplan vom 30. September 1947 hieß es: „... mehr als auf die Form kommt es auf den Geist an, der die Schule beherrscht. Darum ist die innere (pädagogische) Erneuerung unseres Schulwesens wichtiger als eine bloß äußere (organisatorische) Umgestaltung."[26] Dementsprechend ignorierte dieser Plan die von den Amerikanern geforderten Strukturveränderungen erneut und blieb bei der Vorstellung einer Wiederherstellung des bayerischen Schulwesens in seinem Zustand vor 1933. Die amerikanische Militärregierung gab sich damit nicht zufrieden: „Die sogenannte Reform ist als Grundlage der Reorganisation der Schulen in Bayern vollkommen unannehmbar. Sie bedeutet keine grundlegende Veränderung in den bayerischen Schulen seit 1910 oder gegenüber Preußen seit 1911."[27] Somit fiel dem neuen amerikanischen Militärgouverneur für Bayern, Murray van Wagoner, der Ende November den scheidenden Muller ablöste, als eine der ersten unangenehmen Aufgaben zu, dem bayerischen Ministerpräsidenten Ehard am 23. Dezember 1947 die Ablehnung auch des zweiten bayerischen Schulreformplans mitzuteilen. Zugleich befahl er Hundhammer, „... die Vorschriften und Direktiven der Militärregierung durchzuführen und die volle Durchführung in den bis zum 1. Februar 1948 vorzulegenden Reformvorschlag aufzunehmen"[28].

Auf bayerischer Seite hatte sich mittlerweile der Widerstand gegen die amerikanischen Reformpläne fest formiert. Wertvolle Schützenhilfe leistete dabei ein Memorandum der Arbeitsgemeinschaft für deutsche Fragen an der Universität Chicago, das zu dem Bericht der Zook-Kommission Stellung nahm.[29] Die 13 Autoren waren allesamt emigrierte deutsche Professoren, unter ihnen so bekannte Namen wie Arnold Bergsträsser und Hans Rothfels. Im Gegensatz zu dem ein Jahr früher veröffentlichten Zook-Bericht unternahmen die Professoren eine gründliche Ehrenrettung der traditionellen höheren deutschen Schulbildung. Der Leiter der Erziehungsabteilung der amerikanischen Militärregierung für Deutschland, R. T. Alexander, bescheinigte den Autoren nach der Lektüre des Memorandums: „Das Dokument könnte ebensogut vom bayerischen Kultusminister geschrieben sein."[30]

Mächtige Bundesgenossen besaß Hundhammer auch in den bayerischen Kirchen. Vor allem die katholische Kirche konnte über die Katholiken in den USA indirekten Druck auf die Militärregierung in Bayern ausüben. Beide Konfessionen schreckten aber auch nicht davor zurück, ihre moralische Autorität für direkte Vorstöße bei den Besatzungsbehörden einzusetzen. So beschwerte sich Kardinal Faulhaber im Auftrag der bayerischen Bischöfe, daß die hohen Erziehungsziele der amerikanischen Militärregierung „nicht durch äußere Reform der Schulorganisation, sondern nur durch eine innere, sittliche und religiöse Umerziehung des nachwachsenden Geschlechts zu erreichen"[31] sei. Zugleich wies er auf den Widerspruch zwischen der angestrebten Politik einer schrittweisen Demokratisierung und der im Bereich der Schulreformen praktizierten Politik der Verordnungen von oben hin und rührte damit an einen empfindlichen Punkt im Selbstverständnis der amerikanischen Militärregierung. Ähnlich äußerte sich auch Landesbischof Meiser für die evangelische Kirche Bayerns.[32]

Mittlerweile war die politische Landschaft Bayerns verändert, denn noch im Sommer 1947 war die Koalition, die die Wahl Ehards ermöglicht hatte, zerbrochen und die SPD aus der Regierung ausgetreten. Am 28. Januar 1947 hatten die CSU und die SPD eine Koalitionsvereinbarung unterzeichnet, die eine Zusammenarbeit beider Parteien auf Landesebene sowie in Gemeinden, Kreisen und Städten vorsah.[33] Doch in der SPD wuchs seither der Unmut darüber, daß aus der Vereinbarung keine praktischen Konsequenzen gezogen wurden. Dabei war die Schulpolitik einer der wesentlichen Punkte, an denen sich die Differenzen in der Koalition sowie die Einflußlosigkeit der SPD immer schärfer erwiesen. Im Bewußtsein ihrer Stimmenmehrheit ließ sich die CSU bis 15. Juli Zeit zur Aufnahme von Koalitionsgesprächen, die dann bald wieder unterbrochen wurden. Während der innerparteiliche Druck ständig zunahm, begann nun auch die Führung der bayerischen SPD den Austritt aus der Regierung zu erörtern. Inzwischen war auch die Gesamtpartei nach dem Scheitern ihrer Vorschläge bei der Frankfurter Direktorenwahl vom Juli 1947 im Zweizonen-Wirtschaftsrat in Opposition gegangen. Eine Rede des bayerischen Ministerpräsidenten Hans Ehard auf dem CSU-Parteitag in Eichstätt am 30./31.August 1947 lieferte der SPD schließlich den erwünschten Vorwand, sich aus der Koalition zurückzuziehen.[34] Ehard verkündete dort, daß der Sozialismus zwangsläufig in eine autoritäre und totalitäre Staatsform führe und stieß damit seinen Koalitionspartner kräftig vor den Kopf. Am 15. September erklärten die sozialdemokratischen Minister ihren Rücktritt, zugleich forderte die SPD unter ihrem neuen bayerischen Vorstand Waldemar von Knoeringen die Auflösung des Landtags und Neuwahlen.

Das zweite Kabinett Ehard umfaßte bis auf zwei Staatssekretäre nur noch CSU-Mitglieder. Josef Müller trat an die Stelle von Hoegner und bekleidete nun das Amt des Justizministers und des stellvertretenden Ministerpräsidenten. Der bisherige Staatssekretär im Innenministerium, Willi Ankermüller, übernahm das Ministeramt, der unterfränkische Landrat Hanns Seidel wurde Wirtschaftsminister und auch Heinrich Krehle konnte vom Staatssekretär im Arbeitsministerium zum Minister aufrücken. Am 24.Oktober trat Ehard mit einer Erklärung seiner neuen Regierung vor den Landtag. Als grundlegende Ziele und Aufgaben der Staatsregierung nannte er dabei den Aufbau Bayerns und die Mitarbeit am Aufbau Deutschlands.[35] Die Beobachter der amerikanischen Militärregierung vermißten allerdings grundsätzliche Anstöße in dieser zentralen Rede Ehards. Der Politische Vierteljahresbericht der Militärregierung für Bayern vermerkte dazu lapidar: „Die Rede des Ministerpräsidenten, die über eineinhalb Stunden dauerte, zeigt keine neue Annäherung an die Probleme des Tages ... Er dankte der Militärregierung und der ganzen amerikanischen Nation für ihre Hilfe, aber machte klar, daß weitere Hilfe verlangt würde."[36]

Im Bereich der Schulreformen schien die Militärregierung nach ihren massiven Interventionen endlich einen Schritt voranzukommen. Hundhammer veröffentlichte am 31.Januar 1948 den dritten bayerischen Schulreformplan, dem er demonstrativ den Zusatz „nach den Weisungen der Militärregierung"[37] anhängte. Dabei machte er zugleich deutlich, daß der Plan niemals mit der erforderlichen Zustimmung des bayerischen Landtags rechnen könne. Somit hatten die Amerikaner zwar einen Entwurf vorliegen, der allen ihren Reformauflagen getreu nachkam, doch waren sie sich dabei sehr wohl bewußt, daß dieses Vorhaben keinesfalls die Zustimmung Hundhammers oder die Unterstützung einer politischen Mehrheit in Bayern besaß: „Im Interesse der letzten Ziele der amerikanischen Militärregierung ist zu fragen, ob der Plan unter einer Führung, deren Einverständnis nur auf militärischer Unterwerfung und nicht auf intellektueller und geistiger Überzeugung beruht, irgendeine Chance einer erfolgreichen Durchsetzung haben wird."[38]

Hinzu kam, daß die amerikanischen Reformer immer stärker auch durch Kritik aus ihrem eigenen Land gebremst wurden. Ein Unterausschuß des amerikanischen Senats unter Leitung von Senator Francis Case veröffentlichte am 8. April 1948 einen Bericht, in dem etliche Aspekte der amerikanischen Militärregierung für Deutschland stark kritisiert wurden. Dazu gehörte auch der Bereich der Schulpolitik, bei der etwa die Absicht zur Ausdehnung der Schulpflicht, zur Ausdehnung des Besuchs der höheren Schule oder zur Abschaffung des Schulgeldes für die höhere Schule getadelt wurden. Im Gegensatz zur Militärregierung forderte der Senats-Bericht: „Die amerikanische Politik auf diesem und anderen Gebieten sollte von der Idee beseelt sein, den Deutschen bei der Entwicklung ihrer eigenen Programme zu helfen und nicht Programme unserer Machart ihnen aufzuzwingen."[39] Deutlich wurde auch, wie der einsetzende Kalte Krieg die Bedingungen für Strukturreformen in Deutschland änderte: besonderes Gewicht sollte nun auf das Problem Demokratie versus Kommunismus gelegt werden. In der Folge änderte sich die Bewertung der deutschen Reformansätze, und insbesondere die kirchlichen Vorstellungen fanden jetzt eine stärkere Beachtung. Im bayerischen Kultusministerium wurden diese Veränderungen genau registriert und auch politisch verwertet.

Zur Realisierung des dritten Schulreformplans unterstützte die amerikanische Militärregierung die Errichtung der „Stiftung zum Wiederaufbau des bayerischen Erziehungs- und Bildungswesens". Die nach ihrem im bayerischen Voralpenland nahe Miesbach gelegenen Tagungsort Wallenburg benannte Stiftung legte Anfang 1949 einen Schlußbericht vor, der die zentrale Forderung der Amerikaner nach einer sechsklassigen Volksschule (abgesehen von der Erprobung an einigen Versuchsschulen) fallen ließ. Das Kernstück der von der amerikanischen Militärregierung angestrebten Einheitsschule war somit ganz im Sinne des bayerischen Kultusministeriums gescheitert. In der Frage der Anhebung der Volksschullehrerbildung auf akademisches Niveau waren das Wallenburg-Direktorium und Hundhammer hingegen den Forderungen der Militärregierung gefolgt.[40] Im April 1949 zeigte sich Militärgouverneur van Wagoner gänzlich befriedigt von dieser Entwicklung[41]; den Anspruch auf Verwirklichung des gesamten ursprünglichen Reformprogramms hatten die Amerikaner inzwischen bereits aufgegeben.

Noch 1948 hatte sich van Wagoner auf eine Kraftprobe mit der bayerischen Regierung eingelassen, um sich in der Frage der Schul- und Lehrmittelfreiheit durchzusetzen. Hundhammer und die CSU-Mehrheit im Landtag versuchten gegen den Widerstand von SPD und FDP diese im dritten bayerischen Schulreformplan zugesagten Änderungen auf dem Wege der Verschleppung der parlamentarischen Behandlung zu unterlaufen. Van Wagoner griff schließlich im August zum äußersten Mittel und erteilte der bayerischen Regierung den Befehl zur Einführung der Schul- und Lehrmittelfreiheit mit dem im September beginnenden neuen Schuljahr.[42] Ministerpräsident Ehard bat daraufhin um eine Abmilderung dieser Anordnung, da sie untragbare finanzielle Belastungen mit sich brächte, wozu sich die Militärregierung dann auch bereit fand.[43] Im Endergebnis kam es zu einem Kompromiß, der die schrittweise Einführung der Schul- und Lehrmittelfreiheit in Bayern vorsah.

Bezeichnend für die damalige kulturpolitische Atmosphäre in Bayern wie für den ministeriellen Stil Hundhammers war auch die Auseinandersetzung um die Aufführung von „Abraxas", eines Ballets von Werner Egk. Am 6. Juni 1948 fand im Prinzregententheater in München die Uraufführung dieser Bearbeitung des Faust-Stoffes statt, in deren drittem Akt eine „Schwarze Messe" vorkommt. Die für die damaligen Verhältnisse gewagte erotische Szene löste langwierige Debatten über christliche und liberale Kunstauffassung aus, nachdem Kultusminister Hundhammer die Wiederaufnahme des Stückes in die nächste Spielzeit entgegen den ursprünglichen Vereinbarungen des Intendanten der Bayerischen Staatsoper mit Egk nach den ersten fünf Aufführungen untersagt hatte. Entgegen seinen sonstigen Gepflogenheiten schien Hundhammer in diesem Falle sogar die Unterstützung der amerikanischen Militärregierung gesucht zu haben, die aber die bei ihm vermutete Absicht, die Militärregierung als Zensor vorzuschieben, mit spitzen Fingern von sich wies.[44] Egk bemühte sich heftig, eine Wiederaufnahme des Stückes zu erreichen, doch ließ sich Hundhammer weder auf Änderungen der beanstandeten Szene noch auf sonstige Kompromisse ein.[45]

Zu Beginn des Jahres 1949 verlagerte sich die Auseinandersetzung um die Aufführung von „Abraxas" immer mehr in die Öffentlichkeit. Die Presse griff das Thema auf und schließlich wurde es sogar Gegenstand einer Landtagsdebatte. Dabei verteidigte Hundhammer unter stürmischem Beifall der CSU und unter Widerspruch bei der SPD und FDP sein Vorgehen als oberster Dienstherr der Bayerischen Staatsoper gegen den Vorwurf Egks, daß sein verfassungsmäßiges Recht auf künstlerische Freiheit beschnitten werde: „Es kann vom Kultusminister und vom Landtag nicht verlangt werden, daß er Gelder anfordert und bewilligt, die für Stücke verwendet werden, die absolut als eine Beleidigung der Mehrheit des Volkes und als eine Verletzung der religiösen Gefühle betrachtet werden ... Es ist von einem Gegensatz zur bayerischen Verfassung gesprochen worden. Ich bin demgegenüber der Meinung, daß sich der bayerische Kultusminister durchaus im Rahmen der Verfassung bewegt, wenn er dafür Sorge trägt, daß auf der Staatsbühne nicht auf Staatskosten eine Satansmesse aufgeführt wird ... Man wirft die Frage auf: Kann der bayerische Kultusminister dieses Verbot verantworten? Ja, ich verantworte dieses Verbot vor der Geschichte und der Kultur."[46] 1979 wurde „Abraxas" am Münchner Gärtnerplatztheater in Anwesenheit des stürmisch gefeierten Werner Egk wiederaufgeführt, ohne daß noch jemand Anstoß genommen hätte.

Die innenpolitische Entwicklung in Bayern zwang die CSU durchaus, auf das Geschmacksurteil ihrer bäuerlich-katholischen Klientel einige Rücksichten zu nehmen. Nachdem die CSU den Koalitionsstreit mit der SPD als Sieger überstanden hatte, erwuchs ihr seit 1948 auf ihrem eigenen politischen Terrain ein gefährlicher Gegner. Am 29. März erteilte die Militärregierung der Bayernpartei die landesweite Zulassung. Mit dem Rücktritt des populären Landwirtschaftsministers Joseph Baumgartner wegen eines Streits um durch die Militärregierung angeordnete Lebensmittellieferungen Bayerns an deutsche Länder mit schlechterer landwirtschaftlicher Versorgung und Baumgartners anschließendem Übertritt von der CSU zur Bayernpartei setzte die Sogwirkung ein, die diese Partei nun für einige Zeit ausüben sollte. Bereits im Juni 1948 wurde Baumgartner zum neuen Vorsitzenden der Bayernpartei gewählt, die bei den Kommunalwahlen am 25. April bewiesen hatte, welche Konkurrenz sie nun vor allem für die CSU darstellte. Wegen der kurzen Vorbereitungszeit konnte die Bayernpartei nur in einem Drittel der Wahlkreise Kandidaten aufstellen. Doch allein auf die Wahlkreise bezogen, in denen sie tatsächlich kandidierte, erreichte sie in den Landkreisen durchschnittlich 21,1 und in den Stadtkreisen 17,3 Prozent. Die CSU fiel bei dieser Wahl gegenüber ihrem Ergebnis von durchschnittlich 60,1 Prozent bei den Kommunalwahlen von 1946 auf 38,4 Prozent zurück.

Bei der Wahl des ersten deutschen Bundestags am 14. August erreichte die CSU in Bayern dann nur noch 29,2 Prozent der gültigen Stimmen. Die SPD erhielt 22,7, die Bayernpartei 20,9, die WAV 14,4 und die FDP 8,6 Prozent. Die KPD wählten landesweit nur noch 2, in München allerdings 9,9 Prozent. Der anfängliche Trend zum Zweiparteiensystem schien damit in Bayern umgekehrt, der Verlust der absoluten Vormacht der CSU verwies bereits auf die Koalitionszwänge nach den kommenden Landtagswahlen. Zudem endete nun die Lizenzierungspflicht für politische Parteien, und so konstituierte sich in Bayern im März 1950 der Block der Heimatvertriebenen und Entrechteten (BHE). Die neue politische Gruppierung hoffte, bei den immerhin etwa 21 Prozent Vertriebenen unter der bayerischen Bevölkerung ihre Wähler zu finden.[47] Mit einem Wahlergebnis von 28 Prozent bei den Landtagswahlen 1950 war die CSU am Talpunkt dieser Entwicklung angelangt;

den Trend konnte sie erst in harter Auseinandersetzung vor allem mit der Bayernpartei in den folgenden Jahren wieder umkehren.

Die Gründung der Bundesrepublik im September 1949 veränderte auch das Verhältnis zwischen der bayerischen Politik und der amerikanischen Militärregierung. Am 21. September 1949 trat das Besatzungsstatut in Kraft, welches die alliierte Militärregierung durch die Alliierte Hohe Kommission ablöste, die ihren Sitz auf dem Petersberg bezog. Amerikanischer Hoher Kommissar wurde John McCloy. Die im Besatzungsstatut festgelegten Beschränkungen des deutschen politischen Spielraums betrafen in erster Linie die Außenpolitik und waren somit für die Länderinteressen von geringerer Bedeutung. Auch in Bayern wurde der bisherige Militärgouverneur abgelöst. An die Stelle des scheidenden van Wagoner trat im Oktober 1949 Clarence Bolds. Er war bereits seit vier Jahren bei der amerikanischen Militärregierung für Bayern tätig, zuerst als Direktor der Arbeitsabteilung, seit 1947 dann als stellvertretender Militärgouverneur. Im Mai 1950 wurde er dann zum amerikanischen Landeskommissar für Bayern ernannt. Die Stellung Bolds war nicht mehr so sehr die eines Befehlshabers, sondern bestand aus einer Mischung aus Ratgeber, Kontrolleur und Botschafter.[48] Doch konnte er auch in dieser Rolle wenig Sympathien bei der Mehrzahl der bayerischen Politiker erwerben, die auf seinen Rat gerne verzichtet hätten.

Dies zeigte sich vor allem bei der Diskussion um das Volksschulorganisationsgesetz, das den vorläufigen Schlußpunkt der Auseinandersetzung um die bayerische Schulreform bildete. Nach den ersten Referentenentwürfen im Jahr 1948 durchlief das Gesetz seit 1949 die parlamentarischen Beratungen. Der Streit um dieses Gesetz wurde in erster Linie unter den bayerischen Parteien selbst ausgetragen und drehte sich vor allem um die Frage Bekenntnis- oder Gemeinschaftsschule. Die gemeinsame Erziehung von katholischen und evangelischen Kindern in einer Schule war eine alte Forderung deutscher Schulreformer, doch hatten ausgerechnet die Nationalsozialisten dieses Anliegen in die Tat umgesetzt, als sie die Bekenntnisschule, die vor 1933 in Bayern fast überall die Norm gebildet hatte, in die Gemeinschaftsschule überführten.[49] Dies brachte nach dem Ende der nationalsozialistischen Herrschaft mit sich, daß die Gemeinschaftsschule in Bayern, insbesondere in kirchlich orientierten Kreisen, als nationalsozialistische Einrichtung diskreditiert war, weshalb man bald damit begann, diese Entwicklung wieder rückgängig zu machen. Artikel 135 der Bayerischen Verfassung, dem auch die SPD zugestimmt hatte, verankerte dann insofern eine Präferenz für die Bekenntnisschule, als er diese in monokonfessionellen Gebieten zur Regelschule erklärte, während in gemischtkonfessionellen Gebieten auf Wunsch der Erziehungsberechtigten Gemeinschaftsschulen errichtet werden konnten. Die von Hundhammer repräsentierte Partei legte nun das darin zum Ausdruck kommende Elternrecht stark zugunsten der Bekenntnisschule aus, und zugleich unternahm der Kultusminister alles auf dem Verordnungswege Mögliche, um dem Schulorganisationsgesetz in dieser Hinsicht durch die Schaffung fester Tatsachen vorzugreifen. Dagegen wandten sich insbesondere die SPD und die FDP, aber auch der Bayerische Lehrerverein (BLV).

Die amerikanische Militärregierung hielt sich in dieser Angelegenheit stark zurück, doch kam es schließlich noch zu einem Eklat, als am 4. Februar 1950 Charles D. Winning als Vertreter der Militärregierung vor den vereinigten Landtagsausschüssen für kulturpolitische Fragen und für Rechts- und Verfassungspolitische Fragen über das Gesetzesvorhaben referierte.[50] Bei dieser Gelegenheit kritisierte er vor allem, daß das Gesetz gegenüber denjenigen Eltern diskriminierend zu sein scheine, die ihre Kinder auf Gemeinschaftsschulen schicken wollten. Als Begründung dafür bezog er sich allein auf die Bayerische Verfassung, zu der er diesen Gesetzesentwurf im Widerspruch sah. Weitere Bedenken richtete er dagegen, daß zu viele wichtige Fragen den Ausführungsbestimmungen überlassen blieben. Den darin enthaltenen Vorwurf, daß in Bayern eine übermäßige Verlagerung der gesetzgeberischen Gewalt des Landtags an die Exekutive stattfände, hatten die Amerikaner auch bei einer ganzen Reihe von anderen bayerischen Gesetzesentwürfen vorgebracht.[51]

Auf diese Kritik Winnings reagierten vor allem die Kirchen sehr allergisch. Kardinal Faulhaber beklagte sich bei dem amerikanischen Hohen Kommissar John McCloy, hierbei habe es sich um den schärfsten Angriff gehandelt, der jemals auf das Bayerische Konkordat und die konkordatäre Rechtslage der Bekenntnisschule erfolgt sei.[52] In gleicher Weise sah auch der evangelische Landesbischof Meiser seine Rechte verletzt.[53] Die Amerikaner unternahmen aber ohnehin nichts, was über die Formulierung ihrer Bedenken hinaus gegangen wäre, um ihre Vorstellungen durchzusetzen. Vielmehr wurde der auf solche Weise in Bayern unbeliebt gewordene amerikanische Landeskommissar Bolds abberufen und im Juli 1950 durch George N. Shuster ersetzt. Der war nun ein Landeskommissar ganz nach dem bayerischen Geschmack. Shuster war Präsident des Hunter College in New York, der größten Frauenschule der Welt, daneben hatte er sieben Jahre lang die katholische Zeitschrift „Commonwealth" herausgegeben und war zudem ein ausgezeichneter Kenner Bayerns. Er war sowohl mit Wilhelm Hoegner aus dessen Schweizer Exilzeit als auch mit Alois Hundhammer persönlich bekannt und nicht zuletzt sprach er perfekt deutsch.[54] Noch im Mai 1950 hatte Hundhammer Shuster besucht, als er auf einer Reise zur Verteidigung seiner Schulpolitik in den USA weilte.

Am 5. Juli 1950, wenige Tage bevor Shuster sein neues Amt antrat, wurde das bayerische Schulorganisationsgesetz nach über zweijährigem Hin und Her vom Landtag gegen die Stimmen der SPD und FDP endlich verabschiedet. Alles in allem hatte somit das bayerische Schulwesen die Anwesenheit der Amerikaner ohne grundlegende Eingriffe überstanden. Shuster erklärte bereits auf der ersten Pressekonferenz nach seinem Amtsantritt als Landeskommissar: „Ich bin der Auffassung, daß das Erziehungsproblem in Deutschland und in Bayern eine rein deutsche Angelegenheit ist, und unsere Sache hier ist es, mit dem vom deutschen Volk gewünschten Schulsystem und dem von ihm gewünschten Kultusminister so gut wie möglich zusammenzuarbeiten. Es wäre ja toll, wenn wir uns als Amerikaner da einmischen würden."[55] Damit gewann er im Sturm die Herzen zahlreicher Bayern, die schon immer dieser Ansicht gewesen waren. So verlor unter Shuster, der sein Amt mehr im Stile eines Botschafters führte und der sich ausgezeichnet auf dem bayerischen politischen Parkett zu bewegen wußte, das Amt des Landeskommissars viel von seinem Besatzungscharakter.

Diese Veränderungen der Rolle der amerikanischen Militärregierung in Bayern können natürlich nicht allein mit den persönlichen Eigenschaften Shusters erklärt werden. Daß er für dieses Amt ausgewählt wurde, ist vielmehr bereits selbst ein vielsagendes Symptom für den grundlegenden Wandel der gesamten Rahmenbedingungen für die Besetzung Deutschlands. Diese hatten sich seit Kriegsende wieder allmählich zum Vorteil Westdeutschlands geändert. Im Zuge der Westintegration erlangte die Bundesrepublik schrittweise ein größeres wirtschaftliches und politisches Gewicht, dem bald auch eine militärische Komponente hinzugefügt werden sollte, und dies war auch für Bayern nicht ohne Auswirkungen geblieben. Die bayerische Innenpolitik aber vollzog sich nach Abschluß der ersten Nachkriegsepoche wieder nach ihren eigenen Gesetzen. Die äußere Beschränkung erfolgte fortan nicht mehr durch die Besatzungspolitik, sondern durch die neue Rolle Bayerns als Bundesland der Bundesrepublik Deutschland.

Paul Erker

Solidarität und Selbsthilfe.
Die Arbeiterschaft in der Ernährungskrise

Anfang August 1947 notierte die amerikanische Militärregierung in einem Wochenbericht über die Stimmungslage der Deutschen: „Die sich steigernde Wirkung von Enttäuschung, Desillusionierung und Frustration sowie die Weigerung, sich einzugestehen, daß die augenblickliche Lage das Ergebnis eines schuldhaften Verhaltens der deutschen Bevölkerung ist, haben eine zynische Apathie entstehen lassen, die gänzlich das Denken und Handeln der Deutschen bestimmt. Denken und Handeln bleiben gleichermaßen auf ein rein materielles Niveau beschränkt, auf Ernährung, Kleidung und Wohnen. Das Interesse gegenüber anderen Dingen beschränkt sich auf weitgehend destruktive Kritik an der Besatzung, der Militärregierung und den deutschen Politikern ... Die Deutschen sind wie gelähmt, ihre Aufmerksamkeit richtet sich allein auf die Notwendigkeit, sich die physische Existenz zu sichern".[1] Apathie, Selbstmitleid und der egoistische Kampf um das tägliche Überleben hatten in der Nachkriegsgesellschaft offensichtlich zu einem Klima geführt, in dem kein Platz mehr war für solidarisches Handeln und politisches Interesse. Die entsolidarisierenden Bedingungen der Hungerjahre scheinen zudem noch durch die Erfahrungen der NS-Zeit verstärkt worden zu sein. Ihrer politischen Organisation beraubt, waren die Arbeiter in der Regelung von Lohn- und Arbeitsbedingungen auf sich allein angewiesen. Die dabei gewonnene Erfahrung, daß sich individuelle Leistung unter Ausnützung der Rüstungskonjunktur bezahlt machte, während das Modell gewerkschaftlicher Interessenvertretung nicht zuletzt in der Weltwirtschaftskrise versagt hatte, trug zweifellos zur Aufwertung individualistischer gegenüber kollektiver Verhaltensformen bei.[2] Krieg und Schwarzmarktzeit hatten zudem die alten Klassenlinien verwischt. Vor allem der Konflikt zwischen den Normalverbrauchern als Konsumenten und den Bauern als Produzenten, zwischen Stadt und Land, bestimmte die Beziehungen in der Nachkriegsgesellschaft.

Verfolgt man nun allerdings die konkreten Lebens- und Arbeitsbedingungen der Arbeiterschaft in der Schwarzmarktzeit und die sich dabei vollziehende Herausbildung, Artikulation und Organisation sozialer und politischer Interessen, so bleibt nur noch wenig übrig von der doch so offensichtlichen Dominanz von Selbsthilfe, individualistischer Krisenbewältigung und politischer Apathie. Der Prozeß der Interessenbildung und die Veränderung des Interessengeflechts zwischen Arbeiterschaft, Betriebsräten, Gewerkschaften und Unternehmern war vielmehr weit verwickelter und in seinen verhaltensprägenden Wirkungen ambivalenter. Die Ernährungskrise schuf inner- und außerbetriebliche Bedingungen, die auch für die Artikulation und Durchsetzung kollektiver Interessen günstig waren. Trotz der unübersehbaren Aufwertung individueller Krisenbewältigung wurde damit auch solidarisches Verhalten zu einem wichtigen Teil der Erfahrungen in der Schwarzmarktzeit.[3]

Versorgungskrisen und Konsumentenklassen

In den Großstädten hatte man sich schon seit 1943 ans Hungern gewöhnen müssen, als sich mit den Produktionsstockungen in der Landwirtschaft Menge und Qualität der Lebensmittel verschlechterten und durch die zunehmende Bombardierung der Transportwege spürbare Versorgungslücken auftraten. Selbst offiziell wurden im Frühjahr 1945 täglich höchstens noch 1500 Kalorien an die Normalverbraucher ausgegeben; aber in den Städten fielen zunehmend Lebensmittellieferungen aus, Bäckereien und Lebensmittelgeschäfte waren oft zerstört. Tatsächlich erhielten die Verbraucher im April 1945 daher nur noch tägliche Lebensmittelrationen zwischen 800 und 1000 Kalorien. Die Arbeiter in den städtischen Industriebetrieben waren daher auf eigene Vorräte oder auf die Versorgung aus betrieblichen Lebensmittelbeständen angewiesen. Im Mai 1945 verschärfte sich die Situation schlagartig. Mit dem Kriegsende brachen auch die letzten Reste des noch leidlich funktionierenden zentralen Rationierungs- und Versorgungssystems zusammen, und die Verbindungen zwischen Erzeuger und Verbraucher, zwischen Stadt und Land, rissen ab. Schon Ende Mai drohte daher in den meisten Großstädten eine Ernährungskrise. Obwohl sich die amerikanische Militärregierung sofort um den Wiederaufbau von Lebensmittelbewirtschaftung und Ernährungsverwaltung bemühte und in ihrer Zone als einheitlichen Rationssatz 1550 Kalorien festsetzte, lag die Versorgung der städtischen Bevölkerung auch im Sommer 1945 noch bei rund 1000 Kalorien. Erst im Herbst konnten die vorgeschriebenen Rationen tatsächlich ausgegeben werden.

Die Gründe für die Ernährungskrise lagen auf der Hand: Nach dem Krieg fielen nicht nur alle Lieferungen aus den vom Reich besetzten

Gebieten weg, sondern Deutschland verlor im Osten auch etwa 25 Prozent seiner landwirtschaftlichen Nutzfläche. Gleichzeitig kamen Millionen von Flüchtlingen und Vertriebenen zusätzlich in die Besatzungszonen. Selbst bei einer guten Ernte war Deutschland nur in der Lage, gerade noch die Hälfte des Lebensmittelbedarfs selbst zu decken. Und von einer guten Ernte konnte angesichts von fehlenden Düngemitteln, Saatgut und Maschinen sowie des Arbeitskräftemangels in der Landwirtschaft keine Rede sein. Im Gegenteil: gegenüber den schon niedrigen Ernteerträgen der letzten Kriegsjahre fuhren die Bauern noch einmal um ein Drittel weniger Kartoffeln und Getreide in die Scheunen ein.[4]

Alles hing daher von Lebensmitteleinfuhren durch die Besatzungsmächte ab, die jedoch nur zögernd bereit waren, für den einstigen Feind Millionenbeträge auszugeben. Zudem herrschte in weiten Teilen der Welt ein kriegsbedingter Mangel an Nahrungsmitteln. Nicht nur in Deutschland, sondern auch in Italien, England, den osteuropäischen Ländern und in Asien hungerte die Bevölkerung. Der Handlungsspielraum der deutschen Ernährungsverwaltung war daher gering. Man war von den Lebensmittelzuschüssen der Besatzungsmächte abhängig und stand zugleich vor der nahezu unerfüllbaren Aufgabe, die landwirtschaftliche Eigenproduktion wieder anzukurbeln und einer möglichst gerechten Verteilung zuzuführen. Nur mit Mühe und mit Hilfe der sich häufig einschaltenden Militärregierung konnten in den folgenden beiden Jahren die Maßnahmen zur Erfassung der Lebensmittel bei den Bauern durchgesetzt und aufrechterhalten werden. Ein beträchtlicher Teil der Lebensmittel gelangte dennoch in die Kanäle des Schwarzmarktes. Das Wenige, was erfaßt wurde, war in kurzer Zeit zwischen den „Überschußländern" wie Bayern und den Zuschußregionen etwa des Ruhrgebiets verteilt und aufgebraucht, was nicht ohne erhebliche Konflikte zwischen den beteiligten Ländern ablief.[5] Regelmäßig sah man sich im Sommer vor die Situation gestellt, daß die Lebensmittelvorräte nur noch für wenige Tage reichten, bis dann mit Hilfe der erst nach und nach wachsenden Zahl eintreffender Importe, die zudem von Monat zu Monat in ihrem Umfang schwankten, gerade noch der Anschluß an die eigene neue Ernte geschafft wurde.[6]

Immer wieder kam es daher in der Folgezeit zu Versorgungseinbrüchen und Engpässen in der Belieferung der Verbraucher. 1946 schwankte die Zuteilung zwischen 1500 und 1000 Kalorien, wobei die obere Grenze nur in einigen Wintermonaten unwesentlich überschritten wurde. Jeweils im Frühjahr rutschte das Ernährungsniveau wieder auf knapp 1000 Kalorien ab. In den Sommermonaten der Jahre 1945, 1946 und 1947 wurde beispielsweise in München jeweils mit 920 bzw. 985

effektiven Kalorien die unterste Grenze erreicht.[7] Zur mengenmäßigen Halbierung der Rationssätze gegenüber den Kriegsjahren kam noch die erhebliche qualitative Verschlechterung hinzu. Vor allem die tägliche Fettversorgung der Bevölkerung brach Ende 1947/Anfang 1948 mit ca. 5,5 Gramm täglich praktisch völlig zusammen.

Die Bevölkerung war von diesen Rationseinbrüchen allerdings unterschiedlich stark betroffen, denn die sogenannte Nährmittelbevölkerung Bayerns – insgesamt 9 Millionen Menschen – umfaßte 1947 vor allem drei verschiedene Verbrauchergruppen: 72 Prozent der Bevölkerung waren Normalverbraucher (6,2 Mio.). Davon waren jedoch wiederum 11 Prozent (0,9 Mio.) als Bezieher von gewerblichen, sozialen und gesundheitlichen Sonderzulagen ernährungsmäßig besser gestellt. 25 Prozent (2,2 Mio.) der Bevölkerung – vor allem Bauern und mithelfende Familienangehörige – waren als Selbstversorger dem staatlichen Zuteilungsplan nicht unmittelbar unterworfen und genossen die beste Lebensmittelversorgung.[8] Normalverbraucher, Zulageempfänger und Selbstversorger gaben der Nachkriegsgesellschaft ein ganz spezifisches Gepräge. Die Zugehörigkeit zu einer bestimmten Konsumentenklasse entschied wesentlich mit über den Lebensstandard bzw. die jeweils verfügbare Tagesration an Kalorien.

Den überwiegenden Anteil der Zulageempfänger stellten die Arbeiter, deren Zahl trotz des Krieges in Bayern gegenüber 1939 um über 300 000 (+ 20,1%) überproportional gestiegen war. Auffallend ist jedoch, daß die Zahl der Industriearbeiter seit 1939 fast unverändert geblieben war (+ 3,8%). Die stärkste Zunahme verzeichneten vor allem als Folge des Flüchtlingszustroms mit 163 048 Erwerbspersonen (+ 72%) die landwirtschaftlichen Arbeiter.[9] Während sich daher der Umfang der Industriearbeiterschaft nur unwesentlich veränderte, ergaben sich kriegsbedingte Verschiebungen hinsichtlich Herkunft, Qualifikation, Branchenzugehörigkeit und Altersstruktur; sie lassen sich deutlich im Wandel der Belegschaftsstrukturen nach 1945 zeigen. Bei MAN in Augsburg etwa waren im Mai 1945 von der ursprünglichen Belegschaft von knapp 10 000 Arbeitnehmern zunächst nur einige hundert erschienen; allmählich sammelte sich jedoch wieder die alte Stammbelegschaft, und im Oktober 1945 arbeiteten bei MAN bereits wieder 2700 Mann.[10] Anstelle der Fremdarbeiter, die unter der Diktatur in den Betrieben zwangsweise eingestellt worden waren, kamen nun weitgehend Flüchtlinge in die Betriebe. Ihr Anteil an der Belegschaft erreichte zum Teil bis zu 50 Prozent. Ein Großteil der Flüchtlinge war jedoch berufsfremd eingesetzt, wodurch sich der Anteil der ungelernten bzw. angelernten Arbeiter im Betrieb erhöhte. Ein ähnlicher akuter Facharbeitermangel herrschte nach 1945 auch in anderen Branchen.

Veränderungen ergaben sich schließlich auch im Altersaufbau. Neben einer allenthalben beklagten Überalterung der Belegschaften zeichnete sich vor allem durch den Ausfall der mittleren Jahrgänge eine altersmäßige Polarisierung ab.[11] Ein Großteil dieser Belegschaften setzte sich zudem aus Männern zusammen, die nicht mehr durch die Arbeiterbewegung, sondern durch Arbeitslosigkeit, Hitlerjugend und Krieg geprägt worden waren.[12] Diese neuen und oft berufsfremd tätigen Belegschaftsmitglieder betrieblich zu sozialisieren, stellte die neuen Betriebsräte und die (oft noch alten) Betriebsleitungen vor eine schwierige Aufgabe. Die heterogene Zusammensetzung der Belegschaften erschwerte zusätzlich die Herausbildung innerbetrieblicher Solidarität und kollektiver Interessenlagen – nachdem schon das gewerbliche Zulagesystem mit seiner Unterscheidung von Normal-, Teilschwer-, Schwer- und Schwerstarbeitern dazu geführt hatte, daß nicht nur zwischen den einzelnen Bevölkerungsgruppen, sondern auch innerhalb der Arbeiterschaft je nach Industriebranche und Ausmaß der geleisteten körperlichen Arbeit Versorgungsunterschiede bestanden.

Arbeitsbedingungen in der Schwarzmarktzeit: Arbeitsleistung, Fluktuation und Naturallöhne

Im Januar 1947 heißt es in einem Bericht der amerikanischen Militärregierung: „Viele der Probleme bei der betrieblichen Produktion und beim Wiederaufbau der Werke können auf das niedrige Niveau der Lebensmittelversorgung zurückgeführt werden. Arbeitskräftemangel, Knappheit an Facharbeitern, geringe Arbeitsleistung, Fernbleiben vom Arbeitsplatz – all das kann zumindest teilweise auf dieselbe Ursache zurückgeführt werden."[13] Tatsächlich fielen bei täglichen Rationen zwischen 2000 und 2500 Kalorien 1946/47 die durchschnittlichen Arbeitsleistungen zum Teil auf 30–40 Prozent des Vorkriegsstandes. Die Stundenleistungen lagen dabei auf Grund der anhaltenden Unterernährung teilweise unter 50 Prozent. Nicht zuletzt dadurch stieg auch der Arbeitskräftebedarf wesentlich an. Zwei oder drei Arbeiter verrichteten die Arbeit, die früher ein einzelner geleistet hatte. Die Wirtschaft wurde notgedrungen arbeitsintensiver – ein wesentlicher Grund für die relativ geringe Arbeitslosigkeit in den unmittelbaren Nachkriegsjahren bis zur Währungsreform und ein nicht zu unterschätzender Faktor für die zunächst relativ rasche und reibungslose Wiedereingliederung von Kriegsheimkehrern und Flüchtlingen.

Eine deutliche Korrelation zwischen Produktionsentwicklung und Umfang der Lebensmittelrationen läßt sich vor allem im Kohlebergbau und in der Eisenindustrie feststellen. Jede Rationskürzung hatte einen lang anhaltenden Produktionseinbruch zur Folge, während umgekehrt schon die bloße Ankündigung größerer Lebensmittelzuteilungen auch einen Anstieg der Arbeitsleistungen bewirkte.[14] Gleichzeitig veränderten sich auch die innerbetrieblichen Arbeitsfelder. So ist beispielsweise ein Streben zu leichteren Tätigkeiten, etwa in Bereiche der Betriebsverwaltung, zu erkennen. Gerade in den Arbeitsbereichen, die schwere körperliche Anstrengungen erforderten, war daher mit Verschlechterung der Ernährungslage ein merkliches Nachlassen der Arbeitsdisziplin verbunden. „Ein Verlassen der Arbeitsplätze wegen Hungers und Entkräftung oder um durch Hamstern zusätzliche Lebensmittel zu erwerben, ist eine alltägliche Erscheinung geworden", berichtete Anfang 1947 das bayerische Arbeitsministerium.[15] Vereinzelt fehlten bis zu 70 Prozent der Belegschaft; wobei aber die allenthalben beklagte Zunahme der Arbeitsbummelei und Arbeitsunwilligkeit von wirklicher ernährungsbedingter Arbeitsunfähigkeit kaum mehr zu unterscheiden war. Die meisten Arbeiter hatten erhebliches Untergewicht. Ohnmachtsanfälle in den Betrieben häuften sich. Insgesamt schwankte der Krankenstand in den Betrieben zwischen drei und zehn Prozent der Belegschaft. Die jeweilige Entwicklung der Lebensmittelversorgung spiegelte sich dabei deutlich in den monatlichen Schwankungen der Krankenraten wider.[16]

Mit den sich ständig verschlechternden Ernährungsverhältnissen kam es auch immer häufiger zu betrieblichen Unfällen. Arbeiter brachen plötzlich an den Maschinen zusammen. Schon eine kleine Übermüdung, die bei der Unterernährung nur zu oft eintrat, führte häufig zu folgenschweren Unfällen, zumal es den veralteten Maschinen auch an ausreichenden Arbeitsschutzvorrichtungen mangelte. Insgesamt meldeten die bayerischen Gewerbeaufsichtsämter für 1947 ca. 24 000 Arbeitsunfälle, was gegenüber 1946 eine Steigerung um 14 Prozent bedeutete. Tatsächlich überstiegen die innerbetrieblichen Unfallziffern vor allem in der Großeisenindustrie und im Bergbau deutlich die Zahlen der Vorkriegsjahre, zum Teil auch die Unfallziffern der Kriegsjahre.[17]

Da die Belegschaften durch Unfälle, Krankheit und willkürliches Fernbleiben erheblich dezimiert und der allgemeine Ernährungszustand der Arbeiter schlecht war, schwankten auch die Arbeitszeiten in den jeweiligen Betrieben erheblich, und zwar zwischen 40 und 56 Stunden in der Woche. Eine Rolle spielten dabei auch Kohlemangel und Stromkrise. Angesichts der katastrophalen Entwicklung in der Ernährungslage startete daher der Bayerische Gewerkschaftsbund im April 1947 die Aktion „Hunger zwingt zur 40-Stunden-Woche".[18] Ziel war es, für die nicht lebenswichtigen Industrien die Arbeitszeit unter Belassung der bisherigen Lebensmittelzulagen und bei vollem Lohnausgleich auf

40 Stunden in der Woche herabzusetzen. Nach langen Verhandlungen mit Arbeitsministerium, Militärregierung und Unternehmern gelang dies in Bayern immerhin in 549 Betrieben für insgesamt über 61 000 Beschäftigte. Um jedoch ernährungsbedingte Produktionseinbrüche und Arbeitszeitverkürzungen bei den Schlüsselindustrien Bergbau sowie Eisen- und Metallverabeitung zu verhindern, startete das bayerische Arbeitsministerium für diese Betriebe das Mehrleistungsprogramm (die sogenannte Mepro-Aktion), das auf die Zeit von Anfang Juli bis Ende September 1947 begrenzt war. Insgesamt erhielten bei dieser Aktion 12 090 Betriebe mit 600 000 Beschäftigten eine zusätzliche Werksküchenverpflegung, die für den einzelnen Arbeiter etwa 300 Tageskalorien mehr bedeutete.[19]

Ein wesentlicher und wohl nur zum Teil gewünschter Nebeneffekt der Mepro-Aktion war jedoch, daß die Arbeiter je nach Branche unterschiedlich versorgt wurden. Ein Metallarbeiter stand nun ernährungsmäßig besser da als etwa ein Bauhilfsarbeiter, die Textilindustrie war versorgungsmäßig schlechter gestellt als etwa der Bergbau. Dies blieb nicht ohne Folgen für die Entwicklung des Arbeitsmarktes in der Schwarzmarktzeit. Im September 1947 berichtete das bayerische Arbeitsministerium über die starke Fluktuation in den Betrieben: „Die Arbeiter machen aus ihrem Arbeitsunwillen keinen Hehl; sie tauchen während der Ausgabezeit der Lebensmittelkarten beim Arbeitsamt auf, lassen sich einen Arbeitsplatz zuweisen, den sie nach einigen Tagen wieder aufgeben".[20] Vor allem aber zog es die Arbeiter der schlechter versorgten Betriebe in die zulagebegünstigten Branchen. Begehrt waren vor allem Arbeitsplätze im Bergbau, in der Metallindustrie und der Landwirtschaft sowie bei Verwaltungsbehörden und amerikanischen Dienststellen. Schwerarbeiterzulagen, gute Werksküchen und sonstige Vergünstigungen übten oft eine stärkere Anziehungskraft aus als höhere Löhne. In einzelnen Betrieben betrug die jährliche Fluktuationsrate der Belegschaft über 100 Prozent. Die Arbeitsplatzsuche wurde zur gezielten Überlebensstrategie. Entweder erfolgte eine „Wanderung nach mehr Kalorien" oder aber man war auf der Suche nach möglichst kaloriensparenden Tätigkeiten.

Trotz der Attraktivität gewerblicher Lebensmittelzulagen und der zerrütteten Währungsverhältnisse nach dem Kriege verlor aber der Geldlohn auch in der Schwarzmarktzeit für die Arbeiter nie ganz seine Bedeutung. Allein für den Kauf der zustehenden amtlichen Rationen war der Lohn nötig. Schon dabei blieb meist nicht übermäßig viel Geld übrig, zumal die Preise trotz des offiziellen Preisstopps weiter gestiegen waren. Mußten nun darüberhinaus gelegentliche Zukäufe auf dem Schwarzen Markt getätigt werden, so waren viele Arbeiter bald zum

Rückgriff auf Sparguthaben und andere Rücklagen gezwungen. Im September 1946 berichtete daher der Regierungspräsident von Mittelfranken von zunehmenden Beschwerden und Protesten über die wachsende Kluft zwischen Lohn- und Preisentwicklung: „Mit Stundenlöhnen für erwachsene Arbeiter und Familienväter von 50 bis 70 Pfennig auf dem Lande und bis zu 90 Pfennig in den Großstädten kann eine Arbeiterfamilie die Lebenshaltungskosten nicht mehr bestreiten ... Ein Hilfsarbeiter mit Familie kann bei derartigen Preisen mit seinem Tariflohn nicht mehr auskommen. Tabak und Trockenmilch wurden aus diesem Grunde nicht gekauft."[21] In vielen Betrieben setzten daher schon in der Schwarzmarktzeit „wilde" Lohnbewegungen ein. Offiziell bestand ja immer noch die Lohnstoppverordnung der NS-Zeit weiter. Tatsächlich bezahlten aber die Betriebsleitungen angesichts des anhaltenden Arbeitskräftebedarfs und zur Verminderung der Fluktuation längst übertarifliche Geldlöhne oder berechneten nicht geleistete Überstunden („graue Löhne"). Manche Arbeitnehmer tauchten nur in den Lohnlisten eines Betriebes auf, während sie ihren Lebensunterhalt anderswo durch Schwarzarbeit verdienten („schwarze Löhne"). Der Arbeitgeber erhielt dafür jedoch amtliche Zulagekarten, die er wiederum zusätzlich an seine tatsächliche Belegschaft ausgeben konnte.

Scheinarbeitsverhältnisse, Leiharbeit und Arbeitskräftehorten waren daher in den Betrieben gang und gäbe. Durch falsche Meldungen über ihre Belegschaftsstärke sowie durch Angabe falscher Tätigkeitsbezeichnungen bei den Zulageanträgen versuchten viele Betriebe eine möglichst große Zahl von offiziellen Zulagebewilligungen zu erhalten.[22] Die häufigste und zugleich effektivste Form einer halblegalen Lohnerhöhung war jedoch die Gewährung von Naturallöhnen, sei es als Lebensmittelzulage oder in Form eines Teils der Betriebserzeugnisse (Deputate). Die Kompensationsgeschäfte der Betriebe blühten schon allein aus diesem Grund und heizten den Schwarzmarkt an. Für viele Betriebe war dies die einzige Möglichkeit, den immer wieder erhobenen Forderungen der Arbeiter nach „gerechten" und „wertbeständigen" Löhnen nachzukommen. Die Arbeitnehmer erhielten Schuhe, Kleidung, Fahrradschläuche und andere Dinge, die dann für notwendige Bedarfsartikel getauscht oder auf dem Schwarzen Markt veräußert wurden. Auch die von Betrieb zu Betrieb unterschiedliche Höhe der Natural- und „Zulagenlöhne" war ein wesentlicher Grund für die beträchtliche Mobilität und Fluktuation der Arbeiter, denn die gezielte Ausnutzung des Naturallohnsystems und der Zulageregelungen bedeutete eine erhebliche reale Lohnerhöhung. Gleichzeitig wurden damit aber auch beträchtliche soziale Ungleichheiten geschaffen – nicht nur gegenüber den sogenannten Geistesarbeitern wie den Beamten und Angestellten, sondern auch innerhalb der Arbeiterschaft: es gab Naturallohnempfänger und Geldlohnempfänger. Es lag auf der Hand, daß die erheblich bessere Versorgungslage der ersteren zu Unmut und Spannungen zwischen den einzelnen Berufsgruppen führen mußte, wobei sich der Kampf um die Zulageneinstufungen nicht nur zwischen den Betrieben, sondern vor allem auch innerhalb der Belegschaften abspielte.[23]

Die Lage der Arbeiterhaushalte

Betriebsinterne Deputate, schwarze und graue Löhne sowie Lebensmittelzulagen schufen in der Schwarzmarktzeit höchst unterschiedliche Bedingungen der Lebenshaltung. Kein Wunder, daß die Arbeitsmoral ziemlich schlecht war. Die Verdienstmöglichkeiten und die Ernährungssicherung, die sich daraus ergaben, daß jemand „schwarz" oder „grau" arbeitete, einfach tauschte oder von noch vorhandenen Wertrücklagen zehrte, die zu phantastischen Schwarzmarktpreisen kalkuliert und umgesetzt wurden, waren doch viel verlockender. Der Tauschhandel wuchs und gedieh; er beschleunigte das Denken in Waren als Wertmesser und schaltete die Funktion des Geldes immer mehr aus. Schon lange vor der Währungsreform war die Geringschätzung der Reichsmark in der Bevölkerung weit verbreitet. Leider fehlte aber eben diese Mark vielen schon, um nur die durch amtliche Bezugsrechte gesicherten und deshalb zum „reellen" Kurs käuflichen schmalen Rationen zu erwerben. Nach einer repräsentativen Erhebung von Haushaltsrechnungen in 42 bayerischen Arbeiterfamilien vom September 1947 deckte der Nettolohn bei weitem nicht die allernötigsten Ausgaben, etwa für Bekleidung und Ernährung, wobei die offiziellen Rationen für eine fünfköpfige Familie allein oft zwischen 40 und 50 Prozent des Arbeitseinkommens verschlangen:

Struktur der Haushaltsbudgets in 42 Arbeiterhaushalten in Bayern
(September 1947)

I. Einkommen: (RM)		II. Ausgaben:	
– Arbeitseinkommen des Ehemannes		– Ernährung,	
(Hauptbeschäftigung)	177,18	Kleidung	303,94
(Nebenbeschäftigung)	16,66	– Miete	23,33
– der Ehefrau u. a.	26,66	– Heizung, Licht	17,54
– andere Einkommensquellen	15,55	– Steuern	5,98
– gelegentliche Einkommen	40,30	– Versicherung	25,33
		– Verschiedenes	6,75
Gesamteinkommen...............	276,44	Gesamtausgaben....	382,79

Mehrausgaben (in % des Einkommens) 106,35 (39%)

III. Veränderung der Rücklagen
- Auflösung von Sparguthaben 99,52
- Verkauf von Sachvermögen 92,98
- Rücklagenbildung 91,15
Absoluter Rücklagenverlust 106,35

Quelle: IfZ-Archiv, NA, RG 260, Polad/806/19.

Betrachtet man nun die tatsächlichen Gesamtausgaben eines Arbeiterhaushalts und berücksichtigt die vielen zusätzlichen Aufwendungen für Hamsterfahrten und geringe Schwarzmarktzukäufe – die in der vorliegenden Erhebung nur versteckt und wohl auch nur zum Teil in die einzelnen Angaben einflossen –, so lassen sich vor allem zwei wichtige Merkmale feststellen: Erstens überstiegen die Gesamtausgaben beträchtlich die Einkünfte aus dem Lohneinkommen. Je nachdem, wie stark der Arbeiterhaushalt entsprechend der Entwicklung der Versorgungslage gezwungen war, zusätzliche Lebensmitteleinkäufe zu tätigen, wurden Ende 1947 nur noch zwischen 40 und 60 Prozent der tatsächlichen Ausgaben durch das Arbeitseinkommen gedeckt.[24] Allerdings fällt auf, daß neben dem an Bedeutung verlierenden Arbeitseinkommen eine Vielzahl gelegentlicher und nur zum Teil erfaßbarer Einkommen wie etwa schwarze bzw. graue Löhne oder Einnahmen aus kleineren Schwarzmarktgeschäften für die Finanzierung des Lebensunterhaltes in der Schwarzmarktzeit eine wichtige Rolle spielten. Aber selbst bei einem durchschnittlichen Monatseinkommen von 270 RM bedeutete in akuten Notzeiten der Kauf eines Sacks Kartoffeln auf dem Schwarzen Markt bei den dort herrschenden horrenden Preisen, daß die Ausgaben die Einkünfte sofort deutlich überstiegen. Demgegenüber blieb der Anteil der Aufwendungen für Miete, Strom und Gas infolge des Preisstopps mit durchschnittlich 14 Prozent gering, während durch die häufigen Hamsterfahrten die monatlichen Ausgaben für Verkehr etwa 10 bis 20 Prozent der Gesamtausgaben verschlangen. Da das Arbeitseinkommen zur Befriedigung der dringendsten Lebensbedürfnisse in der Schwarzmarktzeit bei weitem nicht ausreichte, waren zweitens die Arbeiterfamilien zum verstärkten Rückgriff auf noch bestehende Sparguthaben gezwungen. Zwischen 30 und 50 Prozent der Gesamtausgaben mußten 1947 durch Auflösung von Sparguthaben oder durch den Verkauf von Sachvermögen finanziert werden.[25] Zur Finanzierung von Notkäufen mußte oft auch der Verkauf eines Teils der Lebensmittelkarten oder der Zulagerationen herhalten. Auf die Bezugskarte für die lang entbehrte Fleischration wurde dann eben zugunsten der kalorienreicheren Kartoffeln verzichtet. Im März 1947 kostete auf dem Schwarzmarkt zum Beispiel eine Teilschwerarbeiterkarte 230 RM, eine

Zulagenkarte für Schwerarbeiter 465 RM und für eine Schwerstarbeiterkarte wurden sogar 700 RM bezahlt.[26] Trotz dieser beträchtlichen Nebeneinkünfte hielten sich jedoch die dafür auf dem Schwarzen Markt erhältlichen Lebensmittelmengen in Grenzen. Gelegentliche Schwarzmarktkäufe belasteten daher alles in allem nur das Haushaltsbudget beträchtlich, während der kalorienmäßige Gewinn gering war.

Angesichts dieser Entwicklungen im Budget einer Arbeiterfamilie wird verständlich, daß sich mit der Dauer der Krise einerseits der Zwang zu Sonderausgaben verschärfte, andererseits aber die Spargelder trotz des allgemeinen Geldüberhanges schnell dahinschmolzen, zumal die Schwarzmarktpreise weiter stiegen. Bereits Ende 1946 etwa dürfte der Zeitpunkt erreicht gewesen sein, an dem die zunehmende Geldknappheit die Krise in den Arbeiterhaushalten erheblich verschärfte. Der Graue Markt, Tauschgeschäfte und Hamsterfahrten sowie andere halblegale Formen individueller Selbsthilfe gewannen daher für die Versorgungslage der Arbeiter immer mehr an Bedeutung. Scharenweise zogen die Städter am Wochenende, zunehmend aber auch an den Werktagen aufs Land, um sich einige wenige zusätzliche Kalorien zu erhamstern. Eigentlich verstieß dies gegen die Vorschriften der Verbrauchsregelung, aber die Landpolizei wurde ausdrücklich angehalten, gegenüber dieser halblegalen Selbsthilfe im kleinen Stil ein Auge zuzudrücken. Der Hunger ließ für die Städter aber immer öfter die schmale Grenze zwischen Selbsthilfe und Kriminalität verschwimmen. Dutzendweise machten sich im Herbst 1947 hungrige Städter daran, die noch unreifen Kartoffeln aus dem Ackerboden zu graben, und hinterließen um manche Großstadt gleichsam „konzentrische Raubzonen".[27] Felddiebstahl, Kartoffelklau und die Plünderung von Obstbäumen häuften sich auf dem Lande. Man „organisierte", „fringste" oder kompensierte und rechtfertigte dabei das eigene Verhalten mit dem Hinweis auf die individuelle Notlage, die zur Selbsthilfe zwinge. Bestärkt wurde dieses Vorgehen noch durch das Verhalten einzelner Bauern, die aus der Not der Städter ein Geschäft zu machen verstanden. Mancher Großstädter wurde richtig geschröpft, wenn er mit den letzten entbehrlichen Gegenständen seines Hausrats auf dem Hof erschien. Im Dezember 1947 berichtete dazu der Polizeipräsident von Oberbayern, daß „von Seiten der Arbeiterschaft große Erbitterung gegen die Bauern" herrschte, „da die Hamsterer aus München und Augsburg meist ohne Gegenwaren erscheinen. Sie bekommen von den Bauern nichts mehr, da andere Hamsterer vor allem aus dem Rheinland mit landwirtschaftlichen Tauschwaren ausgestattet sind. Die Bauern geben Lebensmittel nur noch an Gegenlieferer ab".[28] Die Spannungen zwischen Stadt und Land hatten sich im Herbst 1947 drastisch verschärft. Auch wenn sich ab und zu Bauern bereit fanden, einige Kartoffeln und andere Lebensmittel gegen wertlose Reichsmark oder kaum verwendbare Gegenstände abzugeben, so nahmen doch mehr und mehr Städter gegenüber den Bauern eine immer drohendere Haltung ein. Immer häufiger mußten sich die Bauern anhören, daß man sich bei der Verweigerung von Lebensmitteln eben selbst holen werde, was einem zustehe.[29]

Da sich mit Dauer der Ernährungskrise immer weniger Arbeiterhaushalte den gelegentlichen Zukauf von Lebensmitteln in den stadtbekannten Schwarzmarktzentren leisten konnten, gewann der kleine, private Schwarzmarkt, der eher ein Grauer Markt von Tauschgeschäften war, an Bedeutung. Diese Geschäfte liefen vor allem auf nachbarschaftlicher, verwandtschaftlicher oder kollegialer Basis ab. Man tauschte so lange mit Kollegen, Nachbarn oder Bekannten vom Land, bis aus den Werksdeputaten möglichst viele Kalorien geworden waren. Während man so selbst – gezwungenermaßen – das offizielle Bewirtschaftungssystem umging und Lebensmittel der amtlichen Verteilung entzog, schimpfte man jedoch gegen die großen Schieber und Schwarzhändler, für die immer lauter die Todesstrafe gefordert wurde. Im Schatten des Hungers gerieten traditionelle Normen und das Rechtsbewußtsein vielfach ins Wanken. Neben der Wertverschiebung im individuellen wie im kollektiven Bewußtsein gab es gleichzeitig eine übersteigerte Wertfixierung bei der Beurteilung jener, die man für die eigene materielle Misere verantwortlich machen zu können glaubte.[30] Die „Moral der 1000 Kalorien" prägte zunehmend das Verhalten und die Mentalität auch der Arbeiterschaft.

„Hungerstreiks" und die Rolle der Gewerkschaften als Vertreter von Konsumenteninteressen

Die Streitereien in den Betrieben um die günstigste Einstufung bei den gewerblichen Lebensmittelzulagen, die von der Suche nach mehr Kalorien motivierten Betriebswechsel und die von individueller Leistungsbereitschaft und Eigeninitiative geprägte Erfahrung der Verteilungsmechanismen des Schwarzmarktes trugen dazu bei, solidarisches Verhalten als wenig geeignetes Mittel der Krisenbewältigung in den Hungerjahren erscheinen zu lassen. Doch gab es auch andere Folgeerscheinungen der Ernährungskrise, die die Herausbildung und Artikulation kollektiver Interessen förderten. Wenn es etwa um die Zulagenpolitik der Ernährungsverwaltung insgesamt ging, dann zogen plötzlich im Interesse des Betriebes Arbeiter, Betriebsräte und Betriebsleitungen an einem Strang, dann kam es nicht nur innerhalb der Belegschaft, sondern auch in weiten Teile der Industriearbeiterschaft insgesamt rasch zu einer Solidarisierungswelle. Das zeigt die seit 1946 wachsende Zahl von Streikaktionen und Hungerprotesten.

Als etwa am 14. Mai 1947 entgegen der vorherigen Zusage des bayerischen Landwirtschaftsministers Baumgartner die Brotrationen nahezu halbiert wurden, legte die Belegschaft bei MAN in Augsburg geschlossen und spontan die Arbeit nieder. In einer Protestresolution verlangten die Arbeiter neben der Rücknahme der Rationssenkung vor allem Sofortmaßnahmen zur Bekämpfung des Schwarzhandels. Rasch griff der Proteststreik von MAN auf andere Augsburger Betriebe über, und bald wurden die Aktionen in Augsburg zum Ausgangspunkt einer ersten großen Streikwelle in Bayern.[31] Auch in anderen Städten drückte sich aufgrund der schlechten Lebensmittelversorgung die vielfach diffuse Unmuts- und Proteststimmung in Arbeitsniederlegungen aus. Forderungen nach Erhöhung der gewerblichen Lebensmittelzulagen und nach gerechter Verteilung der Nahrungsmittel wurden laut. Die Streiks in Augsburg waren dabei keineswegs so unorganisiert, wie es nach außen hin den Anschein hatte. Zwar waren zunächst spontane Arbeitsniederlegungen einzelner Betriebswerkstätten der Ausgangspunkt der Protestaktion. Als dann aber die Betriebsräte auf Druck der Belegschaften hin den Streik unterstützten, griff man auf die bewährten Mechanismen der betrieblichen Konfliktregelung zurück wie etwa Wahl einer Streikleitung, Verhandlungen mit der Betriebsleitung und Urabstimmung über den offiziellen Beginn bzw. die Fortsetzung des Arbeitskampfes. Tatsächlich verliefen die Protestaktionen durchaus erfolgreich. In Verhandlungen mit der örtlichen Ernährungsverwaltung und der Militärregierung konnten meist begrenzte Zusagen für eine bessere Lebensmittelversorgung oder zumindest die Rücknahme der Rationskürzungen erreicht werden.

Gegenüber der Durchsetzung dieser ganz auf die Lebensmittelversorgung orientierten Partikularinteressen drohten die Gesamtinteressen der Arbeiterschaft in den für die Verteilung und Gestaltung der politischen und wirtschaftlichen Machtverhältnisse so entscheidenden unmittelbaren Nachkriegsjahren ins Hintertreffen zu geraten. Tatsächlich spielten die Gewerkschaften bei all diesen Verhandlungen und Entscheidungsprozessen inner- wie außerbetrieblich kaum eine Rolle. Die alten Gewerkschaftsführer der Weimarer Republik hatten zwar durch die rasche Wiederbegründung der organisierten Arbeiterbewegung versucht, in die durch Betriebs- und Eigeninteressen geprägte Nachkriegsgesellschaft wieder stärker die „Klasseninteressen" einzubringen. Noch im Mai 1945 waren in München, Nürnberg, Augsburg und anderen bayerischen Städten erste Gewerkschaftsneugründungen erfolgt. Aber die Pläne für den raschen Aufbau einer Einheitsgewerkschaft auf Landes- und Zonenebene waren von der Militärregierung abgelehnt worden. Ehe daher im Frühjahr 1947 offiziell der Bayerische Gewerkschaftsbund als Dachorganisation gegründet werden konnte, hatte man zunächst – mit der Perspektive eines langsamen Aufbaus von unten nach oben – auf lokaler Ebene beginnen müssen.[32] Der Bayerische Gewerkschaftsbund übte aber auch deshalb bei Entscheidung und Verlauf der innerbetrieblichen Protestbewegung einen so geringen Einfluß aus, weil er in der Frage der Hungerproteste eine von den Belegschaften weitgehend abweichende Haltung vertrat. Denn die Gewerkschaften sahen sich durch die Protestaktionen in den Betrieben von Anfang an in einem Interessenkonflikt. Einerseits lehnte man die „Hungerstreiks" ab, da sie an der gesamtgesellschaftlichen Lebensmittelversorgung nichts ändern konnten und die Bemühungen um den raschen Wiederaufbau nur verzögerten. Andererseits galt es jedoch, die Interessen der Arbeiterschaft zu vertreten und „wilde" Protestaktionen zu verhindern. Die Gewerkschaften hatten daher alle Mühe, die Streikbewegung vom Frühjahr 1947 in den Griff zu bekommen. In Augsburg etwa versammelte man Ende März schließlich alle Betriebsräte zu einer Kundgebung, auf der recht halbherzig die Forderungen der Belegschaften übernommen und an die Bayerische Staatsregierung weitergeleitet wurden. Gleichzeitig versuchte man jedoch, mäßigend auf die Arbeiter einzuwirken: „Es wäre Wahnsinn", so der Bayerische Gewerkschaftsbund in einer Resolution an seine Mitglieder, „wollten wir in diesem Augenblick mit Streiks und Demonstrationen unser gewerkschaftliches Wollen bekunden. Streiks in diesem Augenblick würden unsere Lage nur verschlimmern."[33] Die Arbeiter kehrten Ende März zwar an die Maschinen zurück, die Stimmung in den Betrieben blieb aber gereizt und nervös. Es war nur eine Frage der Zeit, bis sich der Unmut über die schlechte Ernährungslage in neuen Protestaktionen entladen sollte.

Im Januar 1948 war es dann soweit. Wie ein Lauffeuer verbreiteten sich Gerüchte über eine abermals bevorstehende Kürzung der Lebensmittelrationen für die Schwer- und Schwerstarbeiter. Tatsächlich waren auf den Zulagekarten, die am 5. Januar in den Betrieben verteilt wurden, gekürzte Rationssätze aufgedruckt. Dazu kam, daß auch die allgemeine Fettversorgung zusammengebrochen war. In der III. Zuteilungsperiode sollte Zucker statt Fett ausgegeben und auch noch die Brotration von 357 Gramm pro Tag auf kärgliche 267 Gramm herabgesetzt werden. Der Unmut in der Arbeiterschaft drohte außer Kontrolle zu geraten. Eine neue Welle wilder Streiks und Proteste brach los. Die Arbeitsniederlegungen begannen diesmal in München, wo am 7. Januar 8000 Metallarbeiter bei BMW, Rathgeber, im Reichsbahn-Ausbesserungswerk Freimann und bei Krauss-Maffei in den Ausstand traten. Abermals weiteten sich die Streiks auch auf andere Metallbetriebe in Ingolstadt, Nürnberg und Augsburg aus.[34] Protestversammlungen gegen die Rationskürzungen fanden statt; es wurden Resolutionen an die Staatsregierung verfaßt. Erneut gerieten die Gewerkschaften in eine schwierige Lage. Obwohl sie nach wie vor Streiks als Mittel zur Verbesserung der Lebensmittelversorgung ablehnten, mußten sie nun wohl oder übel deutlicher als im Frühjahr 1947 in die Streikbewegung eingreifen, wollten sie nicht Ansehen und Anhängerschaft unter den Arbeitern verlieren und damit ihre Position insgesamt schwächen. So unterbreitete der Bayerische Gewerkschaftsbund am 17. Januar 1948 der Bayerischen Staatsregierung ultimativ sieben Forderungen zur Verbesserung der Ernährungslage: „1. Restlose Erfassung der gesamten Erzeugung von Nahrungsmitteln unter Zugrundelegung eines den Bedürfnissen des Gesamtvolkes gerechtwerdenden Erfassungssystems. 2. Restlose Erfassung aller industriellen und gewerblichen Güter für den täglichen Bedarf. 3. Gerechte Verteilung der erfaßten Nahrungsmittel und Gebrauchswaren unter verantwortlicher Kontrolle der Verbraucher. 4. Sofortige Schließung sämtlicher Luxusgaststätten und Schlemmerlokale. 5. Einweisung aller asozialen Elemente in Arbeitslager. 6. Sofortige Verhaftung aller Wirtschaftsverbrecher und Aburteilung vor Schnellgerichten unter Anlegung strengster Maßstäbe. In schweren Fällen ist als Norm auf Enteignung des gesamten Besitzes zu erkennen. 8. Staatsregierung und Landtag werden aufgefordert, die etwa erforderlichen gesetzlichen Voraussetzungen in kürzester Frist zu schaffen."[35]

Schon aus diesem Forderungskatalog wird deutlich, daß die Gewerkschaften weniger die Interessen der zulageberechtigten Arbeiter, sondern vielmehr der Normalverbraucher insgesamt zu vertreten suchten. Entscheidend ist vor allem, daß die von Normalverbrauchern wie Zulageempfängern erhobenen Forderungen nach einer effektiven und gerechten Erfassung und Verteilung der Lebensmittel von den Gewerkschaften mit dem Postulat des Einbaus von Gewerkschaften in das Rationierungs- und Zuteilungssystem verknüpft wurden. Dahinter stand nicht nur der Wunsch, dem Einfluß der bäuerlichen Produzenten und ihrer Interessenorganisation, des Bayerischen Bauernverbandes, in der Lebensmittelbewirtschaftung einen Riegel vorzuschieben, sondern auch die Absicht, prinzipiellen verbandspolitischen Einfluß auf die Gestaltung der Wirtschafts- und Ernährungspolitik zu nehmen. Schon allein angesichts der anhaltenden Engpässe in der Versorgungslage konnte aber die Staatsregierung auf die gewerkschaftlichen Forderungen hin keinerlei Zusagen über Rationen geben. Zudem sah man einen Großteil der Forderungen bereits verwirklicht oder aber außerhalb der bayerischen Zuständigkeit.

Der Bayerische Gewerkschaftsbund befand sich durch die ablehnende Haltung der Staatsregierung in einer Zwangslage. Einerseits wollte man gegenüber der Regierung seine organisatorische Stärke demonstrieren, andererseits aber den ausufernden lokalen Protestaktionen der Arbeiterschaft Einhalt gebieten. In dieser Situation trat der Bayerische Gewerkschaftsbund die Flucht nach vorn an. Für den 24. Januar 1948 riefen die bayerischen Gewerkschaften zu einer 24stündigen „demonstrativen Arbeitsruhe" auf – der Begriff Generalstreik wurde sorgsam vermieden –, um den Unmut von oben her zu kanalisieren. Tatsächlich folgten über eine Million Arbeiter dem Aufruf der Gewerkschaften, und auch die Staatsregierung sah sich nun zu einigen Zugeständnissen gezwungen. „Die bayerische Regierung versprach, die Lebensmittelrationen vollständig auszugeben und nahm gegenüber den Gewerkschaften eine etwas konziliantere Haltung als vorher ein", berichtete die amerikanische Militärregierung über den Erfolg des Januar-Streiks. Dennoch hielt die Ruhe in den Betrieben nicht lange an. Im Bericht der Militärregierung heißt es weiter: „Die Arbeitsniederlegungen gingen in den folgenden Wochen deutlich zurück, aber schon im Februar brachen wieder vereinzelte Streiks aus und hielten auch den März und April über an".[36] Tatsächlich waren neue Teilstreiks in der Metallindustrie Münchens, Nürnbergs und Augsburgs ausgebrochen. Erneut versuchten Staatsregierung und örtliche Ernährungsverwaltung durch begrenzte Zulagenerhöhungen beschwichtigend auf die protestierenden Arbeiter einzuwirken und der Streikbewegung ihre Spitze zu nehmen. In einer eigenmächtigen Anweisung, die gegen die Anordnungen der bizonalen Ernährungsverwaltung verstieß, hatte Ministerpräsident Ehard daher die volle Fettbelieferung bei den gewerblichen Zulagekarten verfügt. Aber solche Maßnahmen konnten angesichts der anhaltenden Lebensmittelknappheit nur kurzfristig konfliktmildernd wirken. Dazu kam, daß sich die Ernährungsbürokratie ständig in dem Dilemma sah, durch Zusagen bei den gewerblichen Zulagekarten die Lebensmittelrationen der Normalverbraucher kürzen zu müssen. Priorität der Normalverbraucher oder der Zulagenempfänger? hieß daher die ernährungspolitische Frage, die angesichts eines neuen Versorgungstiefs im Frühjahr 1948 immer dringlicher gestellt wurde.

Als im Mai 1948 neue Rationskürzungen unumgänglich wurden, gingen daher nicht nur die Arbeiter, sondern auch die Normalverbraucher auf die Straße; die Protest- und Demonstrationswelle seit Kriegsende erreichte ihren Höhepunkt. Allein im Mai fanden in Bayern 435 Arbeitsniederlegungen mit ca. 150 000 Beteiligten statt.[37] Die Streiks in den Betrieben wurden gleichzeitig von einer Reihe von Hungerdemonstrationen der städtischen Bevölkerung begleitet. In München,

Fürth, Coburg und mehreren anderen bayerischen Städten erschienen Arbeiterfrauen mit ihren Kindern vor dem Rathaus und überreichten Resolutionen an die Verwaltung. Im Nu hatten sich den Protestierenden auch andere Hausfrauen, Kleinhändler, Kriegsversehrte, Jugendliche und Passanten aus allen Schichten der Bevölkerung angeschlossen und fielen in die empörten Rufe nach mehr Lebensmitteln ein.[38] Bei den Protesten waren vielfach auch kritische Äußerungen gegen die „Demokratie" der Besatzungsmächte zu hören; vor allem die Militärregierung und die verantwortlichen deutschen Politiker waren Gegenstand heftiger Angriffe. Die Militärregierung, die schon die früheren Streikbewegungen aufmerksam verfolgt hatte, drohte nun offen mit dem Eingreifen, hatte sie doch ausdrücklich jegliche Protestaktionen verboten, die sich gegen die Besatzungsmächte richteten oder den Wiederaufbau gefährdeten. Letztlich blieb es aber nur bei einer Interventionsdrohung, denn solange nicht auch lebenswichtige Betriebe wie Elektrizitäts- und Wasserwerke oder die Lebensmittelindustrie bestreikt wurden, glaubten die örtlichen Besatzungsoffiziere die Proteste letztlich doch nur auf das scheinbar unpolitische Ernährungsproblem zurückführen zu können.

Die Ernährungsstreiks und Hungerdemonstrationen machen die schwierige und widersprüchliche Lage der Gewerkschaften in der unmittelbaren Nachkriegszeit deutlich. Durch die Lohnstoppverordnung zunächst ihrer lohnpolitischen Aufgaben weitgehend enthoben, konzentrierten sie sich stärker auf organisatorische und gesellschaftspolitische Fragen. Durch die spontanen Unmutsäußerungen sahen sie sich jedoch in ihrer Rolle als Arbeitnehmervertreter nur zu oft in einem erheblichen Dilemma, da die Streiks keine Besserung der Ernährungslage bringen und politisch aufgeladen leicht eine Spitze gegen die Militärregierung bedeuten konnten.[39] Tatsächlich lagen die Motive der Streiks nicht nur in der schlechten Ernährungs- und Versorgungslage begründet, sondern auch in Problemen wie Demontage, Entnazifizierung, Mitbestimmung, Löhne, allgemeine Arbeitsbedingungen und Betriebsordnung.[40] Nur zum Teil konnten die Gewerkschaften daher ihre klassischen Aufgaben als Vertreter von Arbeitnehmerinteressen wahrnehmen. Angesichts der alles überschattenden Ernährungskrise waren sie vielmehr gezwungen, wie schon nach dem Ersten Weltkrieg als Konsumentenvertreter zu agieren und gegenüber Ernährungsverwaltung und Bayerischem Bauernverband für die Interessen aller Verbraucher einzutreten. Vor dem Hintergrund der Zwangslage in der Lebensmittelversorgung, aber auch mit Rücksicht auf die Militärregierung, konnten die Gewerkschaften daher nur allgemeine Forderungen zur Verbesserung der Ernährungslage an Staatsregierung und Ernährungsverwaltung richten. Nur so konnte man versuchen, Protest und Unmut zu kanalisieren. Sich aktiv an die Spitze der Streikbewegung zu stellen und über die Stimmungslage in der Gesellschaft allgemeine politische oder soziale Forderungen zu untermauern, dies konnten und wollten die Gewerkschaftsführer nicht wagen.

Es verwundert daher kaum, daß vor allem im Anschluß an die Mai-Streiks in der Arbeiterschaft beträchtlicher Unmut über ihre Interessenorganisation herrschte, zumal die Gewerkschaften auch keine Streikgelder zahlten.[41] Die Militärregierung etwa berichtete von örtlichen Austrittsbewegungen, und viele gewerkschaftlich organisierte Arbeiter boykottierten aus Protest die monatlichen Beitragszahlungen. Der Unmut der Arbeiter war um so verständlicher, als die Gewerkschaften auch in der Frage der Warenlöhne und Deputate als Zusatzlöhne eine zwiespältige Haltung einnahmen. Wie konnten sie als Interessenvertreter aller Arbeiter, die das Prinzip der Solidarität auf ihre Fahnen geschrieben hatten, auch offen dafür eintreten, daß eine in Naturalien entlohnte „Arbeiteraristokratie" entstand, während viele andere Arbeiter nach wie vor allein auf Geldlöhne angewiesen waren? Mitte 1947 fand etwa der Generalsekretär des Bayerischen Gewerkschaftsbundes, Georg Reuter, auf einer Gewerkschaftsversammlung deutliche Worte gegen die Ungerechtigkeiten des Deputatsystems in den Betrieben: „Wir sprechen uns erneut auf diesem Kongreß gegen Kompensationsgeschäfte aus. Es darf nicht sein, daß jenen, die in der Textilindustrie beschäftigt sind, wenn sie 45 Stunden in der Woche arbeiten, eine Kleiderkarte mit 5 Punkten gegeben wird, womit sie sich einen Spinnstoff kaufen können. Was erhält der Bauarbeiter dann, der ebenso mit Wiederaufbau seine Hand betätigt? Soll er Steine und Schutt mit nach Hause nehmen? Wir rufen hier Arbeiter, Angestellte und Beamte zur Solidarität auf. Wenn Mangel herrscht, muß er für alle gleichermaßen bestehen. Es dürfen nicht einzelne Gruppen dazu übergehen, aus der schmalen Decke einen besonders großen Anteil herauszunehmen."[42]

Anders war die Position der Betriebsräte, die in der Schwarzmarktzeit eine wichtige selbständige Bedeutung in der Regelung der Produktion, des Lohnes und der Versorgung innehatten.[43] Die Betriebsräte bestimmten die Anteile an den Betriebskompensationen und regelten die Verteilung zusätzlicher Lebensmittel im Betrieb. Sie waren es auch, die häufig abweichend von der gewerkschaftlichen Haltung die Streiks und Arbeitsniederlegungen in den Betrieben organisierten und entsprechende Forderungen gegenüber der Firmenleitung durchzusetzen versuchten. Tatsächlich war die Zusammenarbeit zwischen Betriebsräten und Betriebsleitung in der Frage der offiziellen Zulagegewährung besonders eng, ging es doch letztlich um die gemeinsamen Betriebsinteressen. Betriebsräte sprachen immer wieder bei den für die Zulagekarten zuständigen Gewerbeaufsichtsämtern vor und deckten vielfach die überhöhten und fingierten Zahlenangaben der Arbeitgeber.[44] Die Unternehmer ihrerseits wußten, daß sie in der Frage der Lebensmittelversorgung ihrer Belegschaften mit den Betriebsräten zusammenarbeiten mußten. Nur so war es möglich, den Betrieb wiederaufzubauen und die Reste der stark untergrabenen Arbeitsmoral aufrechtzuerhalten. Zumindest in Großfirmen wie MAN und Krauss-Maffei unterstützte man daher insgeheim sogar die Streiks der Arbeiterschaft, auch wenn man nach außen hin über die erlittenen Produktionseinbußen klagte.[45]

Somit ergibt sich für die Arbeiterschaft in den Jahren nach dem Zweiten Weltkrieg das Bild eines spezifischen, spannungsreichen Interessengefüges zwischen Betriebs- und Klasseninteresse, zwischen Solidarität und Selbsthilfe. In diesem Spannungsfeld bewegte sich das Verhältnis zwischen Arbeiterschaft, Betriebsräten und Gewerkschaften, und in diesem Spannungsfeld konstituierte sich auch das Arbeiterbewußtsein nach 1945. Die Auswirkungen der Ernährungskrise darauf waren aber widersprüchlich. So hatte das offizielle wie das informelle Zulagenwesen tatsächlich wohl eine nicht zu unterschätzende, die Solidarität behindernde Wirkung innerhalb der Arbeiterschaft, wodurch die Durchsetzung gemeinsamer gesellschaftspolitischer Zielsetzungen nach 1945 stark in den Hintergrund rückte. Verständlich, daß daher die Gewerkschaftsfunktionäre vehement gegen die „Spaltungszulagen" in den Betrieben wetterten. Für die meisten Arbeiter stellte sich allerdings nicht die Alternative „Speck statt Sozialisierung", da die Dominanz der Ernährungsfrage keineswegs auch automatisch die Aufgabe politischer Forderungen und damit eine Entpolitisierung der Arbeiter bedeutete.[46] Andererseits liefen über die „Hungerstreiks" die ersten Solidarisierungserfahrungen nach 1945. Nahezu bei allen Protestaktionen tauchten neben Forderungen nach mehr Lebensmitteln auch innerbetriebliche Forderungen auf. Bei der Beurteilung der interessenmäßigen Folgen der Ernährungskrise muß daher genau zwischen den einzelnen Interessenträgern und Interessenebenen unterschieden werden. Die Ernährungskrise hat solidarisches Handeln nicht grundsätzlich verhindert, sondern – was die betriebliche Ebene angeht – zum Teil sogar gefördert. Auch wenn die Streikaktionen schon durch geringe Zusagen befriedet werden konnten und daher nur von sehr kurzer Dauer waren, so erwiesen sich die Streiks in den Krisenjahren dennoch als durchaus erfolgreiche Mittel bei der Artikulation kollektiven Protestes und der Durchsetzung gemeinsamer Anliegen.

Die Währungsreform am 20. Juni 1948 brachte dann aber einen tiefgreifenden Wandel nicht nur der Interessenkonstellationen der Arbeiterschaft, sondern auch des Einflußgefüges zwischen Gewerkschaften, Betriebsräten und Unternehmern. Arbeitsmarkt und Lohnverhältnisse änderten sich nahezu schlagartig, vor allem die Arbeitsmoral verbesserte sich rapide. Für die Unternehmer waren die Unsicherheiten der Entnazifizierung vorüber, wertbeständige Geldlöhne, eine den Sachbesitz begünstigende Währungsumstellung und ein Überangebot an Arbeitskräften bestimmten wieder die Lage. Damit verschob sich der gesamtgesellschaftliche und wirtschaftliche Einfluß wieder deutlich zugunsten der Arbeitgeber. Nach der ersten Phase des Wiederaufbaus, als die größten Not- und Krisenlagen weitgehend bewältigt waren, saßen sie wieder am längeren Hebel. Betriebsräte und Arbeiter bekamen bald zu spüren, daß nun ein schärferer Wind wehte. Mit der Währungsreform war zwar eine ausreichende Menge der bis dahin vielfach gehorteten Lebensmittel auf den Markt gekommen, aber die sofort einsetzende Teuerung bedeutete für die Arbeiterhaushalte eine beträchtliche Belastung bei der lang entbehrten und notwendigen Verbesserung der Ernährung. Während die Preise für Lebensmittel im Laufe des Jahres 1948 mehr und mehr kletterten blieb der Lohnstopp bis November 1948 bestehen.

Auch innerbetrieblich wurde das Klima frostiger. Die deputatberechtigten Arbeiter verloren nun ihre beträchtlichen „Reallöhne" und die Unternehmer schlugen bei Lohnverhandlungen und Streikaktionen eine deutlich härtere Gangart ein. Damit gewannen die Gewerkschaften als Vertreter spezifischer Arbeiterinteressen wieder an Gewicht. Verzweifelt kämpften sie etwa in den nun anstehenden Lohnrunden darum, die in der Schwarzmarktzeit gewährten übertariflichen Löhne auch zur Grundlage der neuen Tarifverträge nach der Währungsreform zu machen. Die Aushandlung der Tarifverträge verlagerte sich damit wieder aus den Betrieben auf die Dachverbände der Tarifparteien. Die Betriebsräte sahen sich demgegenüber angesichts der einsetzenden Entlassungswellen sowie drohender Streichungen von Sozialleistungen wieder stärker auf innerbetriebliche Aufgaben verwiesen. Die Arbeiter ihrerseits wußten sehr wohl um den Verlust der individuellen Chancen zur Ausnutzung der Arbeitsmarktlage und um die wiedergewonnene Bedeutung der gewerkschaftlichen Interessenvertretung. Anders als nach der Währungsreform von 1923 kam es daher im Juni 1948 zu keinem Bruch in der Mitgliederentwicklung der Gewerkschaften. Im Gegenteil: da und dort gab es noch kurz vor der Geldumstellung geradezu Eintrittswellen und auch insgesamt weist die Entwicklung der gewerkschaftlich organisierten Arbeiterschaft in Bayern einen seit 1945 kontinuierlichen Anstieg auf.[47]

Die Währungsreform hat zunächst die gesamtgesellschaftliche Konfliktlage verschärft. Proteststreiks und Demonstrationen – nun als Teuerungsunruhen wegen der steigenden Lebensmittelpreise – prägten daher auch nach der Geldneuordnung das innenpolitische Bild der entstehenden Bundesrepublik. Sie waren unter anderem Ausdruck dafür, daß die Währungsreform vorübergehend neue soziale Ungleichheiten geschaffen hatte, die vielfach zu Lasten der Arbeiter gingen.[48] Das führte auch dazu, daß nun die Klassenlinien in der Nachkriegsgesellschaft wieder deutlich zum Vorschein kamen. Zumindest bis Anfang der fünfziger Jahre wurden die klassenkämpferischen Töne in den innen- und lohnpolitischen Auseinandersetzungen lauter. Während daher die Erfahrungen der Schwarzmarktzeit und Hungerjahre trotz aller Notwendigkeit zur Selbsthilfe zumindest zur Interessenintegration der Arbeiterschaft auf betrieblicher Ebene führten, gelang die Integration der Arbeiterinteressen in den entstehenden bundesrepublikanischen Staat dann erst mit dem Wirtschaftsaufschwung der fünfziger Jahre. Die enorme Geschwindigkeit und Breite des Aufschwungs sorgte gleichzeitig dafür, daß bezüglich Einkommen, Konsum und Lebenshaltung ein nivellierender Effekt für alle Arbeitnehmer eintrat.

Jutta Neupert

Vom Heimatvertriebenen zum Neubürger.
Flüchtlingspolitik und Selbsthilfe auf dem Weg zur Integration

Das nationalsozialistische Regime hatte Europa mit Krieg überzogen und Millionen von Menschen unsägliches Leid zugefügt, das mit der militärischen Zerschlagung von Nazi-Deutschland noch lange kein Ende nahm. Die Alliierten hatten auf ihren Konferenzen in Teheran und Jalta das Problem der Deutschstämmigen im Ausland angeschnitten, um aggressiver Politik nationaler Minderheiten in fremden Staaten ein für allemal vorzubeugen, dann auf der Konferenz von Potsdam beschlossen und als weisende Erklärung verabschiedet, was sie als „ordnungsgemäße Überführung deutscher Bevölkerungsteile..." bezeichneten; diese stand, wie in derselben Verlautbarung zu lesen war, unter der Prämisse, daß das deutsche Volk jetzt anfange, „die furchtbaren Verbrechen zu büßen, die unter der Leitung derer, welche es zur Zeit ihrer Erfolge offen gebilligt hat und denen es blind gehorcht hat, begangen wurden."[1] Noch bevor die auf der Potsdamer Konferenz und nach dem Verteilungsplan des Alliierten Kontrollrats vom 20. November 1945 festgelegten Personengruppen ins Land einströmten, war bereits jede fünfte Person im rechtsrheinischen Bayern landesfremd, ein zahlenmäßiges Verhältnis, das – obgleich sich die betroffenen Personengruppen änderten – bis zur Auswertung der bayerischen Volkszählung vom 13. September 1950, nach der 21,1 Prozent der Bevölkerung zu den Ausgewiesenen und Flüchtlingen zählten, gleich blieb. Zum Jahresende 1945 lebten 1 563 000 geflohene und verschleppte Menschen in Bayern: rund eine halbe Million „Reichsdeutsche" aus den Gebieten östlich von Oder und Neiße, die noch während des Krieges vor den anrückenden sowjetischen Truppen geflohen waren und sich vorwiegend in den östlichen und nördlichen, von alters her strukturschwachen Landesteilen niedergelassen hatten; etwa 220 000 Deutschstämmige (99 000 Sudetendeutsche, 120 000 Deutsche aus Österreich, Ungarn, Rumänien, der ČSR, Polen, den Baltenstaaten, Jugoslawien und dem sonstigen Ausland), die den neuen Grenzziehungen weichend nach Bayern gekommen waren; 468 000 Menschen, die während des Krieges in den „Luftschutzkeller des Reiches" evakuiert worden waren; außerdem die direkten Opfer des Nazi-Regimes (rund 360 000 Menschen) wie heimatlose Ausländer,

„displaced persons" oder Insassen von Konzentrationslagern, die bis zu ihrer Repatriierung im Land verbleiben mußten.

Am 11. und 12. November 1945 beriet der „Ausschuß für Flüchtlingsfürsorge" beim Länderrat der US-Zone über die Verteilung der in den nächsten Monaten zu erwartenden Menschen aus der ČSR. Der hier festgelegte Verteilungsschlüssel für die einzelnen Länder richtete sich nach der jeweiligen Bevölkerungszahl von 1939, und Bayern hatte demzufolge 50 Prozent der Auszuweisenden, die in die US-Zone kamen, aufzunehmen (auf Großhessen entfielen 27 Prozent, auf Württemberg-Baden 23 Prozent). In der Folgezeit wurden die Quoten zwar revidiert, aber die Ländervertreter trachteten angesichts der überall ähnlichen Versorgungsengpässe, das eigene Land auf Kosten der anderen zu entlasten.[2]

1946 erreichte der Flüchtlingszustrom nach Bayern seinen Höhepunkt: der Anteil der Flüchtlinge war auf 23 Prozent am Gesamtanteil der bayerischen Bevölkerung – 1946 rund neun Millionen Menschen – gestiegen. Im Dezember lebten 942 000 Sudetendeutsche in Bayern, deren Transporte auf Verlangen der amerikanischen Militärregierung zur gleichen Zeit eingestellt wurden. Hinzu kamen 557 000 Menschen aus den Gebieten östlich von Oder und Neiße und 196 000 Deutschstämmige aus dem übrigen Ausland. Danach pendelte sich der prozentuale Anteil landesfremder Personen an der einheimischen Bevölkerung bei 21 Prozent ein.[3]

Staatliche Flüchtlingspolitik

Die so eingeleiteten demographischen Veränderungen in Bayern mußten bald in ihren politischen Dimensionen begriffen werden. Die amerikanische Militärregierung für Deutschland (OMGUS) hatte im Stuttgarter Länderrat den „Ausschuß für Flüchtlingsfragen" eingerichtet. Die Amerikaner verfolgten zwei politische Linien in den Ländern ihrer Zone: In Übereinstimmung mit den Resolutionen von Potsdam befanden sie, „daß das Flüchtlingsproblem eine rein deutsche Angelegenheit ist, die ausschließlich von den Deutschen gelöst werden muß"[4], und darüberhinaus wurde angeordnet, daß die Ausgewiesenen und Flüchtlinge in ihren Gastländern nicht nur materiell unterstützt, sondern so bald wie möglich eingegliedert werden sollten.

Beiden Vorgaben wußte die vom Regional Military Government eingesetzte Regierung des Ministerpräsidenten Fritz Schäffer nichts Rechtes entgegenzusetzen. Die vielen landesfremden Personen galten als soziales Problem, das man nur allzu gern privaten Hilfsorganisationen, allen voran dem Bayerischen Roten Kreuz (BRK)[5] überließ. Dieses war im Juni 1945 von der Militärbehörde wieder zugelassen worden. Gerade weil das BRK seine alten Strukturen auch während des Krieges beibehalten hatte, wartete diese weitgehend intakt gebliebene Organisation recht bald mit Lösungsvorschlägen zum Flüchtlingsproblem auf. Im Juli 1945 wandte sich ihr geschäftsführender Präsident Stürmann an Ministerpräsident Schäffer. Heftig kritisierte er die Initiativlosigkeit des Innenministeriums, das er mit seinen Wohlfahrts- und Fürsorgeabteilungen auch für die Flüchtlingsfrage zuständig hielt. Im Rahmen einer dringend notwendigen weiterführenden Gesamtplanung unterbreitete das BRK den Vorschlag, die Regierung möge sich planend und kontrollierend um Verteilung und Unterbringung der Flüchtlinge kümmern, das Rote Kreuz aber solle mit der gesamten „praktisch-technischen" Durchführung des Problemkomplexes betraut werden, finanziell abgesichert vom Finanzministerium. Willig griff Schäffer diese Vorschläge auf; im Juli 1945 lag der Entwurf einer Vollmacht vor, die dem BRK die gesamte Flüchtlingsbetreuung unterstellte, im August wurde die Militärregierung ersucht, dem BRK all jene Aufgaben zu überantworten, die wenig später dann die staatliche Flüchtlingssonderverwaltung wahrnahm. Aus Sorge, Organisationsmuster aus der NS-Zeit weiterzuführen, weigerte sich die Militärregierung für Bayern, nicht-staatlichen Organisationen wie dem BRK quasi-staatliche Aufgaben zu übertragen. Am 28. September 1945 berief Schäffer schließlich einen „Sonderbeauftragten für das Flüchtlingswesen" ins Innenministerium.

Mit der Verordnung Nr. 3 vom 2. November 1945 wurde dann durch Innenminister Seifried das Staatskommissariat für das Flüchtlingswesen beim Innenministerium geschaffen. Bayern erhielt damit als erstes Land der westlichen Besatzungszonen eine Sonderverwaltung zur „Behebung der Flüchtlingsnot", zur Gewähr der gleichmäßigen Verteilung der Flüchtlinge übers Land und zu deren umfassenden Betreuung.[6] Einen Tag bevor der ehemalige preußische Regierungspräsident Wolfgang Jaenicke zum Leiter der neuen Behörde bestellt wurde, erhielt diese am 14. Dezember 1945 ihre kommissarischen Befugnisse, „alle Maßnahmen zu ergreifen und anzuordnen, die geeignet sind, die Notstände in der Unterbringung zu beheben".[7] Der Sonderverwaltung war kein eigener Finanzetat zugebilligt worden; per Entschluß vom 13. Februar 1946[8] wurde sie an die Haushalte des Innen- und Finanzministeriums verwiesen. Aufgebaut war die neue Behörde ganz in der Tradition der dreigegliederten bayerischen Verwaltung. An ihrer Spitze stand der Staatskommissar, dem die Organisation der Behörde und die Verhandlungen mit anderen Dienststellen einschließlich der Militärregierung und dem Flüchtlingsausschuß des Länderrates oblagen. Auf der mittleren Ebene, in den Regierungsbezirken in München, Regensburg, Ansbach, Würzburg und Augsburg arbeiteten fünf Regierungskommissare, die den Regierungspräsidenten unterstanden, aber an die Weisungen des Staatskommissars gebunden waren. Sie hatten für die gleichmäßige Verteilung der Flüchtlinge in ihren Bezirken Sorge zu tragen. An letzter Stelle der Hierarchie standen die 166 Flüchtlingskommissare in den Stadt- und Landkreisen. Weisungsgebunden an den betreffenden Regierungskommissar, waren sie dienstlich dem jeweiligen Bürgermeister oder Landrat unterstellt. In ihren Aufgabenbereich fiel die organisatorische Erfassung der Flüchtlings, bis diese Wohnung und Arbeitsplatz gefunden hatten. Durch die Vielfalt der Kompetenzen und ihre Abgrenzung waren sowohl innere Konflikte als auch Reibungen zwischen der neuen Behörde und anderen Ressorts vorprogrammiert, und das beeinträchtigte die Effizienz des Staatskommissariats.

Staatskommissar Jaenicke war mit der Strukturierung der Hauptinstanz der Sonderverwaltung in Abteilungen und Referate analog zu den Ministerien beschäftigt, als er mit einem Protestschreiben von vier seiner fünf Regierungskommissare konfrontiert wurde. Sie begehrten gegen Jaenickes mangelnde Bereitschaft auf, mit den Mittelinstanzen zusammenzuarbeiten und sie vermuteten, „daß es die einzelnen Mitarbeiter des Herrn Staatskommissars direkt peinlich vermeiden, einen solchen Kontakt herzustellen." Daraus resultierten widersinnige Anweisungen.[9] Die latente Kritik an Jaenickes autoritärem Führungsstil riß auch in der Folgezeit nicht ab, wurde vom Staatskommissar jedoch barsch als ungebührlich zurückgewiesen; Jaenicke bezeichnete sein Verhältnis zu den Flüchtlingskommissaren selbst als „Katastrophe"[10]. Die Tätigkeit der Flüchtlingskommissare prägte die Flüchtlingspolitik vor Ort, wirkte auf die künftige wirtschaftliche und gesellschaftspolitische Infrastruktur des Landes als Präjudiz. Ihre vom kommissarischen Geist beseelte Amtsführung verschreckte die ihnen übergeordneten, den Flüchtlingsfragen gegenüber oft aufgeschlossenen Dienststellen. So beschwerte sich auch der Landrat von Landau wie viele seiner Amtskollegen bei Jaenicke: „Mir gibt die Tätigkeit einzelner Flüchtlingskommissare sehr zu denken, die sich manchmal wie Despoten fühlen und ihre Aufgabe mehr in der Sicherung ihrer persönlichen Position, in der Schaffung partei-politischer Einflußsphären als in der Betreuung der Flüchtlinge sehen."[11]

Kompetenzkonflikte zwischen dem Arbeits- und dem Wirtschaftsministerium einerseits und dem Staatskommissariat andererseits minderten zusätzlich die Effizienz der Flüchtlingsverwaltung. Das Wohnungswesen unterstand zunächst dem Arbeitsministerium, nach Schaffung der Flüchtlingssonderverwaltung aber wurde die gesamte Wohnraumbewirtschaftung dem Staatskommissariat, vor Ort also den Flüchtlingskommissaren, übertragen und gelangte somit in den Kompetenzbereich des Innenministeriums. Das Arbeitsministerium aber beharrte weiterhin auf seiner Zuständigkeit. Querelen zwischen Flüchtlingskommissaren und Landräten waren die Folge. Im April 1946 nun glaubten Arbeitsminister Roßhaupter und Innenminister Seifried eine salomonische Lösung gefunden zu haben: Die Aufnahme der Flüchtlinge in Bayern falle in den Bereich des Innenministeriums, ihre endgültige „Seßhaftmachung" in den des Arbeitsministeriums, ihre vorläufige Unterbringung aber in den des Flüchtlingskommissars. Dieser hatte somit das Recht, Wohnräume zu beschlagnahmen, nicht aber ohne sich vorher mit den Wohnungsämtern – und die unterstanden formal nach wie vor dem Arbeitsministerium – ins Benehmen gesetzt zu haben. Das Chaos lebte fort bis Jaenicke im November 1946 schließlich die Zustimmung der Militärbehörden erwirkte, den Flüchtlingskommissaren die „zum Wirkungskreis des Arbeitsministeriums gehörige Tätigkeit" der Wohnraumbewirtschaftung vorübergehend zu übertragen.[12]

Weniger erfolgreich verlief Jaenickes Auseinandersetzung mit dem Wirtschaftsministerium. Rechtlich gestützt auf das Flüchtlingsnotgesetz verfügte der Staatskommissar im Februar 1946, in einer Zeit als die Versorgung beinahe völlig zusammengebrochen war, 70 Prozent der Waren aus der laufenden Produktion im zivilen Bereich dem Beschaffungsamt des Staatskommissariats zuzuleiten. Nach argen Protesten von Vertretern des Wirtschaftsministeriums und der Industrie gestattete die Militärregierung das Beschlagnahmerecht nur in akuten Notfällen. Auf regionaler Ebene schien aber die Beschlagnahme von Gütern oft der Eigeninitiative von Mitarbeitern der Regierungskommissare überantwortet zu sein. „Die Verantwortung trage ich; denn Not kennt kein Gebot" war die Devise des Regierungskommissars von Mittel- und Oberfranken bei der Aktion seiner Mitarbeiter, Öfen und Herde für den herannahenden Winter zu beschaffen. Diese Eigenmächtigkeiten schossen oft über ihr Ziel hinaus: 17 000 rosafarbene Unterhosen aus Korsettstoff, die das Staatskommissariat von der Militärregierung übernommen hatten, wurden als „Flü"-Ware verteilt; dies empörte weite Kreise der Flüchtlinge und rief bei den Widersachern des Beschaffungsamtes Schadenfreude hervor. Andererseits war der Aktionismus der Flüchtlingsverwaltung nur zu verständlich, da einheimische Produzenten sich weigerten, mit ihr zusammenzuarbeiten. Jaenicke monierte im Februar 1947 in einem Brief an den Wirtschaftsminister, daß Teile der Textilindustrie, die an der Flüchtlingsversorgung beteiligt waren, in verantwortungslosester Weise die schlechteste Ware für gut genug hielten, um sie an die Flüchtlinge zu überhöhten Preisen abzustoßen.[13]

Die aufreibenden Auseinandersetzungen zur Klärung der jeweiligen Kompetenzen und das selbständige Gebaren der ihrem Ministerium zugeordneten Sonderverwaltung bewegte Mitarbeiter des Innenministeriums, die Eingliederung der Sonderverwaltung in die innere Verwaltung zu betreiben. Hans Ehard – zu jener Zeit noch Staatssekretär im Justizministerium – klagte im Oktober 1946 über die „Diktatur der Kommissare". Besonders konservative und nationalbayerische Vertreter der Ministerialbürokratie im Innenministerium richteten fortan ihr Tun auf die Mediatisierung des Kommissariatsapparates: Dieser sollte zur gewöhnlichen Ministerialbehörde herabgestuft werden mit einem Ministerialdirigenten an der Spitze, der – ein deutlicher Verweis an die Adresse Jaenickes – mit einem Bayern zu besetzen sei, da nur ein Einheimischer die Bedürfnisse der Bevölkerung und den Verwaltungsapparat verläßlich kenne.[14] Das länderübergreifende Flüchtlingsgesetz der US-Zone vom 12. Februar 1947, das die Position des Staatskommissars zugunsten eines von der Staatsregierung zu bestellenden Staatsbeauftragten abgeschafft hatte, erklärte diesen nach wie vor nur dem Justizminister verantwortlich. Und Jaenicke, der kurz zuvor vom Bayerischen Landtag zum Staatssekretär ernannt worden war, beharrte auf dem eigenen Behördenstatus seines Staatssekretariats, da er dann seine Angelegenheiten auch vor dem Landtag – in Abwesenheit des Innenministers – direkt vertreten konnte.

Die „Verordnung über die behördliche Organisation der Wohnraumbewirtschaftung und das Flüchtlingswesen" vom 12. Oktober 1948[15], die den Eingliederungsprozeß im großen und ganzen vollendete, war mit Fingerspitzengefühl vorbereitet worden. Überlegungen wurden bekannt, daß die Lösung so wichtiger Fragen wie Wohnraumbewirtschaftung doch auf ministerieller Ebene zu verankern sei. Ministerpräsident Ehard befürwortete in diesem Rahmen die Leitung des Flüchtlingswesens unter Staatssekretär Jaenicke als selbständigen Bestandteil des Ministeriums. Damit war, ohne an der Stellung eines Staatssekretärs zu rütteln, die Dienststelle ins ministerielle Gefüge eingegliedert worden. Handstreichartig brachten Jaenickes Widersacher im Innenministerium schließlich das Personalwesen der bisherigen Flüchtlingssonderverwaltung doch noch in ihre Hand: man entlieh sich die Personalakten der Flüchtlingsverwaltung, um die formelle Übernahme ihrer Angestellten ins Innenministerium abzuschließen; die Unterlagen wurden dann trotz gegenteiliger Zusicherung einbehalten. Jaenicke war somit der Personalhoheit seiner ehemaligen Behörde vollends enthoben. Ohne seine Mitsprache konnte daher unverzüglich eine größere Zahl leitender Positionen, die bisher Flüchtlinge eingenommen hatten, mit bayerischen Beamten besetzt werden; sofort artikuliertes Unbehagen versuchte

Innenminister Willi Ankermüller abzutun. Einige bewährte heimische Verwaltungskräfte seien eben eingesetzt worden: „... erblickt darin nicht einen Schachzug gegen die Flüchtlinge".[16]

Politik der Flüchtlinge

Hatte die bayerische Regierung dem akuten Flüchtlingsproblem anfangs nur Sofortmaßnahmen und wenig zukunftsorientierte Konzepte entgegenzusetzen, so wuchs in Kreisen der Ausgewiesenen die Bereitschaft, ihre Umsiedlung als Folge des Krieges zu begreifen und den künftigen status quo in ihre politischen Überlegungen einzubeziehen. Am 12. Juli 1945 lizenzierte die amerikanische Militärregierung die „Hilfsstelle für Flüchtlinge aus den Sudetengebieten in München", eine als Privataktion ins Leben gerufene und als Bindeglied zwischen bayerischen Behörden und Flüchtlingen konzipierte Organisation. Ende 1945 unterbreitete die Hilfsstelle der Bayerischen Staatsregierung eine zwanzigseitige Denkschrift „Vorschläge betreffend die Unterbringung der deutschen Flüchtlinge aus der ČSR und deren Einbau in den Sozial- und Wirtschaftsorganismus in Bayern"[17]. Der desolaten wirtschaftlichen Situation und der herrschenden Agonie unter den Flüchtlingen setzte diese Schrift ein Eingliederungskonzept der Ausgewiesenen entgegen, das die momentanen (wirtschafts-)politischen Probleme konstruktiv zu überwinden trachtete. Dem Agrarland Bayern seien „vielseitig qualifizierte Facharbeiter und Handwerker" zugeführt worden, und zwar aus Gewerbe- und Industriegruppen, die wegen der Besonderheit ihrer Produktion – wie Spitzenklöpplerei, Strümpfe und Hüte, Glas und Schmuckwaren usw. – dem Land Bayern einen breiten Exportmarkt eröffneten. Um wirtschaftsplanerisch disponieren zu können, sei es daher notwendig, die Auszuweisenden als „geschlossenen Volksorganismus" umzusiedeln, genauer, die „Flüchtlingsströme nach gesellschaftlichen Funktionskreisen zu ordnen" und die Ausweisungen nach dem „Strukturbild des geschlossenen Lebensganzen der Deutschen in der Tschechoslowakei und der Aufnahmeländer durchzuführen".

Die Hilfsstelle hatte zum Jahreswechsel 1945/46 begonnen, ihre Organisationsstruktur der sich aufbauenden Sonderverwaltung anzugleichen, um den bis dahin erlangten offiziösen Status auch auf der Verwaltungsebene beizubehalten. Darauf bedacht, die Arbeitseffizienz der Ausgewiesenen, die angesichts ihrer hoffnungslos scheinenden Lage häufig lethargisch vor sich hinlebten, zu steigern, maßten sich Mitglieder der Hilfsstelle mitunter organisatorische Befugnisse an, die nur den Flüchtlingskommissaren zukamen. Im Regierungsbezirk Schwaben verwiesen Mitarbeiter der Hilfsstelle ohne Arbeitsamt oder Flüchtlingsverwaltung zu informieren, Arbeitsplätze an Einzeleinwanderer. Die illegalen Machenschaften der Hilfsstelle wurden aufgedeckt, als in Augsburg eine betroffene Frau auf der Straße an Typhus zusammenbrach.[18]

Aktivitäten solcher Art sowie die Siedlungspolitik der Hilfsstelle, Sudetendeutsche in bestimmten Bezirken Bayerns zu zentrieren, veranlaßten die zuständigen Stellen, laut über ihr Verbot nachzudenken. Der in Flüchtlingsfragen sehr engagierte Regierungskommissar von Oberfranken, Lindemann, befürchtete zudem in die Zukunft reichende politische Konsequenzen, nämlich „daß es bei einem weiteren selbständigen Arbeiten und Nachgeben gegenüber den Sudetendeutschen in absehbarer Zeit ein gleiches Minderheitenproblem geben wird, das der Tschechoslowakei zu schaffen gemacht hat und die Tschechei zum Teil auch zu ihren rücksichtslosen Maßnahmen gegen die Deutschen gebracht hat".[19] Die Militärregierung reagierte rasch auf diese Vorwürfe und verbot im April 1946 unter Berufung auf den Alliierten Kontrollratsbeschluß, der Zusammenschlüsse von Flüchtlingen untersagte, die Sudetendeutsche Hilfsstelle und zusammen mit ihr die politisch allerdings völlig bedeutungslos gebliebene „Hilfsstelle für Flüchtlinge aus den Südoststaaten". Gleichzeitigen Bemühungen, eine schlesische Hilfsstelle zu gründen, wurde dadurch abrupt ein Ende bereitet.

Im Juli 1946 formierte sich dann eine „Einrichtung eigener Art in Bayern"[20], deren rechtliche Grundlage zwar nie eindeutig definiert worden war, die aber ganz im Sinne der Hilfsstelle eine Mittlerfunktion zwischen Regierung und Verwaltung einerseits und den Flüchtlingen andererseits einnehmen wollte: der „Hauptausschuß für Flüchtlinge und Ausgewiesene in Bayern". Vorausgegangen waren Verhandlungen von Flüchtlingsvertretern und Sonderverwaltung um eine adäquate Organisationsform der Ausgewiesenen. Sie gipfelten in der Anweisung des Direktors der US-Militärregierung für Bayern, General Muller, an Ministerpräsident Hoegner vom 11. Juli 1946, alles zu unternehmen, um Flüchtlingen und Ausgewiesenen die Schaffung einer Organisation, die sich mit den sie betreffenden Fragen beschäftigen würde, zu ermöglichen.[21] Der daraus hervorgegangene Hauptausschuß konstituierte sich schließlich mit 15 Mitgliedern, die von den Parteien ohne vorherige Wahl delegiert und von der Regierung ernannt worden waren. Als Vertretung der Flüchtlinge wollte sich dieses Gremium soweit wie möglich in die Aufgaben der Sonderverwaltung einschalten und ihre Interessen bei den Behörden und politischen Parteien wahren. Es finanzierte sich aus Mitteln der Staatsregierung und wurde von dieser auch als einzig legitime Vertretung der Flüchtlinge in Bayern anerkannt.

Als Ansprechpartner der Regierung trug der Hauptausschuß

zugleich Mitverantwortung für die Flüchtlingspolitik. 1947, im Jahre der Verabschiedung des Flüchtlingsgesetzes und der zunehmenden Konsolidierung der Flüchtlinge in Bayern, war das dem Hauptausschuß förderlich, 1948, im Krisenjahr der Flüchtlinge, mußte er um sein politisches Überleben in den Bevölkerungskreisen fürchten, die er zu repräsentieren vorgab. Das Aufbegehren der sich 1948 bildenden Flüchtlingsvereinigungen fand seinen Höhepunkt in der Initiierung eines „Notparlaments", das sowohl beim Ministerpräsidenten Ehard als auch bei der Militärregierung auf Ablehnung stieß. Der allgemeinen Politisierung der Flüchtlinge wurde schließlich durch eine von den Flüchtlingsvertrauensleuten zu wählende Landesvertretung Rechnung getragen. Flüchtlingsvertrauensleute waren Organe der Flüchtlingsvertretung; sie waren in von Bürgermeistern einzuberufenden Versammlungen von den Flüchtlingen in geheimer Wahl zu wählen. Diese zweite Flüchtlingsvertretung war – im Gegensatz zum Hauptausschuß – durch freie Wahl demokratisch legitimiert worden. Die Bayerische Staatsregierung favorisierte dennoch den Hauptausschuß „als Versammlung von vernünftigen und gemäßigten Leuten".[22] Gegen die Landesvertretung hegte sie den Verdacht, daß diese der landsmannschaftlichen Sonderstellung der Flüchtlinge in Bayern Vorschub leiste und der Politik der Eingliederung ernsthaft im Wege stehe. Die Landesvertretung war aber schon wegen ihres Rechtsstatus als Verein und wegen ihrer knappen Mittel über kurz oder lang zur politischen Bedeutungslosigkeit verdammt. 1949 schließlich unterstellte sie ihre gesamten „technischen Obliegenheiten" dem Hauptausschuß; als „Stimme der Heimatvertriebenen in der Öffentlichkeit" wollte sie fortbestehen.[23]

Die Rechtsstellung der „Neubürger"

Ausgewiesene und Flüchtlinge waren nach einer Anordnung der amerikanischen Militärregierung vom 31. Oktober 1945 grundsätzlich genauso zu behandeln wie die einheimischen Bürger. Die Landesregierung war für die Betreuung dieser Personengruppe ebenso wie der Deutschen fremder Staatsangehörigkeit zuständig.[24] Im Rahmen der organisatorischen Erfassung der Menschen, die das Recht auf eine Unterstützung durch die Flüchtlingssonderverwaltung genossen, wurde die Ausgabe von Flüchtlingsausweisen beschlossen. Eine rechtsverbindliche Definition der Begriffe „Flüchtlinge und Ausgewiesene" mußte gefunden werden: fortan galten als Flüchtlinge „alle Personen deutscher Staats- und Volkszugehörigkeit, die bis 1.1. 1945 ihren Wohnsitz außerhalb der Grenzen des Deutschen Reiches" (Stand 1. März 1938) hatten und „alle

Personen deutscher Staats- und Volkszugehörigkeit, die bis zum 1.1. 1945 in den deutschen Ostprovinzen östlich von Oder und Neiße" (Stand 1. September 1939) lebten.[25] Gerade der zuletzt genannte Personenkreis befand sich in einem staatspolitischen Vakuum, da die Frage der Abtretung der Oder-Neiße-Gebiete an Polen noch keineswegs geregelt war.

Zur Zeit des großen Flüchtlingsstromes nach Bayern war den Flüchtlingen zwar in der Gemeindewahlverordnung das aktive Wahlrecht zugestanden worden, allerdings nur, wenn eine einjährige Aufenthaltsdauer in der betreffenden Gemeinde nachgewiesen werden konnte. 1946 war das bei fast keinem Flüchtling der Fall! Immerhin lockerten sich die Bedingungen bei der Wahl zum Bayerischen Landtag am 1. Dezember 1946. Die geforderte Aufenthaltsdauer war auf sechs Monate herabgesetzt worden.[26] Die volle staatsbürgerliche Gleichstellung der Flüchtlinge mit den Eingesessenen wurde aber erst mit der Verabschiedung des zoneneinheitlichen Flüchtlingsgesetzes am 19. Februar 1947[27] vollzogen; der Aufgabenbereich der Regierung im Aufnahmeland hatte sich von der momentanen „Nothilfe" zur „Eingliederungshilfe" gekehrt. Nun war die dauerhafte soziale und wirtschaftliche Integration auch gesetzlich sanktioniert.

Die Verteilung, Unterbringung und Beschäftigung der Flüchtlinge

Die ankommenden Flüchtlinge konnten nicht planlos übers Land verteilt werden. Was lag daher näher, als sie in Gebiete mit noch oder zumindest teilweise intakter Wohnsubstanz zu delegieren, also fernab der zerbombten Städte? Die geringsten Verluste an Wohnraum verzeichneten die von Kriegszerstörungen wenig betroffenen Gebiete Oberfranken, Oberpfalz und Niederbayern. Hier war das Mißverhältnis von Bewohner je Wohnraum schon vor der Einschleusung der Sudetendeutschen besonders gravierend. Gerade in diesen strukturschwachen Gebieten Bayerns war an eine produktive Integration der Zugezogenen nicht zu denken, zu groß war der Mangel an Produktionsstätten. Für die geographische Aufteilung der Flüchtlinge waren die Instanzen des Staatskommissariats zuständig, das Arbeitsministerium erfaßte die Flüchtlinge nach Berufsgruppen. Eine Berufsgruppenstatistik hätte die Verteilung der Ankommenden nach den Möglichkeiten des Arbeitseinsatzes erleichtern sollen. Die Erhebung mißlang, weil sie z. T. erst auf Kreisebene vorgenommen werden konnte. Flüchtlinge aber, denen bereits Wohnraum zugeteilt worden war, waren in ihrer Mobilität eingeschränkt.

Zustände dieser Art erregten vor allem den Unmut einheimischer Politiker. Im Frühjahr 1947 zirkulierte die Denkschrift eines gewissen Dr. Korberr aus Regensburg, dessen Identität nicht ausgemacht werden konnte; vom Statistischen Berater des Staatskommissars, Martin Kornrumpf, als zugespieltes und anonymes Gutachten gebrandmarkt, wurde darin scharfe Kritik an der statistischen Arbeit der Flüchtlingsverwaltung geübt: „Das Bild hätte ohne staatliche Lenkung des Flüchtlingsstromes nicht unzweckmäßiger und planloser aussehen können."[28]

Flüchtlinge, Vertriebene und Ausgewiesene unterteilte man bei der Unterbringung in legale Zuwanderer – jene also, die mit Genehmigung der amerikanischen Besatzungsmacht bzw. des späteren Landeszuzugamtes in organisierten Transporten die Grenze überschritten – und illegale Zuwanderer, zu denen alle übrigen zählten. An den bayerischen Grenzen gab es in Hof, Furth im Wald, Passau, Freilassing und Kiefersfelden Grenzdurchgangslager. Sie boten erstes Unterkommen, Betreuung und Verpflegung. Nächste Station war für die meisten das Regierungsdurchgangslager, das einem Regierungskommissar unterstand. Die weitere Aufteilung der Flüchtlinge über den Bezirk wurde hier in die Wege geleitet. Eine mögliche letzte Station konnten die Landrats- oder Kreislager sein, die als längerfristige Unterkunft dienen mußten, wenn die Privatquartiere in den einzelnen Gemeinden voll belegt waren.

Die Zahl der Flüchtlinge, die nach ihrer Ausweisung noch in Lagern unterkommen mußten, war relativ gering – am 1. Oktober 1949 betrug sie 5,25 Prozent der bisher insgesamt 1,9 Millionen Flüchtlinge, die nach Bayern gekommen waren.[29] Die Lebensumstände in den Lagern gaben immer wieder Anlaß zu bittersten Klagen. Hygiene und Versorgung ließen oft zu wünschen übrig. Einem Bericht über eine Informationsfahrt von Mitarbeitern des Evangelischen Hilfswerkes durch ostbayerische Flüchtlingslager zufolge herrschten in etlichen dieser Einrichtungen menschenunwürdige Zustände. Auf engstem Raum zusammengepfercht hausten so 400 Menschen in einem Flüchtlingslager in Nürnberg über ein halbes Jahr: „Ein Steinhaus und eine Anzahl großer Baracken. Essen bisher sehr schlecht. Seit einigen Tagen besser, aber nicht ausreichend. In den Räumen stets mehrere Familien. Trotzdem beinahe öffentliche Unzucht im Lager. Jeden Abend kommen Scharen von Amerikanern und legen sich zu den Mädchen oder Frauen, selbst wenn Kinder in den Zimmern anwesend sind. Jeden Tag neue Syphilis- und Gonorrhoe-Fälle. Auch viel Tuberkulose unter den Flüchtlingen, besonders unter Kindern."[30]

Die Lagerunterkünfte stammten überwiegend aus beschlagnahmten Barackenlagern nationalsozialistischer Organisationen wie der NS-Volkswohlfahrt und dem Reichsarbeitsdienst. Überall fehlte es an Baumaterialien, um sie instand zu setzen oder zumindest zu halten. Für die Verpflegung zeichnete die Organisation Steffen – benannt nach Kurt Steffen, dem „Beauftragten zur Erfassung ehemaliger Wehrmachtsbestände" –, die spätere Bayerische Lagerversorgung, verantwortlich. Waren die Flüchtlinge erst einmal in ein Lager abgeschoben, erlosch das Interesse der für sie zuständigen Stellen an ihnen rasch: In einem Flüchtlingslager in Kehlheim, in dem 40 Menschen einen Raum von 42 m² bewohnen mußten, die Kinder an Krätze und unter Wanzenstichen litten, ein kaputter Ofen zum Kochen diente, die Kleider und Schuhe der Flüchtlinge so zerlumpt waren, daß sie einer Arbeit in der Landwirtschaft nicht mehr nachgehen konnten, ließen sich Landrat, Bürgermeister und Flüchtlingskommissar, deren Amträume nur 250 Meter davon entfernt lagen, nicht sehen.[31] Viele Lagerinsassen verharrten oft in Lethargie und wurden, wie der Bericht des Evangelischen Hilfswerks resümierte, Opfer sittlicher Verwahrlosung und moralischer Verwilderung; solange Flüchtlinge unter diesen menschenunwürdigen Verhältnissen untergebracht sein würden, so lange würde der Prozeß ihrer Assimilierung stocken.[32]

Staatskommissar Jaenicke, der diesen Bericht durch Nachforschungen eines eigenen Sonderbeauftragten bestätigt fand, setzte Kontrollkommissare zur Überwachung der Landrats- und Kreislager ein – fürchtete man doch auch eine politische Radikalisierung ihrer Insassen. Alle weiteren, auch noch so kleinen und doch so dringlich geforderten Maßnahmen, wie bauliche Arbeiten an den Baracken, scheiterten nach übereinstimmender Auskunft von Arbeits- und Finanzministerium an Rohstoffknappheit. Der bevorstehende Winter 1946 veranlaßte schließlich die Militärregierung einzugreifen. Sie hatte nach eigenen Stichproben noch Aufnahmekapazitäten in Privatunterkünften festgestellt. Die Amerikaner wiesen Ministerpräsident Hoegner, der um die Mißstände offensichtlich nicht wußte, recht unsanft auf die Mängel hin. Im September 1946 erließ Hoegner dann eine Anordnung an alle Ministerien, sofort Schritte zur besseren Unterbringung der Flüchtlinge in die Wege zu leiten.[33]

Die Ausgangsbedingungen von Flüchtlingen, die in Privatunterkünften untergebracht waren, waren freilich kaum besser als die der Lagerinsassen. Nach einem Bericht des Regierungskommissars von Ober- und Mittelfranken vom Oktober 1945 und dem des Evangelischen Hilfswerks zogen Insassen von Lagern mit einer weitgehend intakten Infrastruktur dieses Leben einer Einquartierung in Privatunterkünften vor, aus Angst vor Repressalien ihrer Quartiergeber.[34] Latenter Fremdenhaß war in der bayerischen Bevölkerung weit verbreitet, er erstreckte sich in alle Lebensbereiche. Der für Rumäniendeutsche zuständige Mitarbeiter der kirchlichen Hilfsstelle München, Pfarrer Bensch, erwähnte in seinem Lagebericht eine Gemeinde, in der der Pfarrer den Schulstreik proklamierte, weil seiner Vorstellung, nur einheimische und katholische Lehrkräfte dürften die Kinder unterrichten, durch die Zuweisung einer rumäniendeutschen katholischen (!) Lehrerin nicht entsprochen wurde.[35]

Dem wachsenden Widerstand der einheimischen Bevölkerung gegen die Einquartierung von Flüchtlingen versuchte Staatskommissar Jaenicke mit einer strengen Anordnung zu Leibe zu rücken: Er erteilte den Flüchtlingskommissaren die Erlaubnis, Einweisungen von Flüchtlingen in beschlagnahmte Wohnräume mit Hilfe der Polizei vorzunehmen. Zuwiderhandelnden Quartiergebern wurde eine Strafe von 10 000 RM oder fünf Jahren Gefängnis angedroht.[36] Bei den Einweisungen ließ sich aber die Tendenz feststellen, sozial schwächer Gestellte oder Zugezogene vermehrt mit Flüchtlingen zu belegen. Dagegen konnten sich Villenbesitzer am Tegernsee, die teilweise sogar als belastete Nationalsozialisten eingestuft waren, erfolgreich gegen die Belegung ihrer Zwanzig-Zimmer-Residenzen zur Wehr setzen.[37]

Das Arbeitskräftepotential war in der einheimischen Bevölkerung nach dem Kriege stark geschrumpft: bayerische Kriegsteilnehmer saßen in Gefangenschaft und viele Stellen blieben unbesetzt, weil deren Inhaber noch nicht entnazifiziert waren. Zudem waren Arbeitskräfte durch den Geldüberschuß nach dem Kriege für die Arbeitgeber billig. All diese Faktoren ließen im Oktober 1946 die erstaunliche Bilanz zu, daß laut Statistik immerhin 71,3 Prozent der Flüchtlinge in den Arbeitsprozeß eingegliedert waren.[38] Allerdings bedeutet diese Zahl nicht, daß die Eingliederung der Flüchtlinge in den Arbeitsmarkt reibungslos vonstatten ging.

Viele Flüchtlinge, vor allem aus dem Sudetenland, waren vor ihrer Ausweisung in handwerklichen Betrieben oder in der Kleinindustrie beschäftigt. Arbeitserfahrung und Berufsausbildung standen häufig in krassem Gegensatz zu ihrer (zufälligen) Unterbringung im landwirtschaftlichen Bereich. Vielfach weigerten sich Flüchtlinge, in der ihnen berufsfremden Landwirtschaft zu arbeiten. Die Arbeitsbehörden, die das Recht hatten in Arbeitsplätze zwangseinzuweisen, machten davon kaum Gebrauch, da Arbeitsverpflichtungen meist nur im augenblicklich ausgeübten Druck durch das Amt befolgt wurden. Manchen Flüchtlingen gelang es, auf eigene Faust ihrer beruflichen Qualifikation angemessene Arbeitsplätze zu finden: Sie blieben weiterhin in ihren offiziellen Wohnorten gemeldet, bezogen dort auch ihre Lebensmittelkarten, arbeiteten aber „schwarz" in einem anderen Ort, wohnten oft sogar dort. Anderseits konnten von den Arbeitsämtern vermittelte adäquate

Arbeitsplätze nicht angenommen werden, da die Unterbringung am Arbeitsort nicht möglich war oder die Flüchtlinge nicht über genügende Kleidung, vor allem aber Schuhwerk, verfügten, um ihre neue Arbeitsstelle antreten zu können.[39] Trotz all dieser Schwierigkeiten, in handwerklichen oder industriellen Produktionsstätten Arbeit zu finden, war es nach Darstellung des Bayerischen Statistischen Landesamtes dennoch vielen Flüchtlingen gelungen, einer Beschäftigung in der Landwirtschaft zu entgehen. Gerade in der arbeitsintensiven Landwirtschaft hatten große Teile der bäuerlichen Bevölkerung auf die „Arbeitskraft" Flüchtling gesetzt und waren enttäuscht worden. Gemäßigtere Vertreter der Bauernschaft begnügten sich, die ihnen oft planlos scheinende Verteilung der Flüchtlinge zu rügen: Landarbeiter würden Industrieorten zugewiesen, Industriearbeiter bei Bauern untergebracht. Mit markigen Worten, die breite Zustimmung erfuhren, machte ein Bodenständiger im „Landwirtschaftlichen Wochenblatt" im Februar 1946 seinem Groll Luft: „Eine Eiterbeule", die faulen und arbeitsscheuen Flüchtlinge, sei über das ländliche Bayern gekommen. Wer in Bayern wohnen und essen wolle, müsse auch hier arbeiten. Denn, so schloß der Verfasser des Artikels, kein „Dämchen" sei „zu fein und zu schön, um nicht auch Bauernarbeit leisten zu können".[40]

Die oft existenziell notwendig gewordene Wahrung der eigenen Interessen verschlechterte das ohnehin angespannte Verhältnis zwischen Bauern und „Fremden". Beschwerden wie die eines Bauern aus Hadersbach, häuften sich: „Bietet mal so ein Herr seine wertvolle Arbeitskraft, dann unter Bedingungen, die untragbar sind. Ein Fremder forderte neulich pro Tag 8 M, aber nicht in Geld, sondern in Ware, d.h. er kostet mich fast täglich einen Ztr. Weizen."[41] Auf der anderen Seite beklagten die Flüchtlinge, daß etliche Bauern glaubten, den Lohn mit einer Mahlzeit abgegolten zu haben.

Selbsthilfe und Eigeninitiative

Die Idee war denkbar einfach und wurde vorwiegend von Sudetendeutschen aufgegriffen: Die Wiederansiedlung der zurückgelassenen Industrien in Bayern. Es handelte sich dabei um in Bayern fremde Spezialindustrien, wie die Herstellung von Kunstblumen, wie sie im sudetendeutschen Nieder-Einsiedel betrieben wurde, die Blechinstrumenteindustrie aus Graslitz, die dann in Traunreut einen neuen Standort fand, die Lederhandschuhherstellung aus Kaaden oder die Holzdrechseleien aus Tachau. Aus mittelständisch-gewerblichem Umfeld stammend, lief solche Produktion ohne großen Aufwand an komplizierten mechanischen

Apparaten, sie basierte hauptsächlich auf Handarbeit. Mitunter glückte die geschlossene Umsiedlung ganzer Industriezweige nach Bayern wie bei den Handschuhmachern in Günzburg, Burgau und Ichenhausen, den Schönbacher Geigenbauern in Bubenreuth oder der Haida-Steinschönauer Glas- und Schmuckwarenindustrie in Vohenstrauß und Umgebung. Meistens aber wurden die Industrien über Orte in ganz Bayern verstreut, wie es den Gablonzer Glasherstellern widerfuhr, deren Produktionsstätten sich von Kaufbeuern im Allgäu über Warmensteinach im Fichtelgebirge, Bad Reichenhall und Waldkraiburg am Inn bis zu einigen kleineren mittelfränkischen Orten verteilten. Die Sammlung verschiedener Flüchtlingsindustrien an einem Ort bildete die Grundlage für die Gründung von Flüchtlingsstädten und großen Vertriebenenansiedlungen in Bayern. Die Landesplanungsbehörde wies im Mai 1946 auf das ehemalige Munitionsgelände von Geretsried den ersten „Vertriebenen"-Industriebetrieb, die Chemiefabrik „Rudolf und Co", ein. Ihr folgten bis zum Jahresende eine weitere chemisch-technische Fabrik, eine Beleuchtungskörperfabrik, eine Produktionsstätte für technische Zeichengeräte, sowie Holz-, Maschinenbau- und Metallwarenbetriebe – eine industrielle Vielfalt, die in den folgenden Jahren noch anwuchs. Weitere städtische Neugründungen waren Traunreut, Waldkraiburg und Neugablonz.[42]

Aus Not geboren, war der Zusammenhalt der in den Neuansiedlungen lebenden und arbeitenden Menschen groß. Es bildeten sich „Industriegemeinschaften" im Kampf um behördliche Genehmigungen, Siedlungsgrund und Kredite. In den Betrieben verzichteten Arbeiter oft auf Sozialleistungen ihrer Arbeitgeber, um deren Realkreditbasis nicht weiter zu schmälern, zumal in vielen Fällen die Grundbesitzverhältnisse noch nicht geklärt waren. 1947 entstand die „Notgemeinschaft" Neutraubling, die nach den Worten ihres Vorsitzenden Ernst Müller entscheidend zum Aufbau der Industriegemeinde beitrug. Gegründet wurde sie aus dem Selbsterhaltungstrieb ihrer Mitglieder, da diese relativ rechtlos bürokratischen Hemmnissen, die einen (industriellen) Neuaufbau verzögerten, gegenüberstanden und „immer und dauernd" um ihr Dasein und ihr Recht kämpfen mußten.[43] Die landsmannschaftliche Gruppensolidarität trug aber auch zu einem Gutteil zur Isolierung der Flüchtlingsgemeinden innerhalb des eingesessenen Siedlungsgefüges bei. Lehrer hatten in einer „Vertriebenen"-Schule, die auch von einheimischen Kindern besucht wurde, gegen die landsmannschaftlichen Ressentiments der Flüchtlingskinder anzukämpfen.

Das Krisenjahr 1948

Drei Jahre nach Kriegsende herrschte unter den Flüchtlingen bittere Enttäuschung über das Ausbleiben energischer staatlicher Eingliederungsmaßnahmen. Die Währungsreform setzte manchem unter schwierigsten Bedingungen selbst eingeleiteten Konsolidierungsprozeß ein jähes Ende. Sozialer Niedergang bis zur Verarmung, dem Anstieg der Arbeitslosigkeit unter den Flüchtlingen, sowie dem Zusammenbruch vieler ihrer Betriebe und politischer Aktionismus bis zur Radikalisierung waren die Folgen. Am 20. Juni 1948 trat in den drei Westzonen die von den Besatzungsmächten geplante und vorbereitete Währungsreform in Kraft. Die damit einsetzende Geldmittelknappheit und der plötzlich hohe Wert des neuen Geldes führte viele in Notsituationen, die denen unmittelbar nach dem Kriege gleichkamen: wegen der Lebensmittelteuerung litten Flüchtlingskinder wieder an Unterversorgung, caritative Einrichtungen für Flüchtlinge wie die Kirchliche Hilfsstelle München mußten ihre Tätigkeiten stark einschränken, z.T. ganz aufgeben. Eine besondere Form sozialer Diskreditierung widerfuhr Flüchtlingen, die in ehemaligen Touristenzentren einquartiert worden waren: Nach der Währungsreform erhöhten Gasthäuser drastisch die Mieten, eingewiesene Flüchtlinge mußten notgedrungen ausziehen, vielen blieb nur der Weg ins Lager. Dafür füllten erste Feriengäste die Kassen der Gastwirte.

Im Zuge der Währungsreform stieg die Arbeitslosigkeit unter den Flüchtlingen rapide an. Waren sie früher bereit, für Verpflegung und Unterkunft in der Landwirtschaft oder in Handwerksbetrieben zu arbeiten, so zwang sie jetzt wirtschaftliche Not, vor allem das dringend benötigte Geld, diese Arbeitsverhältnisse aufzugeben. Aus Geldknappheit konnten andererseits die Arbeitgeber die berechtigten finanziellen Forderungen der Flüchtlinge nicht erfüllen. War die Arbeitskraft vor der Währungsreform wegen des Geldüberhangs leicht zu entlohnen gewesen, wurden nun viele Unkosten wie Transporte zum Arbeitsplatz, auf die viele Flüchtlinge angewiesen waren, entweder stark eingeschränkt oder völlig eingespart. Im Januar 1949 war der Anteil der Flüchtlinge an der Summe aller Arbeitslosen in Bayern auf 41,5 Prozent gestiegen und lag damit doppelt so hoch wie ihr Anteil an der Gesamtbevölkerung.[44]

Besonders hart betroffen von der Währungsumstellung waren die Flüchtlingsbetriebe. Zur Einrichtung dieser Firmen waren die oft völlig mittellosen Flüchtlinge auf das Entgegenkommen der Kreditinstitute angewiesen, denen sie aber kaum Sicherheiten bieten konnten. Als Bürge kam nur der Staat in Frage. Am 8. Oktober 1947 hatte der Bayerische Landtag die Bayerische Staatsbank ermächtigt, in Bayern ansässig gewordenen Flüchtlingen zehn Millionen RM als Kredite zu gewähren; nach § 5 des Haushaltsgesetzes vom 21. Mai 1948 wurde das Flüchtlingsproduktivkreditprogramm auf 25 Millionen RM aufgestockt. Gerade Flüchtlingsbetriebe hatten nicht wie andere eingesessene Industrien bis zur Währungsreform größere Warenbestände horten können. Ihre Finanzkraft war oft nicht größer als die jedem Arbeiter im Betrieb zustehende Kopfquote von insgesamt 60 DM. Lohnfortzahlungen waren gefährdet – oft wurde nur noch kurzgearbeitet – und die zum Ausbau der Produktion so notwendigen Investitionen konnten nicht mehr aufgebracht werden. Der Ausweg aus dieser wirtschaftlichen Misere wären rasch gewährte staatliche Kredite für die Flüchtlingsbetriebe gewesen. Die einheimischen Vertreter der Wirtschaft und der Präsident der Landeszentralbank konterten nur neun Tage nach der Währungsreform mit der Feststellung, daß in der deutschen Wirtschaft, die mit einer Reihe von Betrieben übersetzt sei – und hier meinte er die der Flüchtlinge –, ein Ausleseprozeß stattfinden müsse. Zur Kreditabsicherung der Flüchtlingsbetriebe könne zwar eine Staatsgarantie herangezogen werden, aber er könne nicht gezwungen werden, „etwas nicht Lebensfähiges zu unterstützen".[45] Tatsächlich verzögerte sich die weitere Kreditgewährung. Das Bürgschaftsvolumen des Staates wurde zwar auf 60 Millionen DM erhöht, war aber bereits im November 1949 ausgeschöpft. Erschwerend wirkte sich die Währungsumstellung auch auf die exportorientierten Spezialindustrien der Flüchtlinge aus, da das Interesse des ausländischen Marktes an den nun verteuerten Produkten spürbar nachließ.

Größtes Aufsehen in der Öffentlichkeit aber erregten die Unruhen in den Regierungsdurchgangslagern Dachau und Allach II. Die Währungsreform hatte vor allem jene hart betroffen, die über keinerlei Sachwerte verfügten. Die Geldmittelknappheit veranlaßte zudem die Flüchtlingsverwaltung zu Einsparungen. Darunter litten besonders die ärmsten unter den Flüchtlingen, die Lagerinsassen. Im August 1948 hatten Studenten, die das Lager Allach II besucht hatten, ein Protestschreiben verfaßt, um humanitäre Verbesserungen des Lagerlebens zu erwirken. Wenige Tage später, am 18. August 1948, kritisierten die Lagerinsassen in einer Versammlung die Lagerleitung und forderten u. a. unter Androhung eines Hungerstreiks die Erhöhung der Lebensmittelzuteilungen und bauliche Sofortmaßnahmen im Lager. Staatssekretär Jaenicke versprach, sogleich im Rahmen seiner Möglichkeiten zu helfen, besonders aber die Verpflegungsrationen zu erhöhen. Die Auseinandersetzungen fanden ihren Höhepunkt, als die Flüchtlinge des Lagers Dachau ihre Forderungen in einem Telegramm an Ministerpräsident Ehard formulierten: „Unbefristeter Hungestreik ab sofort mit der Zielsetzung der Amtsenthebung von Staatssekretär Wolfgang Jaenicke"; die Köpfe von zwei Regierungsbeauftragten wurden zusätzlich gefordert.[46]

Man trieb ab Herbst 1948 zwar die Umgestaltung des Lagers Dachau-Ost in eine Wohnsiedlung voran, um das Regierungsdurchgangslager Dachau zu entlasten; die Flüchtlingsproteste dauerten aber an, da sich die beanstandeten Verhältnisse nur minimal verbesserten. Die Vorgänge in Dachau und Allach waren zum Politikum geworden, der Protest drohte zur Revolte anzuwachsen. Eine politische Lösung des Flüchtlingsproblems war drei Jahre nach dem Krieg dringender denn je erforderlich.

Die Aufnahme der Flüchtlinge in Bayern nach dem Kriege läßt die großen wirtschaftlichen, sozialen und politischen Leistungen des Freistaates Bayern, des Bundes und der Flüchtlinge und Heimatvertriebenen selbst noch nicht ahnen, die schließlich zu ihrer Integration im Aufnahmeland führten. Der Neubeginn wurde von vielerlei Faktoren erschwert.

Die politische Realität – der verlorene Krieg und die Ruinen des nationalsozialistischen Regimes – wurde von vielen Bayern ganz unterschiedlich wahrgenommen, das Schicksal der Flüchtlinge blieb davon oft ausgeklammert. Für die Flüchtlinge war es ein verzögerter Neubeginn, der erst mit der Integration der westlichen Besatzungszonen in ein Europäisches Wiederaufbauprogramm Realität wurde.

Ministerpräsident Schäffer war nicht gewillt, das Problem der in hoher Zahl einströmenden landesfremden Menschen nach Bayern in seiner politischen Dimension zu erfassen; die ihm vordringlichste Aufgabe schien die Wiederherstellung der Ordnung in Bayern. Ministerpräsident Hoegner, ebenfalls ein Anhänger der Tradition, prophezeite dem Land, es werde bei der Aufnahme von zusätzlich zwei Millionen Menschen zusammenbrechen. Er dachte in erster Linie an die wirtschaftliche Strukturschwäche des überwiegend agrarischen Landes. Und schließlich galt es all jene fremdenfeindlichen Ressentiments zu überwinden, die Mitglieder der hessischen Regierung amerikanischen Beobachtern selbstgerecht als – im Gegensatz zur schwäbischen und rheinischen Aufgeschlossenheit gegenüber den Fremden – obskure bayerische Eigenart beschrieben hatten.

Erst mit dem wirtschaftlichen Aufschwung Westdeutschlands konnten die Flüchtlinge wirklich am wirtschaftlichen Leben teilnehmen, ohne der ansässigen Bevölkerung zur Last zu fallen. Im Zuge des sich abzeichnenden Aufschwungs wurde auch eine den ökomenischen Rahmenbedingungen angemessene und weitsichtige Politik gegenüber den Flüchtlingen begonnen, die mit Schlagworten wie Lastenausgleich oder Wohnungsbauprogramm einen noch heute positiven Nachklang hat.

Karl-Heinz Willenborg

Bayerns Wirtschaft in den Nachkriegsjahren.
Industrialisierungsschub als Kriegsfolge

Besatzungspolitische Voraussetzungen für den Wiederaufbau

Am 8. Mai 1945 ging mit der bedingungslosen Kapitulation des Deutschen Reiches der Krieg in Deutschland zu Ende. Die allgemeine Erleichterung, daß nun endlich die Waffen schwiegen, hielt freilich nicht lange vor. Die Sorgen um das Schicksal von Verwandten und Freunden, um Nahrung, Wohnung und Kleidung waren mit dem Ende des Krieges nicht verschwunden, und hinzu kam jetzt die bange Frage nach den Absichten der Siegermächte mit Deutschland. Niemand konnte sie beantworten, um so mehr Raum blieb für Vermutungen und Gerüchte.

Eine von vielen düsteren Zukunftsvisionen war die des Morgenthauplans. Sein Inhalt war den Deutschen durch Goebbels' Propaganda anschaulich vor Augen geführt worden, um den erlahmenden Kampfeswillen anzufachen. Diesem Zweck konnte Morgenthaus Plan auch ohne propagandistische Aufbereitung wahrlich dienen. Der Geist, der aus ihm sprach, die Maßnahmen, die er vorschlug, beides ließ an Deutlichkeit nichts zu wünschen übrig. In Morgenthaus radikal einfacher Weltsicht lag in der europäischen Geschichte besonders der letzten 100 Jahre der klare Beweis dafür zutage, daß die Deutschen prinzipiell kriegslüstern seien. Da man den Charakter eines Volkes nicht ändern könne, müsse man ihnen die Mittel zur Kriegführung nehmen. Das seien im 20. Jahrhundert moderne Technik und Industrie. Mit der Rückverwandlung Deutschlands in einen Agrarstaat, ergänzt durch Gebietsabtretungen und staatliche Zerstückelung, werde mithin das Ziel zuverlässig erreicht, Deutschland als Unruhefaktor auszuschalten.

Morgenthau, dem Range nach lediglich Unterstaatssekretär im amerikanischen Finanzministerium, erlangte mit diesem Konzept einigen Einfluß auf Präsident Roosevelt und die amerikanische Deutschlandplanung. Auf der Konferenz von Quebec im September 1944 nahm Churchill mit seiner Unterschrift ein Papier dieses Inhalts zur Kenntnis, obwohl er von solchen Ideen nichts hielt. Aber England brauchte die finanzielle Unterstützung der USA.

In der späteren öffentlichen Diskussion blieb von Morgenthaus Plan nicht viel übrig, auch Roosevelt setzte sich von diesen Vorstellungen ab. Doch auf anderen Ebenen zeigten sie durchaus Wirkung, z. B. bei der Ausarbeitung der Richtlinien für die amerikanische Besatzung in Deutschland, niedergelegt in der berühmten Direktive 1067 vom April 1945. Hierin wird Deutschland als besiegter Feindstaat bezeichnet, mit dessen Bevölkerung und Behörden jede Fraternisierung zu unterbleiben habe. Maßnahmen gegen Hungersnot, Krankheiten, Unruhen in der Bevölkerung galten nur insoweit als wichtig, als die amerikanischen Besatzungsstreitkräfte dadurch gefährdet sein könnten. Weiter hieß es: „Sie werden ... nichts unternehmen, was geeignet wäre, die grundlegenden Lebensbedingungen in Deutschland oder in ihrer Zone auf einem höheren Stand zu halten, als in irgendeinem [Nachbarstaat. ... Sie werden] keine Schritte unternehmen, die (a) zur wirtschaftlichen Wiederaufrichtung Deutschlands führen könnten oder (b) geeignet sind, die deutsche Wirtschaft zu erhalten oder zu stärken."[1]

Zum Glück für Deutschland, zum Glück vor allem für Bayern, das ja amerikanisches Besatzungsgebiet wurde, hat sich die tatsächlich betriebene Besatzungspolitik in wirtschaftlichen Fragen weniger an der Direktive 1067 orientiert als an dem drei Monate später zwischen den Siegermächten ausgehandelten Potsdamer Abkommen. Dort hatten nämlich die Amerikaner dem russischen Drängen auf deutsche Reparationen mit dem Passus eine Grenze setzen wollen, Deutschland müßten genügend Mittel belassen werden, um ohne Hilfe von außen existieren zu können. Dieser Aspekt war den Amerikanern deshalb so wichtig, weil sie sich bereits in der Rolle des permanenten Geldgebers für ein von Reparationen an die Sowjetunion ausgepowertes Deutschland sahen. Man erkennt daran zugleich, daß die entscheidenden Kräfte in der amerikanischen Politik im Gegensatz zu Morgenthau nicht bereit waren, den Hungertod einiger Millionen Deutscher in Kauf zu nehmen, der ja nach dem Verlust der agrarischen Überschußgebiete im Osten ohne eine industrielle deutsche Ausfuhr zur Bezahlung der notwendigen Nahrungsmitteleinfuhren unweigerlich gedroht hätte.

Als die amerikanische Militärregierung nach dem Krieg das wirkliche Ausmaß der Zerstörungen in Deutschland sah, war eine häufige Reaktion: die Deutschen sind für den Zweiten Weltkrieg genug bestraft; unsere Bomber haben die Vergeltung bereits bis in die Wohnstuben getragen. Der stellvertretende Militärgouverneur General Lucius D. Clay hatte bereits vor der Kapitulation von seinem Finanzberater Lewis Douglas folgende Meinung über die Direktive 1067 gehört: Sie sei von „ökonomischen Idioten gemacht, die es den qualifiziertesten Arbeitern Europas verbieten wollen, für einen Kontinent, auf dem ein verzweifelter Mangel an allem herrscht, so viel wie möglich zu produzieren".²

Diese im Kern konstruktive Besatzungspolitik der Amerikaner war freilich für die Deutschen damals nicht so klar zu erkennen. Nach dem Krieg erfuhr eine erschütterte Weltöffentlichkeit die volle Wahrheit über die KZ-Greuel in Auschwitz, Maydanek, Treblinka und anderswo. Die Welle antideutscher Ressentiments, die daraufhin um die Welt lief, machte vor den Vereinigten Staaten nicht halt und zwang die Vertreter einer Wiederaufbaulösung für Deutschland zu großer Zurückhaltung in der öffentlichen Diskussion. Auch das Auftreten der amerikanischen Besatzungssoldaten in Deutschland blieb davon verständlicherweise nicht unbeeinflußt. Ebenso verständlich, daß die Deutschen dazu neigten, von individuellem Verhalten auf besatzungspolitische Direktiven zu schließen. So gediehen Skepsis und Mißtrauen nur zu gut, und man stellte z. B. die Frage, ob nicht die Industriedemontagen, die ja über reine Rüstungsbetriebe durchaus hinausgingen, Beleg dafür seien, daß die amerikanische Politik immer noch im Banne Morgenthaus stehe.

Aus heutiger Sicht muß man das klar verneinen. Erstens war es nur natürlich, daß Sieger und Besiegte im Einzelfall unterschiedliche Auffassungen darüber hatten, was notwendige Bestandteile einer Friedensproduktion seien. Zweitens muß man daran erinnern, daß sich die Amerikaner bemühten, nicht nur mit Frankreich und England, sondern auch mit der Sowjetunion eine gemeinsame Deutschlandpolitik zu betreiben. Das vitale sowjetische Interesse an Reparationen aus Deutschland für den eigenen Wiederaufbau konnten sie ebensowenig einfach übergehen wie die französische Furcht vor einem wirtschaftlich und politisch wiedererstarkten Nachbarn im Osten und die englische Sorge vor einer neuen Exportoffensive des deutschen Konkurrenten auf dem Weltmarkt.

Für die Zeitgenossen freilich war spätestens seit Ankündigung des Marshallplans im Juni 1947 die Parallelität von Wirtschaftshilfe und Demontagen verwirrend und nicht gerade vertrauenerweckend. Dabei war dieser Plan doch nichts anderes als der von globalen Überlegungen (Eindämmungspolitik gegenüber der Sowjetunion) angeregte Versuch, Westeuropa wirtschaftlich so weit voranzubringen, daß besonders Frankreich die amerikanische Hilfe für Deutschland akzeptierte. Immer wieder fühlten sich die Deutschen auch durch den Hunger, den die meisten mindestens drei lange Jahre als das Grundgefühl der Nachkriegszeit im Magen spürten, an den Morgenthauplan erinnert. Der Verdacht ging um, die amerikanischen Nahrungsmittellieferungen seien deshalb so begrenzt, weil man auf eine physische Schwächung der Deutschen abziele. Daran war lediglich soviel richtig, daß die Amerikaner in der

Tat bei der Verteilung ihrer Nahrungsmittelüberschüsse auf bedürftige Länder für die Deutschen den niedrigsten Pro-Kopf-Verbrauch ansetzten. Die Besiegten sollten nicht mehr und nicht besser essen als die Sieger, das war gewollt und in Zeiten der Welternährungskrise – in England wurde nach dem Krieg die Lebensmittelkarte eingeführt! – war deshalb in Deutschland Schmalhans Küchenmeister. 1948 ging es erstmals spürbar aufwärts, als die Amerikaner mehr Fette liefern konnten und die deutschen Bauern ihre erste gute Nachkriegsernte einbrachten. Das war zugleich das Jahr der sowjetischen Berlin-Blockade und der amerikanischen Luftbrücke, für die Deutschen ein bewußtseinsprägendes Großereignis, das die Einstellung gegenüber den Vereinigten Staaten nachhaltig zum Positiven wandte, auch wenn die bis 1951 dauernde Durchführung des Demontageprogramms das Bild noch trübte.

„Wie läßt sich verhindern, daß eine auf Strafe bedachte Lösung die positive Lösung, die früher oder später gefunden werden mußte, vereitelt?"[3] Mit dieser Frage ist das Grunddilemma der Besatzungspolitik knapp und treffend beschrieben. Amerikaner und Engländer waren die beiden Besatzungsmächte, die als erste die erwähnte positive Lösung anstrebten. Aber im Gegensatz zu England hatte Amerika auch die wirtschaftliche Potenz, solchen Absichten Taten folgen zu lassen.

Die entscheidenden, nämlich besatzungspolitischen, Voraussetzungen für den wirtschaftlichen Wiederaufbau Bayerns waren also grundsätzlich günstig: Die Vereinigten Staaten waren bereit, diesen Aufbau zuzulassen und zu fördern.

Der heikle Übergang vom Naziregime zur Besatzungsherrschaft

In den Wochen vor der Kapitulation kam jede Wirtschaftstätigkeit mehr oder weniger vollständig zum Erliegen. Zwischen deutschen Truppen in letzten Rückzugsgefechten und den vorrückenden Amerikanern ging es auch für die bayerische Zivilbevölkerung mehr um Leib und Leben als um geregelte Arbeit. Viele Betriebe gerade in kleineren Orten waren bisher unversehrt durch den Krieg gekommen, um dann noch in den Kämpfen der letzten Tage schwere Schäden zu erleiden. Mancher Unternehmer, der froh war, einen intakten Produktionsapparat über das Ende der Kampfhandlungen hinweg gerettet zu haben, mußte noch nach der Kapitulation erleben, wie Plünderungen durch die Bevölkerung das nachholten, was der Krieg bisher versäumt hatte. Als örtliche deutsche Behörden nicht mehr vorhanden waren, die Amerikaner bzw. von ihnen eingesetzte deutsche Stellen sich noch nicht etabliert hatten, wurden auch Diebstahl und Raub zum Mittel der Vorsorge für eine ungewisse, wenig Freundliches verheißende Zukunft. Militärdepots, mitunter auch Betriebe, wurden in Tagen oder Stunden ausgeräumt.

Die Besatzungsmacht zeigte zunächst wenig Neigung, diesem Treiben Einhalt zu gebieten, wenn es sich um Deutsche (Betriebsfremde oder Werksangehörige) handelte, noch weniger, wenn Ausländer sich für jahrelange Zwangsarbeit in Deutschland eine erste Entschädigung holten.

Diese unsicheren, chaotischen Zeiten gingen mit dem Wiederaufbau staatlicher Strukturen unter der Ägide der Besatzungsmacht schnell vorbei, gemeinsame Anstrengungen wurden nun wieder möglich zur Wiederherstellung der Wasser- und Energieversorgung, zum Räumen der mit Trümmern übersäten Straßen, zum Bau von Notbrücken. Die Betriebe konnten allmählich an eine Wiederaufnahme der Produktion denken, vorausgesetzt, sie hatten genügend Arbeitskräfte und Geld zu ihrer Bezahlung, intakte oder zumindest reparable Produktionsanlagen, Rohstoffe und – eine Lizenz der Besatzungsmacht. Der Weg dazu führte über einige Fragebögen.

Lizenzvergabe und Entnazifizierung in der Wirtschaft

Die Amerikaner wollten nicht nur bei der Weiterführung und (Wieder-)Eröffnung von Betrieben dafür sorgen, daß in Zukunft kein kriegstaugliches Material mehr in Deutschland produziert würde, sie brauchten auch Informationen für die Produktionsplanung in den bevorstehenden Mangelzeiten. Außerdem wollten sie der wirtschaftlichen Betätigung ehemaliger Nationalsozialisten und ihrer Helfershelfer einen Riegel vorschieben. Nur Betriebe mit weniger als zehn Beschäftigten (im Durchschnitt der Jahre 1943/44) durften sofort mit der Produktion beginnen, ebenso Betriebe der Ernährungswirtschaft, der Arzneimittelherstellung, der Landmaschinenherstellung und -reparatur, ferner alle Betriebe, die Verkehrsanlagen und Verkehrsmittel reparieren konnten. Alle anderen mußten auf umfangreichen Fragebögen erst einmal Angaben machen über die Betriebskapazität vor der Besatzung und den derzeitigen Betriebszustand. U.a. wurde gefragt nach den hergestellten Produkten und dem jährlichen Ausstoß, nach Gebäuden, Energieverbrauch, Transportmöglichkeiten, Arbeitskräften, Maschinenausstattung, Vorräten und Bedarf an Fertigfabrikaten, Halbzeug und Rohstoffen, schließlich nach der erforderlichen Zeit, um den Betrieb wieder zu 25, 50, 75 oder 100 Prozent in Gang zu setzen.

Für die Überprüfung der politischen Zuverlässigkeit mußten die Besitzer persönliche Angaben machen, z.B. über bisherige Berufe und Tätigkeiten, Art des Betriebs, Vermögensverhältnisse, Zugehörigkeit zur

Wehrmacht, Mitgliedschaft in NSDAP, SA, SS. Einige Betriebe warteten Monate nach Beginn der Besatzungsherrschaft immer noch auf ihre Lizenz. Doch kann man den Amerikanern sowie den damit befaßten bayerischen Stellen daraus nicht unbedingt einen Vorwurf machen. Zwischen dem für das Überleben eines Betriebes in NS-Zeit und Krieg unvermeidlichen Sicheinlassen mit den Mächtigen und aktivem Mittun zum Wohle des „Tausendjährigen Reiches" war nicht immer leicht zu unterscheiden. Kein Wunder deshalb, wenn die Urteile von Informanten über Betriebsleiter auseinandergingen, ganz zu schweigen von den hier und da auch gesuchten Gelegenheiten, private Rechnungen zu begleichen oder den wirtschaftlichen Konkurrenten auf dem Wege der Denunziation erst einmal auszuschalten.

Ähnlich heikle Probleme gab es bei der sogenannten Eigentumskontrolle. Produktionsvermögen belasteter Personen wurde einer Treuhänderschaft unterstellt. Gerade in der ersten Zeit waren die Amerikaner aber oft wenig glücklich in der Auswahl der Treuhänder. Doch selbst berechtigte Kritik der Eigentümer wurde leicht als Beweis unverbesserlicher Nazigesinnung abgetan. Erst nach 1946 wurde die „property control" in die Verantwortung des bayerischen Ministerpräsidenten überstellt, seit Oktober das bayerische Landesamt für Vermögensverwaltung und Wiedergutmachung mit der Verwaltung betraut, in seiner Tätigkeit überwacht vom Office of Military Government for Bavaria. Nun erst konnte allmählich der Gesichtspunkt zum Tragen kommen, daß die Treuhänder nicht nur die Unternehmenssubstanz zu erhalten, sondern die Betriebe lebendig zu erhalten hatten, so daß sie Erträge abwarfen.[4]

Zu einer umfassenden Entnazifizierung der Privatwirtschaft, die aufgrund der Gesetze und Verordnungen der Militärregierung zunächst beabsichtigt schien, kam es nicht. Unter dem Druck verschärfter ökonomischer Engpässe in Deutschland und zunehmender Spannungen zwischen der Sowjetunion und den Vereinigten Staaten wurde beispielsweise das Instrument des allgemeinen Beschäftigungs- und Tätigkeitsverbots belasteter Personen in nicht gewöhnlicher Arbeit sehr zurückhaltend eingesetzt. Je mehr Zeit nach Kriegsende verstrich, desto weniger wollte man die knappen Ressourcen an ökonomischer Kompetenz in untergeordneten Funktionen brachliegen lassen.

Unternehmertätigkeiten nach dem Krieg

Wenn die Lizenz erteilt war, was für die meisten Betriebe recht schnell ging, fingen die eigentlichen Schwierigkeiten freilich erst an. Wer den Unternehmer gemeinhin damit beschäftigt glaubt, nach genauer Marktbeobachtung neue Produkte zu erfinden, sie in hoher Qualität mit Einsatz moderner Technik in rationell und intelligent kombinierten Arbeitsprozessen herzustellen und mit Hilfe entsprechender Absatzinstrumente zu verkaufen, der muß für die Nachkriegsjahre dieses Bild beträchtlich korrigieren. All die genannten Tätigkeiten spielten natürlich nach wie vor eine Rolle, aber im zerstörten Deutschland mußten die Produkte nicht besonders innovativ, ihre Qualität nicht bedingt auf höchstem Niveau sein, und wo fast alles knapp war, war der Absatz nicht die Hauptsorge. Die Frage lautete vielmehr sehr schlicht: Bringen wir den Betrieb überhaupt wieder in Gang oder nicht?

Zu Anfang ging es erst einmal darum, an ein sehr knappes Gut zu kommen, nämlich Baustoffe. In Fabrikhallen, durch die der Wind pfiff und in die es hineinregnete, war nicht gut arbeiten. Nicht minder wichtig war die Reparatur von Maschinen. Gute Facharbeiter, gute Betriebshandwerker zu haben, war hier das größte Kapital eines Unternehmens. Manche Ersatzteile mußten natürlich doch vom Hersteller beschafft werden. Gab es dessen Betrieb überhaupt noch, durfte er produzieren, durfte er liefern, hatte er Transportmöglichkeiten, um auszuliefern, oder mußte man selbst abholen? Dies auch nur in Erfahrung zu bringen, konnte in der Situation des Jahres 1945 schon schwierig genug sein, als z.B. die Benutzung des Telefons nicht mehr zu den ungestörten Selbstverständlichkeiten des Geschäftslebens gehörte.

Reisen sowie das Organisieren und Durchführen von Transporten aber waren 1945 echte Abenteuer: die Züge waren so katastrophal überfüllt, daß im Sommer Fahrgäste sogar auf den Trittbrettern hockten, im Winter waren sie ohne Heizung; die Eisenbahnbrücken waren weithin zerstört, so daß in der ersten Zeit Flüsse auf Behelfsbrücken zu Fuß oder mit der Fähre überquert werden mußten, am anderen Ufer ging die Fahrt dann mehr oder weniger prompt weiter; Autos waren Mangelware, Benzin knapp, Autoreifen so begehrt, daß mancher glückliche Besitzer eines Privatwagens am Morgen seinen Wagen ohne Räder wiederfand.

Manche Unternehmen vermochten nicht so recht Tritt zu fassen, weil sie keine Arbeitskräfte fanden, wenn es weit und breit in der Umgebung keine freien Wohnungen gab. Für mehr Menschen als vor dem Krieg (Besatzungssoldaten, Vertriebene) standen ja nur etwa vier Fünftel des früheren Wohnraums zur Verfügung. Da konnte dann in den ersten Jahren einer der wichtigsten Männer im Betrieb der Spezialist für Wohnungsbaufinanzierung sein, denn von der raschen Ausschöpfung staatlicher finanzieller Förderungen auf diesem Gebiet hing es ab, wann sich die Auslastung der Kapazitäten und damit die Rentabilität steigern ließ.

Der Kampf um Kontingente

All diesen Schwierigkeiten wurde sozusagen die Krone aufgesetzt durch den Kampf um Rohstoffe. Die Industrie- und Handelskammern hatten die Betriebe bereits im Zuge der Lizenzierung darauf hingewiesen, daß die Lizenz keinen Anspruch auf Zuteilung der produktionsnotwendigen Rohstoffe begründe. Jedes Unternehmen durfte sich glücklich schätzen, wenn es mit ausreichenden Beständen durch den Krieg gekommen war und die Produktion wieder anfahren konnte, ohne auf die staatliche Zuteilung des Rohstoffkontingentes warten zu müssen. Denn davor hatten die Götter der Wirtschaftsbürokratie viel Geduld gesetzt.

In Zeiten extremen Mangels mußten knappe Güter naturgemäß nach Prioritäten über die Dringlichkeit der jeweiligen Produktion verteilt werden. Und wer da nicht obenan stand, der kam eben später dran und durfte zudem gleich damit rechnen, ein viel kleineres Kontingent zu erhalten als angefordert. So mancher Unternehmer hatte zwar in weiser Voraussicht künftiger Unbill bei der Deklarierung seiner Rohstoffbestände im Lizenzantrag ein wenig untertrieben, doch irgendwann geht jeder Vorrat zur Neige.

Betrachten wir als Beispiel die Schlüsselressource Steinkohle. Bayerische Vorkommen gab es nicht, also mußten Lieferungen aus dem Ruhrgebiet, d.h. der britischen Besatzungszone, den gesamten Bedarf decken. Doch erstens konnte die Kohleförderung, obwohl ihr von den Siegermächten alle Unterstützung zuteil wurde, nicht von heute auf morgen wieder Vorkriegshöhe erreichen; zweitens mußte Deutschland beträchtliche Zwangsexporte z.B. nach Frankreich leisten; drittens mangelte es oft an Transportmöglichkeiten und viertens wurden die Güterzüge, die schließlich in Richtung Bayern losrollten, unterwegs beträchtlich erleichtert. Der bayerischen Wirtschaftsbürokratie blieb in dieser Lage nichts anderes übrig, als beantragte Kontingente zu versagen, zu kürzen oder Betriebe auf später zu vertrösten. Also wurden neue Anträge gestellt mit noch eindringlicheren Begründungen, Hilfeersuchen gingen an die Industrie- und Handelskammer, dem Wirtschaftsministerium wurde die verzweifelte Lage des Betriebes geschildert, persönliche Vorsprachen folgten, wenn auf schriftlichem Wege nichts erreicht wurde.

Der deutsch-amerikanische Ökonom Gustav Stolper hat auf einleuchtende Weise diese Seite damaliger Unternehmertätigkeit verdeutlicht: mit einer Liste behördlicher Gebühren, die ein Betrieb mit 240 Arbeitern im Laufe eines guten halben Jahres zu entrichten hatte. Sie umfaßt u. a. folgende Positionen:
- Herstellungserlaubnis für Mäher
- Herstellungserlaubnis für Wagen
- Kauf-Lizenz für Reifen (7 ×)
- Lizenzgebühr für Preiskontrollamt
- Kauf-Lizenz für Eisen und Stahl (5 ×)
- Kauf-Lizenz für Batterien
- Lizenzgebühr für Zweigstelle
- Preisfestsetzungsgebühr für Teile
- Einkaufserlaubnisse (2 ×)
- Technische Prüfstelle
- Liefererlaubnisse
- Gebühren für Industrie- und Handelskammer (2 ×)
- Lieferscheine (3 ×)
- Kaufstempel.[5]

All das zusammen kostete knapp 6300,– Reichsmark, aber man muß diese Zahl im Geiste multiplizieren mit dem jeweiligen Aufwand für Erträge, Wege, Gespräche, der hinter jeder Lizenz stand. Außerdem konnte man mit der Kauf-Lizenz in der Hand das gewünschte Produkt nicht unbedingt sofort kaufen. Wenn die Kohlelieferungen nach Bayern geringer waren als angekündigt und – aus diesem oder einem anderen Grunde – z. B. die Reifenindustrie weniger produzierte, dann gab es eben keine Autoreifen zu kaufen, obwohl Lizenzen dafür ausgestellt worden waren.

In Stolpers Kommentar zu dieser Liste schwingt die ganze Bitterkeit mit, die viele Betrachter der deutschen Nachkriegsszenerie befiel: „Diese Angaben sind eher bescheiden, denn der Unternehmer gibt nicht an, welche Gehälter und Spesen es ihn kostete, all diese Formulare auszufüllen und die Bücher zu führen, und die Tabelle enthält natürlich auch keinen Posten für die allgemeine Steuerrechnung, die die Nation für die Gehälter des Bürokratenheeres auf der anordnenden und einkassierenden Seite zu zahlen hatte. Das ganze liest sich wie ein Dokument aus einer Irrenanstalt."[6]

Preisgestoppte Inflation und Schwarzer Markt

So zutreffend freilich Stolpers Kommentar ist: man muß hinzufügen, daß es im Grundsätzlichen zu dieser Irrenanstalt zunächst keine Alternative gab. Bei aller berechtigten Kritik, war eine staatliche Zwangswirtschaft mit Mengensteuerung und Preisfestsetzung damals nicht zu umgehen. Die ökonomische Hinterlassenschaft des Nationalsozialismus zwang dazu, vor allem als Ergebnis der Rüstungsfinanzierung durch die immer schnellere Rotation der Notenpresse. Die so erzeugte Kluft zwischen einer gigantischen Geldmenge und einem kleinen Güterangebot für die Konsumenten wäre normalerweise durch galoppierende Preissteigerungen geschlossen worden. Staatliche Festpreise und die Androhung schärfster Strafen (bis hin zur Todesstrafe) für alle Versuche, Waren auf inoffiziellen Kanälen zu Marktpreisen zu verkaufen, hielten dieses System der sogenannten preisgestoppten Inflation während des Krieges aufrecht, auf der Basis einer gesicherten Grundversorgung für jedermann bis in das Jahr 1945 hinein.

Nach dem Krieg, als an eine ausreichende Versorgung der Bevölkerung überhaupt nicht mehr zu denken war, wäre es deshalb ein Unding gewesen, die zufällige Verteilung an Kaufkraft in der Bevölkerung darüber entscheiden zu lassen, wer bei inflationärer Preisentwicklung z.B. noch Nahrungsmittel kaufen konnte und wer nicht. Also blieb die Lebensmittelkarte erhalten, wurden Schuhe auf Marken verkauft usw. Wenn die Versorgung einen bestimmten Standard unterschreitet, sichert nur die staatlich erzwungene Gleichheit das Überleben aller. Ohne die in Relation zum Anlaß absurden Strafandrohungen der Kriegszeit ließ sich freilich die Entstehung illegaler Nebenmärkte nicht verhindern.[7] Das von Ministerpräsident Schäffer Ende September 1945 erlassene Anti-Schwarzmarktgesetz mit der Bestimmung, daß sich mehr als vier Personen ohne eine öffentliche Beschilderung „genehmigter Markt" nicht zu Kauf und Tausch versammeln dürften, blieb völlig ohne Wirkung. Schwarzmarktzeit, so werden die Nachkriegsjahre bis 1948 auch oft genannt; das hieß Nahrungsmittelkauf zum fünf-, zehn-, zwanzig-, selbst hundertfachen des offiziellen Preises, zu dem mit der Lebensmittelkarte gekauft wurde, Hamsterfahrten ausgehungerter Städter aufs Land, Realtausch Tafelsilber gegen Butter, Aufstieg der Zigarette zur neuen Leitwährung beim Schwarzkauf von Schuhen, Fahrradschläuchen, Glühbirnen.

Diese letzten Jahre der Reichsmark, die ihre Funktion als gesetzliches Zahlungsmittel immer weniger erfüllen konnte, sind oft genug mit Anekdoten gewürzt beschrieben worden. Wir beschränken uns deshalb auf den Hinweis, daß natürlich auf dem Schwarzmarkt (wie auf jedem

Markt) nicht das Bedürfnis, sondern nur der mit Kaufkraft ausgestattete Bedarf regiert. Wer schon immer arm oder durch den Krieg arm geworden war (Ausgebombte, Vertriebene), kurzum wer keine Werte zu bieten hatte, ging hier leer aus.

Die bayerische Wirtschaftsverwaltung – Struktur und Kritik

Zum Schutz für die Masse der Normalverbraucher war also ein dirigistischer Staat zunächst einmal unentbehrlich, und zwar in seiner umfassenden Variante einschließlich Produktions-, Verteilungs- und Preissteuerung. Ein freier Markt blieb nur für einige gerade damals so unerhört wichtige Produkte wie Kronleuchter, Aschenbecher usw. erhalten. Die bürokratische Apparatur einer solchen Zwangswirtschaft war in der Nazizeit entstanden. Während man an die Eigentumsverhältnisse nicht gerührt hatte, waren die Verfügungsrechte der Eigner immer mehr zurückgedrängt worden zugunsten einer spätestens ab 1940/41 totalen Kriegswirtschaft am staatlichen Gängelband. Dieser Apparat hatte auf der unteren Ebene den Krieg überdauert, doch an der Spitze mußte er neu aufgebaut werden.

Das geschah im Herbst 1945 mit einer Zentralisierung der Kompetenzen in der Landeshauptstadt München. Dem Bayerischen Staatsministerium für Wirtschaft unterstellt, wurde dort ein bayerisches Landeswirtschaftsamt geschaffen, dem zwölf Landesstellen der gewerblichen Wirtschaft nachgeordnet waren, und zwar für Holz, Textilwirtschaft, Eisen und Metalle, Leder, Mineralöle, Chemie, Kohle, Papier, Steine und Erden, Strom-Gas-Wasser, Glas-Porzellan-Keramik, diverse Güter. 1946 kamen die Landesstellen für Kautschuk und Asbest, Feinmechanik und Optik hinzu.

In der regionalen Aufgliederung gab es auf der Ebene der Regierungsbezirke die Regierungswirtschaftsämter, ihnen nachgeordnet in den Landkreisen und kreisfreien Städten die Wirtschaftsämter, insgesamt also einen fünfstufigen Aufbau. Die Kompetenzverteilung sah so aus, daß unter der Aufsicht des Wirtschaftsministeriums dem Landeswirtschaftsamt die Erzeugungslenkung und die Verteilung der gewerblichen Erzeugnisse oblag. Die 12 bzw. 14 Landesstellen waren ihm unterstellt. Die Regierungswirtschaftsämter, die die Anweisungen von Landeswirtschaftsamt und Landesstellen ausführten, waren für die Güterverteilung im Regierungsbezirk zuständig, für deren Durchführung vor Ort sie sich auf die Wirtschaftsämter stützten.

Oberste Preisbehörde wurde das Bayerische Staatsministerium für Wirtschaft mit einer eigenen Preisbildungsstelle. Die Preisüberwachung blieb an den dafür bereits vorhandenen Stellen bei den Regierungspräsidien. Die Polizei führte für die untersten Preisbehörden, die Landräte und Oberbürgermeister, die Preisprüfungen durch.

Dieser Apparat der Wirtschaftslenkung und seine Resultate erfreuten sich – vorsichtig formuliert – nicht gerade besonderer Beliebtheit. Die Wirtschaft klagte landauf landab über den Münchener Zentralismus. In Nordbayern stimmten die Regierungspräsidenten, also Teile der Wirtschaftsverwaltung selbst, in diese Vorwürfe ein. Sie zielten in erster Linie auf die Landesstellen, und das offensichtlich zurecht. Das Statistikreferat des Wirtschaftsministeriums stellte in einem internen Bericht über die statistischen Erhebungen der Landesstellen noch im Juli 1947 fest, daß in eingen Fällen eine elementare Voraussetzung sachgemäßer Arbeit fehlte, nämlich die genaue Buchführung über die Erfassung und Verteilung der Waren. Aufschlußreich ist auch ein Vermerk vom Oktober 1947: „Es wäre daran zu denken, von der Statistik her endlich einmal Licht in die Mineralölverteilung zu bringen, worüber außerhalb der Landesstelle Mineralöle niemand Einblick hat; ferner bei Verbrauchsgüterwaren z. B. Textilien die Verteilung nach Verbraucherkreisen zu untersuchen (wobei die These, daß die 10 Prozent bevorzugten Verbraucher 90 Prozent der verteilten Waren beziehen, einer kritischen Prüfung unterzogen werden müßte) und anderes mehr."[8]

Das Bemerkenswerteste an dieser Einschätzung ist ihr Datum. Einen Monat vorher, Ende September 1947, hatte ein parlamentarischer Untersuchungsausschuß über Mißstände in der Wirtschaftsverwaltung seine Tätigkeit beendet. In öffentlichen Sitzungen hatten Zeugenaussagen Verhältnisse ans Licht gebracht, die manche schlimmen Vermutungen noch übertrafen. Das galt zumindest für die Landesstelle Leder: dort waren wenigstens eine Million Tonnen Häute nicht erfaßt worden, d.h. sie wanderten in den Grauen Markt (so wurde die Parallelerscheinung zum Schwarzen Markt im gewerblichen Bereich, der illegale Handel und die Kompensationsgeschäfte mit Rohstoffen, Halb- und Fertigprodukten genannt). Ein Nachweis über die Zahl der nach Württemberg-Baden zum Gerben geschickten Häute war nicht vorhanden. Der Stand der Dinge in Bayern wurde dort offenbar schnell erkannt, und so konnte man es sich erlauben, mit über 150 000 Paar Schuhen in Rückstand zu geraten. Hessen schickte überhaupt kein Leder mehr zurück. Mit dem kommissarischen Leiter der Landesstelle hatte man offenbar den Bock zum Gärtner gemacht. Er betrieb ein privates Schuhgeschäft und hatte laut Zeugenaussage Kompensationsgeschäfte Schuhe gegen Zement laufen. Der Leiter der Landesstelle Kohle hatte einen großen Kohlenhandel und war erstaunlicherweise zu dieser Zeit in der Lage, eine Naßkohlenproduktion zu beginnen.

Bei solchen und anderen Beispielen, wo Schlamperei offensichtlich in Korruption überging, lag der Verdacht nahe, daß auf die ordentliche Führung der Warenkonten bewußt verzichtet wurde, um Kontrollen von oben zu erschweren. Unabhängig von Korruptionsvorwürfen wurde mehrfach festgestellt, daß die Landesstellen autonom ihre eigene Wirtschaftspolitik getrieben hätten, ohne Orientierung an einer konsequenten, übergeordneten Bewirtschafts- und Preispolitik.

Von dieser kann man für die damalige Zeit sowieso nicht sprechen. Das institutionelle Geflecht der Wirtschaftspolitik war schon durch den Zwang der Rückbindung aller grundsätzlichen Entscheidungen an die Besatzungsmacht kompliziert genug. Schon früh zeigte sich darüber hinaus die Notwendigkeit, diese Probleme länderübergreifend für die gesamte Besatzungszone, bald darauf gemeinsam für die amerikanische und britische Besatzungszone, anzugehen. Während in der Bewirtschaftung noch bis 1948 Länderpolitik getrieben wurde, lag die oberste Preisfestsetzungskompetenz für Bayern, Württemberg-Baden und Groß-Hessen ab August 1946 bei einem Beauftragten für Preisbildung und Preisüberwachung des Länderrats der US-Zone mit Sitz in Stuttgart. Von dort wanderte sie für die vereinigte amerikanisch-britische Zone, die Bizone, zum Verwaltungsamt für Wirtschaft nach Minden, bis sie endlich der Direktor der Verwaltung für Wirtschaft der Bizone in Frankfurt innehatte. Das war pikanterweise ab März 1948 eben jener Ludwig Erhard, dessen Amtsführung als bayerischer Wirtschaftsminister der erwähnte parlamentarische Untersuchungsausschuß in seinem Bericht gerade mit sehr kritischen Kommentaren bedacht hatte. Erhard hatte sein Desinteresse für den Verwaltungsapparat mit der Bemerkung zugegeben, er habe sich mehr um Wirtschaftspolitik gekümmert, um Bayern in Stuttgart, Minden und gegenüber der Militärregierung aus seiner Beengung herauszuführen.

Die Reformen, die Erhards Nachfolger im Amt des bayerischen Wirtschaftsministers (Zorn von der SPD und dann Seidel von der CSU) am Aufbau der Wirtschaftsverwaltung vornahmen, brauchen uns hier nicht mehr zu beschäftigen. Sie vermochten einzelne Mängel abzustellen, doch das System als Ganzes hat nie wirklich funktioniert, hätte selbst dann nicht funktioniert, wenn seine Träger allesamt Musterbeispiele für die seltene Verbindung von Kompetenz, Tatkraft und Uneigennützigkeit gewesen wären.

Die Unternehmen standen der staatlichen Wirtschaftsverwaltung – naturgemäß, möchte man sagen – sehr mißtrauisch gegenüber, und sie hatten starke Motive, mit Informationen über Produktionsmöglichkeiten und vor allem über die tatsächliche Produktion zurückzuhalten. Wenn das Warten auf die offizielle Rohstoffzuteilung einige Monate

Betriebsruhe bedeutete, vielleicht gar die Existenz des Unternehmens auf dem Spiele stand, dann war es mehr als naheliegend, Teile der Produktion nicht zu deklarieren und damit am Grauen Markt ein Kompensationsgeschäft zu versuchen, eventuell in einem Ringtausch über drei und mehr Ecken, so groß der Aufwand, dergleichen zu organisieren, gerade damals auch war. Rettung des Betriebes oder schlicht bessere Preise: was immer im einzelnen die Gründe für den Schritt in die Illegalität des Grauen Marktes gewesen sein mochten, Kenner der Materie wußten, daß ohne dieses Ventil gar nichts mehr gelaufen wäre. Und die Bürokratie konnte auf der Basis ihrer schlechten Informationen gar nicht umhin, viele Fehlentscheidungen zu treffen.

Wirtschaftsminister Zorn kam mit seinem bemerkenswerten Vorschlag, den Unternehmen 10 Prozent ihrer Produktion frei zum Kompensieren zu überlassen, bei der Besatzungsmacht nicht durch. An den ökonomischen Realitäten hätte er wohl nichts geändert, denn am Grauen Markt wurden sicher mehr als 10 Prozent der Produktion gehandelt.[9] Aber er hätte der Berufsgruppe der Unternehmer dazu verholfen, sich nicht ständig mit einem Bein im Gefängnis zu fühlen.[10]

Dies System der Zwangswirtschaft mochten schließlich nicht einmal mehr glühende Verfechter eines planwirtschaftlichen Prinzips verteidigen. Die Frage war lediglich: bei welchem Stand des Produktionsindex durfte man den Schritt zu mehr Markt wagen? Entscheiden mußte das der Frankfurter Wirtschaftsrat, genehmigen letztlich natürlich die Besatzungsmächte.[11]

Industrialisierung als Ziel

1939 lebten in Bayern 7 Millionen Menschen, im Oktober 1946 waren es 8,7 Millionen. Der enorme Zustrom von Flüchtlingen und Vertriebenen war es, der die kriegsbedingten Bevölkerungsverluste mehr als ausgeglichen hatte. Er konfrontierte Politik und Verwaltung in Bayern kurzfristig mit der Frage, wie für diese gewachsene Menschenzahl Nahrung, Wohnung und Kleidung bereitgestellt werden konnten. Mittel- und langfristig aber mußte darüber hinaus die Frage beantwortet werden, auf welchen Arbeitsplätzen diese Menschen künftig ihren Lebensunterhalt verdienen sollten. Die Richtung, in der die bayerische Wirtschaftspolitik die Antwort suchte, war eindeutig: Bayern mußte sich stärker industrialisieren. Wiederaufbau und Arbeitsplatzbeschaffung durch Fortschritte bei der Industrialisierung – zur Erreichung dieser Ziele verfügte Bayern über eine Reihe günstiger, aber auch weniger günstiger Voraussetzungen.

Der Industrialisierungsrückstand gegenüber anderen Ländern in Deutschland war sicher zunächst von Vorteil. 1936 war ein gutes Viertel der Erwerbspersonen des Deutschen Reiches im Sektor Landwirtschaft und Forsten tätig. In Bayern waren es 38 Prozent, 1946 fast genau so viele. Diese immer noch recht breite agrarische Basis sicherte einem beachtlichen Teil der Bevölkerung über verwandtschaftliche Beziehungen vom Land zur Stadt oder über den Schwarzen Markt eine vergleichsweise bessere Ernährung in den Hungerjahren bis 1948. Trotz umfangreicher Lieferungen aus den (relativen!) bayerischen Nahrungsmittelüberschüssen in die britische Zone nach Nordrhein-Westfalen im Austausch gegen Steinkohle sprach man von den Fleischtöpfen des Südens. Hunger aber beeinträchtigt nicht nur die gute Laune, sondern auch den Produktionsindex, denn geschwächte Menschen leisten weniger und werden leichter krank.[12] 20, 30, bis zu 50 Prozent der Belegschaft erschienen an manchen Tagen nicht zur Arbeit, sondern versuchten, für die Familie etwas zum Essen oder ein anderes wichtiges Gut zu organisieren. Wie gravierend diese Fehlzeiten für die Betriebe waren, zeigen die Belohnungssysteme, die 1946/47 vielerorts eingeführt wurden. Begehrte Sachgüter – man kann sich leicht denken, woher diese stammten – wurden den Beschäftigten zum Kauf angeboten, wenn sie vorher durch regelmäßiges und pünktliches Erscheinen zum Dienst und durch gute Arbeitsleistungen genügend Punkte gesammelt hatten.[13]

Der bayerische Industrialisierungsrückstand hatte noch die erfreuliche Nebenwirkung, daß Bayern nicht im Zentrum alliierter Bombenangriffe stand. Gleichwohl gab es verheerende Zerstörungen an Wohnraum besonders in Würzburg, Nürnberg, München. Über die Kapazitätsverluste der Industrie gab Otmar Emminger, der spätere Präsident der Deutschen Bundesbank, 1947 einen Überblick[14]: Die Flugzeugwerke waren völlig zerstört, die Papier- und Pappeverarbeitung zu 40 Prozent, Brauereien zu einem Drittel; die elektrotechnische Industrie und der Maschinenbau in Nürnberg waren größtenteils zerstört, Nürnbergs Schuhindustrie zu 70 Prozent, Augsburgs Textilindustrie zu über 50 Prozent, die Schweinfurter Kugellagerwerke zu 30 Prozent. Hinzu kam ein starker Wertverfall besonders der Anlagen in der Verbrauchsgüterindustrie, weil während des Krieges fast nur noch im Rüstungsbereich investiert worden war. Das war wahrlich schlimm genug, aber dieser Kapazitätsverlust im gesamtbayerischen Durchschnitt lag eben doch deutlich unter dem, was z.B. Nordrhein-Westfalen verkraften mußte.

Ganz ähnlich das Bild bei den Demontagen. Hierunter fallen die Zerstörung von Kriegsindustrien und die Entnahmen aus der Industriesubstanz der Friedensindustrien (zu unterscheiden von Entnahmen aus der laufenden Produktion) als Reparationen an die Siegermächte, vor allem die Sowjetunion. Die revidierte Demontageliste für die Bizone vom Oktober 1947 umfaßte 496 Betriebe der britischen Zone (198 Rüstungs-, 298 Friedensbetriebe) und 185 der amerikanischen Zone (104 Rüstungs-, 81 Friedensbetriebe). Für Bayern lautete das Zahlenverhältnis 67 zu 21, insgesamt also 88 Betriebe, die ganz oder in Teilen demontiert werden sollten.

Bei Rüstungsbetrieben wie BMW, Messerschmitt, Dornier versuchte die Landesregierung erst gar nicht, eine Änderung der Entscheidung zu erwirken. Anders bei Friedensbetrieben wie z. B. Kugelfischer. Aber Proteste, Eingaben, Verzögerungsversuche nutzten wenig, die angekündigten Demontagen mußten letztlich doch alle durchgeführt werden.

Leichter war es im Einzelfall, die Genehmigung zum Wiederaufbau des demontierten Betriebes zu erhalten wie bei der Noris Zündlicht AG in Nürnberg. Als Rüstungsbetrieb demontiert, hätte der Ausfall der Produktion von Zündanlagen die bayerische Friedensindustrie so beeinträchtigt, daß die Amerikaner die Remontage des Betriebes erlaubten. Dasselbe galt für Kugelfischer; Abbau und Neuaufbau liefen zum Teil parallel, letzterer womöglich noch finanziert aus Marshallplan-Geldern. Die Bayerischen Motorenwerke hingegen, mit Flugzeugmotoren und Motorrädern weltweit bekannt geworden, fingen nach dem Krieg mit Aluminiumkochtöpfen und Bäckereigerät wieder an.

Auf Bayerns Nachkriegsweg zur beschleunigten Industrialisierung war ein weiterer, oft übersehener Vorteil schlicht der Umstand, daß hier nicht Russen, Franzosen, Engländer, sondern die Amerikaner das Sagen hatten. Es unterliegt wohl keinem Zweifel, daß bei Standortentscheidungen von Unternehmen neben den im engeren Sinne ökonomischen Faktoren auch die Erwartungen über die von der jeweiligen Besatzungsmacht gesetzten politischen Rahmenbedingungen eine Rolle spielten. Und da waren die Vereinigten Staaten vor den anderen drei Mächten für Investoren sicherlich die erste Adresse. Wenn ein Weltunternehmen wie Siemens sich damals entschloß, Firmensitz und Teile der Produktion von Berlin nach München zu verlegen, ist dies im Hintergrund mitzusehen.

Zu den Nachteilen Bayerns gehörte der Mangel an Investitionskapital. Das war nach dem Krieg ein gesamteuropäisches Problem, aber in Deutschland und hier vorweg in Bayern erfuhr es eine Zuspitzung. Mit zinsgünstigen Darlehen, staatlichen Bürgschaften, vielfältigen Hilfsprogrammen für einzelne Wirtschaftsbereiche oder -regionen, die aus Landes-, später aus Bundes- oder Marshallplan-Mitteln finanziert wurden, griff die bayerische Staatsregierung unterstützend ein. Einzelne Fälle von Betriebsabwanderungen erregten große Unruhe in den davon betroffenen Gemeinden, die wichtige Arbeitgeber den Verlockungen württemberg-badischer, hessischer, nordrhein-westfälischer Investitionszuschüsse, Gewerbesteuerbefreiungen und Billigstgrundstücke erliegen sahen. Im Wirtschaftsministerium aber wußte man, daß Bayern mit der Bilanz der Fortzüge und Ansiedlungen zufrieden sein konnte.

Benachteiligt war Bayern auch durch seinen Mangel an Rohstoffen wie Kohle und Eisen. Die bayerische Revierferne bedingte u. a. höhere Preise für Kohle und Strom aus Kohle. Die billige Wasserkraft konnte das z. T. kompensieren, aber in der Trockenperiode des Jahres 1947 z. B. wurde die bayerische Wirtschaft schmerzhaft an die wetterabhängige Verfügbarkeit der Wasserkraft erinnert. Es kam zu Produktionsausfällen durch Strommangel.

Ein weiterer struktureller Nachteil Bayerns war die relativ schlechte Verkehrserschließung. Aus regionaler Sicht spitzten sich die wirtschaftlichen Probleme der östlichen Landesteile nach dem Krieg durch den Verlust gewachsener Handelsbeziehungen in Richtung Osten zu. Frachtbeihilfen und Grenzlandprogramme sollten diese Nachteile großer Marktferne ausgleichen. Die Vertriebenen – 1,9 Millionen waren es 1950 in Bayern, mehr als ein Fünftel der inzwischen auf über 9 Millionen angewachsenen Bevölkerung – waren zunächst eine enorme Belastung für den Staatshaushalt und die Gemeindekassen. Die Hauptaufnahmeländer Schleswig-Holstein, Niedersachsen und Bayern kämpften deshalb um eine Reduzierung ihrer Quoten durch eine gleichmäßige Verteilung der Vertriebenen auf alle Länder, d. h. für deren Umsiedlung innerhalb Deutschlands. Doch schon Mitte der fünfziger Jahre war man in Bayern nicht mehr sehr traurig darüber, daß diese innerdeutsche Umsiedlung zu keinem völligen Ausgleich führte, insbesondere nicht mit den Ländern der französischen Zone. Die Vertriebenen, die zu über drei Vierteln aus dem Sudetenland und aus Schlesien stammten, hatten eine Fülle von Spezialkenntnissen mit nach Bayern gebracht, z. B. über die Fertigung von Glas- und Schmuckwaren, Stickereiwaren, Spitzen, Gardinen, Handschuhen, Holzwaren, Musikinstrumenten. Mit Gründungsdarlehen, Ausfallbürgschaften und zahllosen finanziellen Sonderprogrammen für Vertriebene gelang es, diese Gewerbezweige in Bayern wiederaufzubauen, so in neugegründeten Flüchtlingsgemeinden wie Waldkraiburg, Geretsried, Neugablonz oder durch die Einzelansiedlung von Betrieben. Die wirtschaftliche Integration der Flüchtlinge, die sich schnell als die entscheidende Voraussetzung für die gesellschaftliche Integration herausstellte, wurde dadurch begünstigt, daß diese Industrien gerade in die ökonomische Nachkriegslandschaft gut paßten: Sie waren arbeits- und nicht rohstoffintensiv; die benötigten Rohstoffe waren überwiegend im Lande vorhanden; wenn sie an frühere Exportquoten anknüpfen könnten, würden sie wichtige Devisenbringer werden; außerdem waren sie keine Konkurrenz für die bayerischen Unternehmen, ganz im Gegensatz zu den klassischen Handwerksberufen, wo die eingesessenen Betriebe Neugründungen durch Vertriebene abzublocken suchten. (Die Amerikaner trieben die Staatsregierung dazu an, das zu verhindern.) Die Vertriebenen wurden je länger, desto mehr ein ökonomischer Aktivposten für Bayern. Man spricht gar von einer importierten Industrialisierung durch technologischen Substanzgewinn.[15]

Wirtschaftlicher Wiederaufbau, Wachstum des Sozialprodukts und die Rolle der Währungsreform

In der Erinnerung der Deutschen, die als Erwachsene die Nachkriegszeit bewußt erlebt haben, sind die drei Jahre bis zur Währungsreform oft als Niedergang festgehalten: Die Wirtschaft kümmerte ohne Perspektive vor sich hin, man sah keine Hoffnung. Erst nach der Währungsreform, als es über Nacht wieder alles zu kaufen gab, erst nach der Aufhebung der Zwangswirtschaft durch Ludwig Erhard, ging es aufwärts. Das war der Beginn des deutschen Wirtschaftswunders. Die CDU formulierte 1949 in ihrem Programm für die erste Bundestagswahl, die Düsseldorfer Leitsätze: „In der ersten Hälfte des Jahres 1948 war der Tiefpunkt erreicht. Produktion und Arbeitsmoral waren auf ein Minimum abgesunken... Die von der CDU vertretene Wirtschaftspolitik führte zu einer wirtschaftspolitischen Wende."[16] Nicht alle Elemente dieses Bildes halten einer kritischen Überprüfung stand. Wir werden sehen, daß es sich um eine aus Wahrem und Falschem interessant gemischte Legende handelt.

Von einem Produktionsminimum im ersten Halbjahr 1948 kann mit Sicherheit keine Rede sein. Unbeschadet der oben beschriebenen Schwierigkeiten war die Wirtschaft seit dem Stillstand im Mai 1945 dabei, ihre Leistungsfähigkeit wiederherzustellen. Die Industrieproduktion hatte Ende 1945 in der amerikanischen Besatzungszone einen Stand von etwa 23 Prozent des Vergleichsjahres 1936 erreicht. 1946 setzte sich diese Aufwärtsentwicklung fort, bis im Dezember bei einem Stand von 44 Prozent der Vorkriegsproduktion ein schwerer Rückschlag erfolgte. Er warf die Industrie auf den Stand von Ende 1945 zurück. Grund war eine Transportkrise. Der scharfe Frost ab 20. Dezember 1946 überzog Kanäle und Flüsse mit einer dicken Eisschicht, die Binnenschiffahrt kam zum Erliegen. Die vom Winter ebenfalls schwer beeinträchtigte Reichsbahn brach unter der Last zusätzlicher Massengutfrachten zusammen. Im Ruhrgebiet mußte Kohle auf Halde gelegt werden, weil es nicht gelang, sie zu den Betrieben zu schaffen, die sie so dringend benötigten.

Die britische Besatzungszone brauchte bis zum Sommer 1947, um diesen Rückschlag zu überwinden. Bayern und die gesamte amerikanische Zone hatten schon im Frühjahr ihren alten Höchststand wieder erreicht. Danach wuchs die Industrieproduktion ohne Winterkrise 1947/48 weiter und hatte laut offizieller Statistik für die Bizone im zweiten Quartal 1948 ca. 50 Prozent des Vorkriegsstandes erreicht.[17]

Am 18. Juni 1948 wurde die Währungsreform, die eine Maßnahme der Alliierten war, verkündet: Die Reichsmark wurde durch die Deutsche Mark ersetzt. Jeder Bewohner der westlichen Besatzungszonen konnte 60 Reichsmark im Verhältnis eins zu eins in DM umtauschen (Kopfquote), von denen 40 DM am Sonntag, den 20. Juni ausgezahlt wurden, der Rest nach einem Monat. Darüber hinausgehende Altgeldbestände und Guthaben wurden im Verhältnis zehn zu eins abgewertet.[18] Löhne, Gehälter, Renten, Pensionen wurden ebenso wie Preise eins zu eins umgestellt. Reichsmark-Schulden mußten zu einem Zehntel in DM beglichen werden.

Gleichzeitig – und damit viel früher als allgemein für möglich gehalten – setzte Ludwig Erhard als Direktor der Verwaltung für Wirtschaft der Bizone zahlreiche Preisvorschriften außer Kraft; das war der Anfang vom Ende der staatlichen Zwangswirtschaft.

Die belebende Wirkung von Geldreform und Übergang zur Marktwirtschaft trieb den Produktionsindex in sechs Monaten auf 76 Prozent des Vorkriegsstandes empor; das bedeutet eine Steigerung um 50 Prozent. Doch man hat darauf hingewiesen, daß die amtlichen Produktionszahlen der Vorwährungszeit sehr unzuverlässig sind, weil die Unternehmen vielfach für den Grauen Markt oder auf Lager für den Tag X nach der Währungsreform produzierten. Der in der Bizonen-Statistik ausgewiesene Produktionsrückgang im Mai 1948 hätte deshalb ausschließlich in den Büchern der staatlichen Wirtschaftsverwaltung stattgefunden.[19] Nicht die Wirtschaft, sondern nur das Preissystem lag in den letzten Zügen. Im Jahresbericht 1948 des Bayerischen Wirtschaftsministeriums heißt es: „Praktisch spielte sich der wirtschaftliche Verkehr der letzten Monate vor der Währungsreform auch in Bayern überwiegend – mit Ausnahme der Verbraucherversorgung auf Bezugsberechtigung – in der Form des Naturaltausches ab. Der Preis hatte nahezu jegliche Funktion verloren."[20] Und selbst die Grundversorgung der Verbraucher auf Bezugsberechtigung geriet in Gefahr, wie man aus Aufrufen von Stadtverwaltungen an den Handel ersieht, den ordnungsgemäßen Verkauf lebensnotwendiger Waren fortzusetzen.

Schätzungen auf der Basis des industriellen Stromverbrauchs kommen zu dem Ergebnis, daß die Produktion im zweiten Quartal 1948 in Wahrheit nicht bei 50 Prozent, sondern schon bei 57 Prozent des Vorkriegsstandes angelangt war.[21] Die Steigerungen auf 65 Prozent im dritten und 76 Prozent im vierten Quartal erscheinen dann weitaus weniger spektakulär. In dieser Sicht löst sich die oben erwähnte Legende also völlig in Luft auf: Die Wirtschaft der Bizone blieb im Trend des Rekonstruktionsprozesses; es gab weder einen Produktionsrückgang vor noch ein beschleunigtes Wachstum nach der Währungsreform. Der zweite Teil dieses Fazits scheint mir aber ein wenig überzeichnet. Der Zuwachs um 16,4 Prozent vom dritten zum vierten Quartal 1948 (das entspricht einem Jahreswachstum von 84 Prozent!) wird hier nicht genügend gewürdigt. Man kann auch kaum davon ausgehen, daß im System der Zwangswirtschaft und ohne eine funktionierende Währung der Wiederaufbau im bisherigen, in der Tat ja beachtlichen Tempo weitergegangen wäre, bis zu 100 Prozent der Vorkriegszeit und darüber hinaus. Innerhalb der alten Strukturen war ein Zuwachs von 23 Prozent auf 44 Prozent des Vorkriegsstandes (so 1946) sicher leichter zu realisieren als einer von 50 auf 76 Prozent (so 1948). Es ist auch wenig plausibel, daß die Einführung einer funktionierenden Währung, für die zu arbeiten sich wieder lohnte, weil man damit wirklich etwas kaufen konnte, und der Abbau der Zwangswirtschaft keine leistungssteigernden Wirkungen gehabt haben. In diesem Punkt sollte man die zeitgenössischen Stimmen durchaus ernst nehmen; wie übrigens auch die verbreitete Erinnerung, daß es bis 1948 bergab ging. Aus der Sicht der Verbraucher ist eine solche Einschätzung nämlich leicht nachvollziehbar. Eine Produktion von zuletzt gut 50 Prozent der Vorkriegszeit, von der ein erheblicher Teil bis zur Währungsreform gar nicht am Markt erschien, für eine Bevölkerung, die um mehrere Millionen Vertriebene gewachsen war, denen es, wie den Ausgebombten, an allem fehlte; private Bestände z.B. an Kleidung, die unwiderruflich zur Neige gingen; zunehmende Entkräftung im dritten Hungerjahr: für die Bevölkerung ging es trotz wachsender Industrieproduktion wirklich bergab – das ist keine Legende.

Unser Fazit lautet deshalb: Währungsreform, Marktwirtschaft, bessere Ernährung, ab Ende 1948 auch die Marshall-Plan-Lieferungen haben einen in Gang befindlichen Erholungsprozeß stabilisiert und beschleunigt. Aber Ludwig Erhards Leistung, so früh den Übergang zur Marktwirtschaft zu wagen, bleibt auch dann noch eindrucksvoll genug, wenn man zugibt, daß die deutsche Wirtschaft nicht bis Juni 1948 im Dornröschenschlaf darauf gewartet hat, vom Direktor der Verwaltung für Wirtschaft wachgeküßt zu werden. Irgendwann müssen ja die

Waren hergestellt worden sein, die sich am 21. Juni 1948 zur Überraschung der Konsumenten in den Schaufenstern türmten.

Leider stieg nach der Währungsreform aber nicht nur die Industrieproduktion, sondern auch das Preisniveau. Der für Bayern ausgewiesene Anstieg um 20 Prozent im Jahr 1948 fiel fast ganz auf das zweite Halbjahr. Erhard hingegen hatte preissenkende Tendenzen vorhergesagt. SPD und Gewerkschaften, die immer vor den unsozialen Konsequenzen eines zu frühen Übergangs zu Marktpreisen gewarnt hatten, forderten Erhards Rücktritt; auch in der CDU und mehr noch in der CSU rückte man von ihm ab. Für Freitag, den 12. November 1948, riefen die Gewerkschaften der Bizone einen Generalstreik aus. Doch die Preisberuhigung zur Jahreswende 1948/49 brachte Erhard und die von ihm vertretene Marktwirtschaft argumentativ wieder in die Offensive.

Das Wachstum der Produktion setzte sich bis Mitte 1950 in gemäßigterem Tempo fort. Im zweiten Halbjahr 1950 zog es stark an, weil nach dem Beginn des Korea-Krieges deutsche Verbraucher hektische Hortungskäufe tätigten und die ausländische Nachfrage in Deutschland zunahm.

Das bayerische Sozialprodukt überstieg 1949 zum ersten Mal leicht den Vorkriegsstand von 1936; 1950 bereits um 14 Prozent. Das Sozialprodukt pro Kopf lag damit immer noch unter dem von 1936, denn die Bevölkerung war ja in der Zwischenzeit von sieben auf neun Millionen angewachsen.

Wirtschaftsbereiche, Branchen, Regionen

1946 arbeitete gut ein Drittel der bayerischen Erwerbspersonen im Sektor Industrie/Handwerk; 37 Prozent im Sektor Landwirtschaft/Forsten, kaum weniger als 1939. Der trendwidrige Stillstand im Schrumpfen der agrarischen Erwerbsbevölkerung war freilich nur scheinbar. Er spiegelt die zahlreichen provisorischen Beschäftigungen von Vertriebenen in der Nähe ihrer Wohnsitze, eben im ländlichen Bereich, oft auf der Basis von Naturalentlohnung wider. Die Währungsreform bereitete dem schnell ein Ende, und bis 1950 hatten sich die Verhältnisse mehr als umgekehrt. 31 Prozent der Erwerbspersonen im Sektor Landwirtschaft und Forsten, ca. 40 Prozent in Industrie und Handwerk lauteten jetzt die Zahlen.

Besonders bemerkenswert in regionaler Betrachtung ist die Tatsache, daß die Industrialisierung nicht von den alten industriellen Zentren München, Augsburg, Nürnberg, Fürth-Erlangen, Hof-Naila aus vordrang, sondern erstaunlich breit verteilt über alle Kreise und kreisfreien

Städte einsetzte. Das bestätigt die These von der importierten Industrialisierung, denn ohne die auf alle Kreise gleichmäßig verteilten Vertriebenen hätte es diese ungewöhnliche Entwicklung nicht gegeben. Gab es 1939 noch 100 überwiegend landwirtschaftlich strukturierte Landkreise, waren es 1950 nur noch 57. Und selbst in diesen 57 Landkreisen hatten in den 11 Jahren im Durchschnitt über 200 Erwerbspersonen pro Kreis den Sektor Landwirtschaft/Forsten verlassen, das Gewerbe hingegen gewann 2900 hinzu. Am ausgeprägtesten war dieser Trend in den fränkischen Regierungsbezirken; trotzdem hatte Oberbayern durch das industrielle Schwergewicht Münchens die größte Zahl von Industriebetrieben mit über 10 Beschäftigten. Niederbayern blieb am stärksten agrarisch geprägt.

1950 dominierten in Bayern noch stark die Konsumgüterindustrien wie Nahrungs- und Genußmittel, Textil/Bekleidung. Aber neue Sparten und auch Investitionsgüterindustrien begannen schon aufzuschließen, wie z.B. Elektrotechnik, Feinmechanik, Optik, Maschinenbau, Fahrzeugbau, Chemie. Gestützt auf die überproportionale Expansion dieser Bereiche sollte es Bayern dann noch in den fünfziger Jahren gelingen, mit den zunächst unterdurchschnittlichen Wachstumsraten seines Sozialprodukts zum Bundesdurchschnitt aufzuschließen, um sich dann fest in der Spitzengruppe der Wachstumsländer zu etablieren.

Clemens Vollnhals

Die Evangelische Landeskirche in der Nachkriegspolitik.
Die Bewältigung der nationalsozialistischen Vergangenheit

Einen guten Einblick in das politische Bewußtsein und die seelische Verfassung weiter evangelischer Bevölkerungskreise bei Kriegsende geben die Stimmungsberichte von Pfarrern an den Landeskirchenrat. Charakteristisch für die Situation in vielen Gemeinden ist der Bericht des Dekanats Feuchtwangen: „Ein vernichtendes Urteil über die zusammengebrochene Parteiherrschaft liegt in der Tatsache, daß die Bevölkerung trotz des Verlustes äußerer Freiheit in mehr als einer Hinsicht aufatmet. Es mußte als Knebelung der inneren Freiheit empfunden werden, wenn die Drohungen mit Konzentrationslager und Galgen nicht aufhörten."[1] Die fanatischen Durchhalteparolen, gepaart mit blindwütigem Terror und militärisch völlig sinnlosen Zerstörungen von intakten Eisenbahnlinien und Brücken, hatten während der letzten Kriegswochen zu einer starken Verbitterung der Bevölkerung geführt. Etliche Pfarrämter berichten allerdings auch, daß der Glaube an den deutschen Endsieg teilweise bis zuletzt vorhanden war.

Sehr besorgt äußerten sich viele Pfarrer über den Niedergang von Moral und Sitte. Voller Verzweiflung schrieb ein Geistlicher: „Ein solcher Stimmungsbericht kann nur mit dem Jeremias-Wort 5,20 beginnen: ‚Es steht greulich und scheußlich im Lande!' ... Auch Solnhofen hat den Beweis erbracht, daß die Kirchlichkeit ohne lebendige Christlichkeit in der Stunde der Zerreißprobe nicht bestehen kann. Seit dem 13. April, dem Tage der Übergabe an die Amerikaner, sind hier alle Teufel los; es ist die schwerste Zeit in meinen 47 Amtsjahren."[2] In einem anderen Bericht hieß es: „Was erlebt man nicht überall an menschlicher Schlechtigkeit und Gemeinheit. Mädchen und Weiber werden feil um Schokolade. Unwürdiges Verhalten von Alt und Jung läßt uns zum Gespött werden. Angeberei, Verleumdung und Bespitzelei treiben übelriechende Blüten"[3].

Die militärische Niederlage des NS-Regimes wurde mit sehr zwiespältigen Gefühlen wahrgenommen: Einerseits bedeutete sie die Befreiung der Kirche von nationalsozialistischem Druck und das Ende der zunehmenden Verdrängung aus dem öffentlichen Leben, andererseits aber auch den mit dem Untergang des NS-Regimes untrennbar verbundenen Zusammenbruch des deutschen Staates und den Beginn der Besatzungsherrschaft – eine Entwicklung, die die stark national geprägte evangelische Pfarrerschaft schmerzlich treffen mußte. „Empört mußten wir zusehen", hielt etwa der Pfarrer aus Uffenheim fest, „wie deutsche Kriegsgefangene von Schwarzen durch unser Städtchen geführt wurden." Er schrieb aber auch: „Große Freude herrscht darüber, daß die Kirche wieder frei geworden ist zu ihrem Dienst und daß die amerikanische Militärregierung der Kirche für Predigt, Unterricht und Seelsorge allen Schutz angedeihen läßt."[4]

Was viele dachten, teilt ein anderer Bericht mit: „Nun hat der Feind die Macht im Lande. Aber wir können Gott nur danken, daß er uns in die Macht eines Feindes gegeben hat, der bisher wenigstens nicht rücksichtslos von seiner Gewalt Gebrauch machte."[5] Politisch befreit fühlten sich jedoch wohl nur wenige. Landesbischof Meiser gab der vorherrschenden Stimmung Ausdruck, als er im ersten Rundschreiben vom 7. Mai nur von der „Tragödie der deutschen Niederlage", die sich nun vollendet habe, sprach.[6]

Einen anderen Vorgang, der die politische Kultur der Nachkriegszeit nachhaltig prägen sollte, benannte der Erlanger Dekan Walter Künneth: „Ein merkwürdiges Licht auf den Charakterzustand der fränkischen Bevölkerung wirft freilich der Umstand, daß sofort nach der Besetzung durch die Amerikaner niemand etwas mit dem Nationalsozialismus zu tun haben wollte und ein Gesinnungswandel auch bei denen zur Schau getragen wurde, die eng mit der Partei verbunden waren."[7] Unverhohlene Skepsis über den schnellen Gesinnungswandel, der nur zu oft Ausdruck des rasch einsetzendes Verdrängungsprozesses war, sprach auch aus dem Bericht des Pfarramts Bad Soden: „Viele kommen nun auf einmal wieder und suchen Anschluß an die bekennende Gemeinde, meist aber nicht aus ehrlicher, innerer Überzeugung, sondern aus berechnender Hoffnung, die bisherige nationalsozialistische Gesinnung auf jede nur irgendmögliche Weise zu vertuschen und zu verleugnen."[8]

Wenig Illusionen über die starke Zunahme des Kirchenbesuchs, über die vielzitierte „Stunde der Kirche", machte sich auch der Würzburger Dekan Georg Metz, ab 1946 Rektor des neugegründeten Pastoralkollegs Neuendettelsau. Nüchtern konstatierte er: „Der Zusammenbruch der Partei hat wohl bei den meisten eine Erschütterung der von der Partei propagierten Weltanschauung mit sich gebracht. Unbewußt verbindet sich damit bei vielen eine Zunahme der Achtung vor der Kirche. Daß sich die Kirche nicht umzustellen braucht, daß ihre gottesdienstliche Ordnung, ihre Lieder, ihr Katechismus die gleichen bleiben, ob nun das Hakenkreuz Hoheitszeichen einer Stadt ist oder das amerikanische Sternenbanner, empfinden sicherlich die meisten als einen Abglanz der Ewigkeit, die dem Werk der Kirche Gottes Gehalt und Bestand gibt. Aber über ein dumpfes Empfinden werden ganz wenige hinauskommen."[9]

Statistisch schlug sich die erneute Zuwendung zur Kirche 1945 mit 2745 und 1946 gar mit 7150 Eintritten nieder. Bereits 1947 wurde jedoch mit 4634 Eintritten wieder eine abnehmende Tendenz verzeichnet, 1949 waren es nur mehr 3904. Umgekehrt verlief die Kurve der Kirchenaustritte, die 1945 mit 708 Austritten ihren niedrigsten Stand hatte, gefolgt von 1946 mit 1323. Ab 1948 verließen dann wieder über 2000 Personen jährlich die evangelische Kirche, so daß auch die sprunghaft erhöhten Eintrittszahlen der ersten beiden Nachkriegsjahre die Verluste der Austrittsbewegung der Jahre 1935–1944 bei weitem nicht auszugleichen vermochten.[10]

Die Erosion der Kirchenbindungen, die wenig später mit dem Wirtschaftswunder in voller Wucht einsetzte, beruhte nicht zuletzt auf gesellschaftlichen Modernisierungsprozessen, die der Nationalsozialismus auch in das ländlich-dörfliche Milieu getragen hatte. In einer an Lebenserfahrung reichen Analyse führte der Nürnberger Kreisdekan Julius Schieder 1950 in seinem Tätigkeitsbericht über die „Not des Dorfes" aus: „In HJ und SA und Frauenbund brachen auch auf dem Dorf die Ideen ein, daß ‚der Mensch Mensch werden könne ohne Gottes Hilfe'. Das erste Mal traten Leute aus dem Dorf – eingesessene Leute aus dem Dorf – aus der Kirche aus. Daß nicht gleich in der nächsten Nacht in der Scheune des Betreffenden der Blitz einschlug oder die Maul- und Klauenseuche in seinen Ställen ausbrach, hat der bäuerlichen Seele einen ungeheuren Stoß versetzt. Dazu kommt nun in den letzten Jahren das Flüchtlingsproblem. Das Dorf war nicht stark genug, die Flüchtlinge innerlich einzugliedern."[11]

1945/46 jedoch erlebte die Kirche einen starken Zulauf. Sie verbürgte Kontinuität und Tradition in einer Zeit, die kirchentreuen Kreisen nicht selten als geradezu apokalyptischer Zusammenbruch aller Werte und Ordnungen erschien und in der sich auch kirchenfremden Bevölkerungsgruppen die Frage nach dem Sinn des Lebens neu stellte.

Kontinuität verbürgte auch Landesbischof Hans Meiser (1881–1956), der von Mai 1933 bis 1955 die Geschicke der bayerischen Landeskirche lenkte und als erster Leitender Bischof der „Vereinigten Evangelisch-Lutherischen Kirche Deutschlands" (1949–1955) zu den führenden Persönlichkeiten des deutschen Luthertums zählte. In seinen Memoiren urteilt der Berliner Bischof Otto Dibelius: „Meiser war nicht eigentlich ein bedeutender Theologe. Er war kein fortreißender Prediger. Aber er war eine durch und durch gediegene Persönlichkeit, ein verantwortungsbewußter, sorgfältiger Hausvater seiner Kirche. Er war eine Beamtennatur – freilich von hohen Graden."[12]

Wie fast alle evangelischen Kirchenführer hatte Meiser, der sein Amt in einer Zeit schwerer innerkirchlicher Konflikte antrat, die Machtergreifung Hitlers begrüßt und sich von ihr eine Stärkung des kirchlichen Einflusses versprochen. Symptomatisch für die großen Hoffnungen, die man damals in evangelischen Kreisen auf Hitler gesetzt hat, ist das „Wort an die Gemeinde" vom 13. April 1933, das der Landeskirchenrat von den Kanzeln verlesen ließ: „Ein Staat, der wieder anfängt, nach Gottes Gebot zu regieren, darf in diesem Tun nicht nur des Beifalls, sondern auch der freudigen und tatkräftigen Mitarbeit der Kirche sicher sein. Mit Dank und Freude nimmt die Kirche wahr, wie der neue Staat der Gotteslästerung wehrt, der Unsittlichkeit zu Leibe geht, Zucht und Ordnung mit starker Hand aufrichtet, wie er zur Gottesfurcht ruft, die Ehe heilig gehalten und die Jugend christlich erzogen wissen will, wie er der Väter Tat wieder zu Ehren bringt und heiße Liebe zu Volk und Vaterland nicht mehr verfemt, sondern in tausend Herzen entzündet."[13]

Im Kirchenkampf gehörte die bayerische Landeskirche der „Bekennenden Kirche" an, die sich als innerkirchliche Opposition dem rabiaten Machtanspruch und der national-völkischen Umdeutung des Evangeliums durch die „Deutschen Christen", der offenen Parteigänger des Nationalsozialismus, widersetzte; gleichwohl aber erkannte auch sie das NS-Regime als rechtmäßige Obrigkeit gemäß Römer 13 an. Da Meiser seine wichtigste Aufgabe in der Erhaltung der Landeskirche, der Bewahrung lutherischer Positionen im deutschen Protestantismus und der Verteidigung des gesellschaftlichen Einflusses der Kirche erblickte, hielt er im Kirchenkampf Distanz sowohl zu den Deutschen Christen als auch zu dem radikaleren Flügel der Bekennenden Kirche, den Bruderräten um Martin Niemöller.[14]

Auch in späteren Jahren, als die großen Illusionen von 1933 längst verflogen waren, vermied Meiser, tief geprägt vom vorherrschenden Verständnis der lutherischen „Zwei-Reiche-Lehre", jede offene Kritik am NS-Regime. Als sich 1943 ein Münchner Laienkreis mit einer Denkschrift, die in seltener Klarheit zur Judenvernichtung Stellung nahm, an den Landesbischof mit der Bitte wandte, sie als offiziellen kirchlichen Protest an staatliche Stellen weiterzuleiten, zeigte sich das moralische Dilemma einer stark von taktischen Opportunitätserwägungen beeinflußten Kirchenpolitik, aber auch die tiefe persönliche Tragik vieler Kirchenführer. So erklärte Meiser den angesichts des kirchlichen Schweigens verzweifelten Laien, daß er persönlich die NS-Verbrechen aus ganzem Herzen verurteile; als Bischof trage er jedoch die Verantwortung für eine große Landeskirche und schließlich sei mit seiner Verhaftung den Juden auch nicht geholfen.[15]

Selbstkritisch schrieb Schieder, der der bayerischen „Pfarrerbruderschaft" angehörte, im Mai 1945 in einem persönlichen Rechenschaftsbericht: „Je fester sich eine kirchliche Gruppe an das Evangelium gebunden wußte, um so rücksichtsloser war und ist sie bereit, die eigenen Fehler zuzugestehen und mit ihnen strenger ins Gericht zu gehen als außenstehende Betrachter es wissen können ... Jetzt, wo sich der Druck zu lösen beginnt, ist uns nicht ruhmvoll zu Mute."[16]

Welche Stellung bezog nun die Kirchenleitung zur Schuldfrage und zum Stuttgarter Schuldbekenntnis vom 18./19. Oktober 1945, das so heftige Kontroversen auslösen sollte? In seinem ersten Rundschreiben vom 7. Mai 1945 ging Meiser nur an einer Stelle inhaltlich auf den Zusammenbruch des NS-Regimes ein, als er die pastorale Richtlinie aufstellte: „Alles in allem kann es jetzt nicht unsere Aufgabe sein, den Blick in die Vergangenheit zu richten und durch verdammende Urteile anderer nur die eigene Haltung zu rechtfertigen ... An denen, denen mit dem militärischen und politischen Zusammenbruch alle Hoffnungen zerborsten sind, auf die sie ihr Leben bisher gebaut hatten, hat die Seelsorge der Kirche eine besondere Aufgabe."[17]

Zur Problematik von Schuld und Sühne nahm Meiser in seiner Botschaft an die Gemeinden zu Pfingsten 1945 Stellung, deren zentraler Passus ungekürzt zitiert werden soll. Nach einer langen, bewegenden Klage über „das namenlose Leid und den herzzerbrechenden Jammer, der über unser deutsches Volk gekommen ist", heißt es: „Wir wären mit Blindheit geschlagen, wenn wir nicht erkennen wollten, daß es Gottes Gericht ist, das jetzt über die Welt ergeht. Über die ganze Welt, auch über unser Land und über jeden von uns persönlich. Dieser Tatsache haben wir uns zu beugen. Andere Völker und andere Menschen mögen sich mit dem Gericht befassen, unter dem sie stehen. Wir dürfen dem Ernst unserer Lage nicht dadurch ausweichen, daß wir unser Leid messen an dem ihrigen, daß wir vergleichen und damit schließlich selbst richten wollen. Nicht wir sind die Richter. Richter ist allein Gott, der Herr. Unsere Aufgabe ist es, uns seinem Gericht zu stellen. Wenn wir das aber tun, dann müssen wir mit dem Propheten Daniel bekennen: ‚Wir haben gesündigt, Unrecht getan, sind gottlos gewesen, abtrünnig geworden. Wir sind von seinen Rechten und Geboten abgewichen. Du, Herr, bist gerecht, wir aber müssen uns schämen.' (Daniel 9,5 und 7) Worte gegen die hohe Majestät Gottes sind unter uns geredet worden, wie sie nur der Geist aus dem Abgrund ersinnen kann; Taten sind geschehen, wie nur die Hölle sie ausschäumt. Ungezählte aus dem eigenen Volk und aus fremden Völkern und Rassen werden am Tag der Rechenschaft anklagend aufstehen. Wer wird dann vor Gott bestehen? Heute kann jeder sehen, wohin es führt, wenn ein Volk, das früher reiche Segnungen von Gott empfangen durfte, mit seinen besten Überlieferungen bricht. Wird das erste Gebot, daß man Gott über alle Dinge fürchten muß, lieben und vertrauen soll, mißachtet, so gibt es auch keine Heiligung des Sonntags mehr, keine Autorität der Eltern, keine Unverletzlichkeit der Ehe, keine Rücksicht auf des Menschen Leben, Eigentum, Ehre und Recht; dann ist der Begehrlichkeit nach dem, was der andere hat, Tür und Tor geöffnet und als gut gilt, was dem Menschen nützt, nicht was Gott geboten hat."

Dem Aufruf zur Umkehr im Glauben folgt die Verheißung von Gottes Gnade und Vergebung: „Denn wenn Gott auch jetzt in seinem Zorn über uns dahingefahren ist und uns unter sein Gericht gestellt hat, so wissen wir doch, daß er nicht richtet wie Menschen richten. Er ist nicht ein Gott der Rache, noch ist sein Wille ein Wille der Vernichtung. Er züchtigt uns wohl, aber mit Maßen. Er sucht uns heim, aber gibt uns dem Tode nicht. Noch brennender als sein Zorn ist sein Erbarmen. Wohl muß er uns vergelten, wie wir es verdient haben. Aber über seiner Vergeltung steht seine Vergebung."[18]

Die Botschaft ist charakteristisch für viele Predigten aus jener Zeit, die die NS-Verbrechen in allgemein gehaltenen Wendungen mehr andeuteten, als konkret benannten, und mit dem Verweis auf die unheilvolle Säkularisierung der Welt, dem Abfall von Gott, der notwendigen Auseinandersetzung darüber, wie es zum Nationalsozialismus und seinen monströsen Verbrechen kommen konnte, auswichen. Eine spezielle Schuld oder besser gesagt: Mitverantwortung der Kirche vermochte Meiser nicht zu erkennen; auch fehlte in der dreiseitigen Kanzelabkündigung, die sich unverkennbar an herkömmlichen Aufrufen zur Besinnung am Buß- und Bettag orientierte, jeder Hinweis auf die aus der Zeit und historischen Traditionen erklärbaren Fehleinschätzungen, Versäumnisse und „Unterlassungssünden" der Kirche.

Welch anhaltende Widerstände einem echten Schuldbekenntnis, das Dietrich Bonhoeffer bereits im September 1940 wegen des Schweigens der Kirche zur Judenverfolgung gefordert hatte[19], im deutschen Protestantismus entgegenstanden, zeigte sich auf der Versammlung evangelischer Kirchenführer in Treysa Ende August 1945, als ein vom „Reichsbruderrat" vorgelegtes „Wort an die Pfarrer", das zur Schuldfrage offen Stellung nahm[20], am Einspruch konservativer Lutheraner, speziell auch Meisers, scheiterte. Die meisten Kirchenführer wollten, wie Stewart Herman, der Abgesandte der lutherischen Kirchen Amerikas beim „Ökumenischen Rat der Kirchen" in Genf, die Atmosphäre treffend charakterisierte, lieber die Schulfrage diskutieren als die Schuldfrage.[21]

Als der in Treysa eingesetzte Rat der „Evangelischen Kirche in Deutschland" wenig später gegenüber einer hochrangigen ökumenischen Delegation das berühmte Stuttgarter Schuldbekenntnis ablegte[22], gehörte auch Meiser zu seinen Unterzeichnern. Zu einer anschließenden Veröffentlichung im kirchlichen Amtsblatt oder gar zu einer Kanzelverlesung konnte sich die bayerische Kirchenleitung jedoch nicht durchringen; vielmehr distanzierte sich Meiser im März 1946 entschieden von jeglicher politischer Interpretation des Schuldbekenntnisses.[23]

Die entgegengesetzte Position vertrat Niemöller, der lange Jahre im Konzentrationslager Dachau verbracht hatte, als er im Januar 1946 in einem mehrfach unterbrochenen Vortrag vor der Erlanger Studentenschaft, einem Bericht der „Neuen Zeitung" zufolge, erklärte: „Es ist viel Jammer über unser Elend, über unseren Hunger, aber ich habe in Deutschland noch nicht einen Mann sein Bedauern aussprechen hören von der Kanzel oder sonst über das furchtbare Leid, das wir, wir Deutsche, über andere Völker gebracht haben, über das, was in Polen passierte, über die Entvölkerung von Rußland (Empörung, Scharren und Zwischenrufe: ‚Und die Schuld der anderen?') und über die 5,6 Millionen toter Juden! Das steht auf unseres Volkes Schuldkonto, das kann niemand wegnehmen! ... Wir fühlen uns schuldig deshalb, weil wir unserer Verantwortung, die wir tragen, nicht gerecht geworden sind."[24] Die Zwischenrufe spiegeln die erregte öffentliche Diskussion des Stuttgarter Schuldbekenntnisses wider, das in den Gemeinden weithin auf Ablehnung stieß und in der Folgezeit auch von den meisten seiner Unterzeichner abgeschwächt wurde.

Kennzeichnend für das kirchliche Selbstverständnis während der ersten Nachkriegsjahre waren, von wenigen Ausnahmen abgesehen, weniger Zweifel und offene Selbstkritik am eigenen Verhalten als die Neigung, die Opposition gegen die NS-Kirchenpolitik zum politischen Widerstand gegen das NS-Regime schlechthin umzudeuten.[25] Wie in anderen gesellschaftlichen Bereichen setzte auch im kirchlichen Raum die kritische Diskussion der Hypotheken des Nationalprotestantismus, die religiöse Überhöhung von Staat und Nation, die mit einer mangelnden theologischen Rezeption der Menschenrechte und der unaufgearbeiteten Tradition des christlichen Antisemitismus bzw. Antijudaismus korrespondierte, in größerer Breite und Entschiedenheit erst mit einer Verzögerung von über einem Jahrzehnt ein.

Bei den Besatzungsmächten genossen die Kirchen 1945 hohes Ansehen. Sie konnten als einziger gesellschaftlicher Großverband sofort ihre Arbeit wiederaufnehmen, während sich Parteien und Gewerkschaften erst mühsam reorganisieren mußten. „Kirche und Pfarrer erfuhren allenthalben starke Begünstigung", war der Tenor zahlreicher Berichte an den Landeskirchenrat.[26] Auch Meiser hob in seinem Rundschreiben vom 7. Mai das „fast überall zutagetretende freundliche Entgegenkommen der Militärregierung" hervor und wies die Dekane an, die Anordnungen gewissenhaft zu befolgen, damit das gute Verhältnis nicht beeinträchtigt werde. Besonderes Augenmerk müsse nun auf die Rückgabe der vom NS-Regime beschlagnahmten Einrichtungen und auf die caritative Tätigkeit gelegt werden.[27]

Bereits im Juli wurde auf Landeskirchenebene das „Evangelische Hilfswerk der Inneren Mission" gegründet, dessen Tätigkeit erheblich zur Linderung der schlimmsten Notlagen beitrug. Die finanziellen Leistungen des Hilfswerkes beliefen sich bis zum Jahresende 1946 auf 7,5 Millionen RM. Den größten Posten stellte dabei die Hilfe für Notleidende, Versehrte und Evakuierte mit 2,5 Millionen RM dar; weitere 2,4 Millionen RM erhielt das Zentralbüro in Stuttgart zur Unterstützung der Ostkirchen, besonders der schlesischen.[28] Daneben unterhielt die Landeskirche 26 kirchliche Schulen, 450 Kindergärten, 70 „Kinderverwahranstalten" und zehn Waisenhäuser.[29]

Daß die Militärregierung den kirchlichen Anliegen zumeist aufgeschlossen gegenüberstand, zeigte sich auch an der Förderung des kirchlichen Pressewesens. 1947 entfielen von allen in Bayern publizierten Büchern 6,4 Prozent auf religiöses Schrifttum, bei den Zeitungen und Zeitschriften lag der Anteil bei beachtlichen 22 Prozent. Im 1. Quartal 1948 erhöhten sich die Zuteilungen auf ein Drittel der insgesamt verfügbaren Papiermenge.[30] Das meistgelesene Presseorgan war auf evangelischer Seite das „Sonntagsblatt für die Ev.-Luth. Kirche in Bayern", das seit November 1945 alle 14 Tage erschien und 1947 eine Auflage von 80000 Exemplaren erreichte.[31] Seit Juli 1946 konnte auch die vom Münchner Dekan Friedrich Langenfaß herausgegebene Kulturzeitschrift „Zeitwende" wiedererscheinen, deren monatliche Auflage Ende 1947 40000 Exemplare betrug und die das mit Abstand anspruchsvollste Organ darstellte.[32]

Bereits im Januar 1946 hatte der renommierte, 1943 von den Nationalsozialisten geschlossene Christian Kaiser-Verlag eine der begehrten Verlagslizenzen erhalten. Er führte nicht nur die Reihe „Theologische Existenz heute" fort, die im Kirchenkampf engagiert Stellung bezogen hatte, sondern verlegte auch die Bücher des amerikanischen Theologen Reinhold Niebuhr „Jenseits der Finsternis" und „Die Kinder des Lichts und die Kinder der Finsternis", Karl Barths „Dogmatik im Aufriß" sowie einige Predigtbände Niemöllers. Besonderes Verdienst erwarb sich der Verlag jedoch durch die frühzeitige Herausgabe der Werke Bonhoeffers, der im April 1945 wegen seiner Beteiligung am Umsturzversuch des 20. Juli 1944 im Konzentrationslager Flossenburg hingerichtet worden war.

Das Vertrauen, das die Militärregierung den Kirchen entgegenbrachte, zeigte sich besonders während der ersten Besatzungswochen, als sie vielfach um die Benennung vertrauenswürdiger Personen aufgefordert wurden. „Überall", so hieß es beispielsweise aus Würzburg, „bemühten sich die Kommandanten zur Herstellung der Ordnung um den Rat der Pfarrer."[33] Und Schieder hielt nach einer Rundreise durch seinen Kirchenbezirk fest: „In verschiedenen Orten (Altdorf, Lauf, Wendelstein, Hilpoltstein, Roth u. a.) wurden die Pfarrer aufgefordert, Leute zu nennen, die als Bürgermeister in Frage kämen. Manche Pfarrer haben die Gefährlichkeit dieser Situation erkannt. Andere haben sich dadurch mehr als recht geschmeichelt gefühlt."[34]

Am 9. Mai, einen Tag nach der bedingungslosen Kapitulation, suchte Captain William Landeen, der Leiter der „Religious Affairs Section" der Militärregierung für Bayern, erstmals Meiser auf und bat ihn um Personalvorschläge für höhere und höchste Staatsämter. Im gleichen Sinne trat auch Colonel Charles Keegan, der wenig später General Patton als Militärgouverneur ablöste, an den Landesbischof heran. Aus dem Vorschlag Meisers vom 25. Mai für die Besetzung der Bayerischen Staatsregierung wurden zwei Empfehlungen berücksichtigt: Ministerialdirektor Karl August Fischer übernahm im Kabinett Schäffer, den Kardinal Faulhaber als altgedienten BVP-Politiker vorgeschlagen hatte, die Verwaltung des Innenministeriums; Hans Meinzolt, der bisherige Vizepräsident des Landeskirchenrats, wurde Staatsrat im Kultusministerium und damit oberster Verwaltungsbeamter.[35]

Ebenso griff die Militärregierung Anfang Juni auf den Rat der Kirchen zurück, als es um die Neuordnung des Justizwesens ging. Hierbei traten frühzeitig die Schwierigkeiten der evangelischen Kirche zutage, den ihr indirekt eingeräumten politischen Einfluß geltend zu machen, da Meiser offen eingestehen mußte, daß er „nur dann eine Liste geeigneter Juristen vorlegen könne, wenn Parteigenossen nicht von vornherein ausgeschlossen sein sollten".[36] Dies war aber die erklärte Absicht, so daß nur vier der neun vorgeschlagenen Kandidaten übernommen und mit leitenden Positionen betraut wurden. Der hohe Anteil der als „politisch belastet" abgewiesenen evangelischen Bewerber oder entlassenen Beamten war in den überdurchschnittlichen Erfolgen begründet, die die NSDAP gerade in den fränkischen Kernlanden des bayerischen Protestantismus errungen hatte.[37] Auf diesen Sachverhalt verwies auch mehrfach August Haußleiter, der stellvertretende CSU-Vorsitzende und Führer des evangelischen Flügels, wenn er das schlechte personalpolitische Abschneiden der Protestanten damit erklärte, „daß ein Großteil der evangelischen Bevölkerung durch seine, wenn auch meist nur formale Verbindung mit der NSDAP politisch belastet und nicht aktionsfähig" sei.[38]

Als Schäffer, den die Militärregierung für die Verschleppung der Entnazifizierung verantwortlich machte, im September 1945 zurücktreten mußte, war auch Fischer gezwungen zu gehen, da er der NSDAP angehört hatte. Meinzolt, dem die Mitgliedschaft im Freikorps Epp und in verschiedenen NS-Organisationen vorgeworfen wurde, konnte nur dank tatkräftiger Fürsprache des neuen, sozialdemokratischen Ministerpräsidenten Hoegner im Amt verbleiben. Seine Ernennung zum Staatssekretär im 1. und 2. Kabinett Hoegner verdeutlichte das Werben der SPD um evangelische Wählerstimmen.

Kaum ein Thema bewegte so sehr die Emotionen wie das Problem der Entnazifizierung. Am 19. Mai 1945 notierte sich Meiser über eine Unterredung mit Marshall Knappen, dem Leiter der „Religious Affairs"-Abteilung der Amerikanischen Militärregierung für Deutschland (OMGUS): „Ich bat ihn, den General Eisenhower über die allgemeine Lage zu unterrichten, Gefahr der Hungersnot, Verelendung des Volkes, Not der wegen Parteizugehörigkeit Entlassenen, Gefahr der Bolschewisierung."[39] Diese vier Stichpunkte umreißen prägnant den politischen Horizont Meisers. Ein paar Tage zuvor hatte er Landeen eindringlich vor der „Gefahr revolutionärer Strömungen" gewarnt.[40] Aus dieser Lagebeurteilung ergab sich notwendigerweise das Interesse an einem leistungsfähigen Beamtenapparat.

Am 20. Juli protestierten Faulhaber und Meiser in einer gemeinsamen Eingabe heftig gegen die amerikanische Entnazifizierungspolitik; zuvor hatten sich bereits die katholischen Bischöfe von Passau und Regensburg zu Wort gemeldet. Die Eingabe kritisierte vor allem die schematische Entlassungspraxis, von der insbesondere NSDAP-Mitglieder vor dem 1. Mai 1937 betroffen waren. Es sei ein „gewaltiger Unterschied", ob jemand in dem „guten, wenn auch naiven Glauben an die Versprechen des Parteiprogramms" Mitglied geworden sei oder aus „niedrigen Beweggründen der Rachsucht oder Selbstsucht". Auch für inhaftierte SS-Männer forderte die Eingabe eine individuelle Fallprüfung, da viele Fachleute der SS „mehr oder minder unfreiwillig" hätten beitreten müssen. Besonders wandten sich die obersten Kirchenvertreter gegen die Verhaftung führender Bankiers und Unternehmer, die man nicht pauschal für die Kriegsvorbereitung und -führung sowie für die Massenmorde in den Konzentrationslagern verantwortlich machen dürfe. Abschließend wiesen Faulhaber und Meiser darauf hin, daß sie nicht dem Richter in die Arme fallen wollten: „Wir konnten aber nicht schweigen, wo Amt und Gewissen und die Liebe zu unserem Volk zu reden geboten."[41]

Am 7. Dezember erfolgte eine weitere gemeinsame Petition für die aufgrund des „automatischen Arrests" internierten Funktionsträger aus dem Partei-, Staats- und Terrorapparat des Dritten Reiches. Diese Eingabe begründeten Faulhaber und Meiser mit der Pflicht der Kirche, „da fürbittend unsere Stimme zu erheben, wo nicht kriminelle Tatbestände vorliegen, sondern nur Unbedachtheit, menschliche Schwäche, vielleicht auch mangelnder Mannesmut viele zu einem Schritt getrieben haben, den nachträglich niemand mehr bereut, als die nun so hart zur Rechenschaft Gezogenen selbst."[42]

Zweifellos konnten die schematischen Entlassungskategorien der Militärregierung der komplexen Lebensrealität während der NS-Diktatur im Einzelfall oft nicht gerecht werden und riefen deshalb auch bei entschiedenen NS-Gegnern Kritik hervor. Andererseits stellt sich aber die Frage, ob der scharfe Protest der Kirchen den Erfordernissen des demokratischen Wiederaufbaus, der eine tiefgreifende politische Säuberung voraussetzte, gerecht wurde. Denn ihre Kritik verharrte weitgehend in negativer Ablehnung und tendierte dazu, das politische Engagement für den Nationalsozialismus zu verharmlosen.

Gegen den Artikel 184 des Bayerischen Verfassungsentwurfs, der die Weitergeltung aller zur Beseitigung des Nationalsozialismus erlassenen Gesetze festschrieb, wandte der Landeskirchenrat beispielsweise ein: „Einmal müssen auch in Deutschland wieder alle Menschen ohne Unterschied von Religion und Rasse und ‚ehemaliger' politischer Einstellung wirklich vor dem Gesetz gleich sein, wenn anders wir nicht darauf verzichten wollen, trotz aller Vorsätze und Gesetze ein Rechts- und Kulturstaat zu werden."[43] Unter politischen Gesichtspunkten war weniger die Fürsprache für die Masse der NS-Mitläufer, deren gesellschaftliche Integration unumgänglich war, problematisch als vielmehr die Argumentationsweise, die mit der anfechtbaren Berufung auf den Grundsatz „nulla poena sine lege" die Berechtigung der politischen Säuberung prinzipiell in Frage stellte.

In völliger Verkennung des Rehabilitierungscharakters des Befreiungsgesetzes und der Entscheidungspraxis der deutschen Spruchkammern, die nicht zu Unrecht als „Mitläuferfabriken" galten, urteilte der Landeskirchenrat 1947: „Das bisherige Verfahren zur politischen Reinigung hat bereits zu kaum wieder gutzumachenden Schädigungen der Gesamtexistenz des Volkes geführt." Die Entnazifizierung habe nicht nur einen „unheilvollen Niedergang des gesamten Wirtschaftslebens" gebracht und das kulturelle Leben durch die „Niederdrückung der Bildungsschicht" schwer in Mitleidenschaft gezogen, sondern auch die „moralischen Grundlagen des Volks- und Staatslebens" erschüttert.[44]

Die hinter einer solchen Stellungnahme stehende Beurteilung der NS-Bewegung läßt sich einem privaten Briefwechsel Meisers aus dem Jahre 1947 entnehmen: „Ich kann Ihnen nur voll und ganz darin zustimmen, daß gerade die Idealisten, die ursprünglich im Nationalsozialismus eine Bewegung zur inneren und äußeren Gesundung des deutschen Volkes und zur Abwehr des drohenden Bolschewismus erblickten, die Opfer eines Irrtums und eines Betruges geworden sind, und daß man sie heute zu Unrecht dafür zur Verantwortung zieht."[45] Nur so ist es auch zu verstehen, daß sich Meiser 1948 vehement für die Wiedereinstellung derjenigen Beamten einsetzte, die entlassen worden waren, weil sie sich bereits vor 1933 der NSDAP angeschlossen hatten: „Mit ernster Sorge sehen wir einen nicht geringen Teil des alten Berufsbeamtentums der Verelendung und der Gefahr radikaler Einflüsse preisgegeben, wenn nicht bald Abhilfe geschaffen wird."[46]

Politisches Unverständnis, aber auch mangelnde Sensibilität für die moralische Dimension der Entnazifizierung kennzeichneten häufig die Stellungnahmen evangelischer Kirchenführer. In starkem Kontrast zu der außerordentlichen Fürsprache für ehemalige NSDAP-Mitglieder aller Schattierungen stand, daß von dem Millionenheer der Opfer in der evangelischen Publizistik nur höchst selten die Rede war. Mit der Frage der „Wiedergutmachung" und der Integration der Überlebenden des NS-Terrors befaßte sich keine Eingabe oder Denkschrift der Landeskirche.

Die scharfe Ablehnung der politischen Säuberung resultierte nicht zuletzt daraus, daß die evangelische Pfarrerschaft von der Entnazifizierung in hohem Maße persönlich betroffen war. Die deutschnationale Einstellung der meisten Pfarrer – in der Weimarer Republik bekannte sich nur ein Pfarrer der bayerischen Landeskirche öffentlich zur SPD – hatte zu einer starken Sympathie für den Nationalsozialismus geführt, die erst im Verlauf des Kirchenkampfes allmählich versiegte. Mindestens 209 Pfarrer, die nach 1945 im Dienste der Landeskirche standen, waren der NSDAP beigetreten, davon 57 vor 1933. Weitere 58 Pfarrer hatten der SA oder SS (fördernde Mitgliedschaft) angehört, nochmals etwa weitere 160 Pfarrer anderen NS-Organisationen.[47]

Unmittelbar nach Kriegsende erteilte der Landeskirchenrat einigen besonders schwer belasteten Pfarrern die Weisung, „Urlaub zu nehmen und sich der öffentlichen Wirksamkeit vorerst zu enthalten". Zwei Oberkirchenräte, die Meiser 1934 als loyale Deutsche Christen in den Landeskirchenrat berufen hatte, wurden unter ausdrücklicher Anerkennung ihrer Verdienste in den Ruhestand versetzt. Zehn Pfarrer, die als renitente Deutsche Christen bis zuletzt in Opposition zur rechtmäßigen Kirchenleitung gestanden hatten, mußten in den Ruhestand treten. Damit waren nach Ansicht Meisers die Erfordernisse der kirchlichen Selbstreinigung erfüllt.

Der Konflikt mit der Militärregierung ließ nicht lange auf sich warten, da es die Kirchenleitung mit allem Nachdruck ablehnte, Pfarrer wegen ihrer NSDAP-Mitgliedschaft zu entlassen. Ausschlaggebend für ihre Beurteilung war allein die Haltung der umstrittenen Pfarrer im Kirchenkampf. Der im Landeskirchenrat zuständige Referent, Kirchenrat Adolf Rusam, führte in seinen „Erwägungen zur politischen Reinigung, soweit Geistliche ihr unterliegen" zur Begründung an: „Die Schau von 1946 darf nicht auf 1933 übertragen werden. Die Entwicklung war damals noch im Fluß, kirchen- und christentumsfeindliche Strömungen standen noch in Auseinandersetzung mit gegenteiligen Strömungen. Es konnte am Anfang der NS-Bewegung noch erhofft werden, daß die positiven christlichen Kräfte sich durchsetzen würden (Schemm: ‚Unsere Religion heißt Christus, unsere Politik Deutschland!'). Erst später enthüllte der Nationalsozialismus sein satanisches Angesicht."[48]

Wer treu zum Landesbischof gehalten hatte, konnte nun seinerseits auf den Schutz der Kirche rechnen; auch wenn es sich um Träger des Goldenen Parteiabzeichens der NSDAP, SA-Oberscharführer oder um einen weltlichen Oberkirchenrat handelte, der 1936 seine Beteiligung am Hitler-Putsch 1923 in einer Festschrift der christlichen Studentenverbindung Uttenruthia herausgestellt hatte und 1940 als Jurist in den Landeskirchenrat berufen worden war.

Die Auswertung der Fragebogen durch die Militärregierung ergab im April 1946, daß 170 Pfarrer in die oberste Entlassungskategorie (mandatory removal) und weitere 66 in die zweite Dringlichkeitsstufe (adverse recommandation) fielen. Doch nur in etwa sechs Fällen gab der Landeskirchenrat dem Drängen der Militärregierung nach, während die übrigen belasteten Pfarrer als nur „nominelle Parteigenossen" im Dienst verblieben. Der mangelnde Selbstreinigungswille wurde von den Amerikanern mit merklicher Verbitterung registriert; doch waren der Militärregierung die Hände gebunden, da ihre kirchenpolitischen Richtlinien die Absetzung von Pfarrern ausdrücklich untersagten.

Eine neue Situation ergab sich, als im März 1946 mit der Verabschiedung des „Gesetzes Nr.104 zur Befreiung von Nationalsozialismus und Militarismus" die Durchführung der Entnazifizierung auf die deutschen Spruchkammern überging. In Verfahren gegen Geistliche mußte der öffentliche Kläger mindestens vier Wochen vor Erhebung der Anklage dem Sonderministerium Bericht erstatten, das ihn wiederum an den zuständigen Bischof weiterleitete. Diese Sonderregelung erlaubte es dem Landeskirchenrat, massiven Einfluß auf die Verfahren zu nehmen. Im Herbst 1946 lagen die ersten Urteile gegen 257 evangelische Pfarrer vor, wobei sich der Anteil der belasteten Pfarrer bis zum Abschluß der Entnazifizierung 1949/50 kontinuierlich von 15,1 Prozent auf 24,9 Prozent der gesamten Pfarrerschaft, d.h. auf 432 Spruchkammerverfahren, erhöhte. Im Vergleich dazu waren dem Sonderministerium 1947 ganze 15 Verfahren gegen katholische Geistliche, unter ihnen vier NSDAP-Mitglieder, bekannt. Im November 1946 verzeichnete die Statistik folgende Spruchkammerurteile: 11 Pfarrer waren als "NS-Aktivisten" (Gruppe II), 29 als „Minderbelastete" (Gruppe III), 133 als „Mitläufer" (Gruppe IV) eingestuft, 84 galten als „entlastet" (Gruppe V).

In der Berufungsinstanz und bei späteren Verfahren fiel die Einstufung wesentlich günstiger aus: Im Januar 1949 befanden sich noch ein Pfarrer in Gruppe II und vier in Gruppe III, 183 galten als Mitläufer, weitere 84 kamen in den Genuß der Mitläuferamnestien. In der Gruppe der Entlasteten befanden sich nunmehr 155 Pfarrer, fünf Verfahren waren noch nicht abgeschlossen.[49] Von großer Bedeutung für diesen Herabstufungsprozeß war neben der allgemeinen Milderung der Bestimmungen ein Urteil des Kassationshofes des Bayerischen Staatsministeriums für Sonderaufgaben vom 14. Oktober 1946, wonach die Bekennende Kirche, zu der sich bekanntlich die ganze Landeskirche zählte, als politische Widerstandsbewegung gegen den Nationalsozialismus zu bewerten sei.[50]

Die Erfahrung der NS-Diktatur wie die Befürchtung eines politischen Linksrutsches führten auch in Bayern zu einer partiellen Überwindung des über Jahrhunderte gewachsenen konfessionellen Mißtrauens. Am 11. Juni 1945 erklärte Meiser gegenüber Ministerpräsident Schäffer: „Die innere Situation der fortschreitenden Gefahr der Bolschewisierung gestattet es nicht, daß sich die beiden Konfessionen in nutzlosen Paritätskämpfen verzehren." Und für die katholische Kirche versicherte Pater Max Pribilla S. J. wenig später Meiser, auch sie sehe „im Bolschewismus die uns gemeinsam drohende Gefahr, die uns das Trennende zurückstellen und ohne gegenseitiges Mißtrauen zusammenstehen heißt".[51]

Während einer Unterredung mit Faulhaber erfuhr Meiser zusätzlich, „daß der Papst bindend erklärt habe, daß er eine Teilung Deutschlands nicht wünsche, denn er sehe das geeinte Deutschland als festen Wall gegen den Bolschewismus an".[52] Ähnlich äußerte sich Meiser auch mehrfach gegenüber Besatzungsoffizieren: „Amerika wird von der Geschichte zur Verantwortung gezogen werden, wenn es schuldig wird am Untergang des christlichen Abendlandes." Oder wenn er darlegte: „Amerika sollte Deutschland lieber für die letzten Weltauseinandersetzungen gewinnen, als es vor den Kopf stoßen".[53]

Aus dieser politischen Grundorientierung ergab sich zwangsläufig die Hinwendung zur CSU, die sich als bürgerliche Sammlungsbewegung auf christlich-konservativer Grundlage verstand. Zwar hatte der Landeskirchenrat unmittelbar nach Kriegsende den Beschluß gefaßt,

Pfarrern die Übernahme von politischen Ämtern zu untersagen; parteipolitisches Engagement war jedoch grundsätzlich erlaubt. Vielfach wurden gerade Pfarrhäuser zu den ersten Organisationszentren der CSU, zu deren Gunsten die evangelische Kirche auf die Wiederbelebung des früheren „Christlich-Sozialen Volksdienstes" verzichtete.[54]

In einem gemeinsamen Aufruf wandten sich Oberkirchenrat Otto Bezzel und der bekannte katholische Münchner Pfarrer Emil Muhler an ihre Amtsbrüder: „Wir bitten daher die Herrn Geistlichen in ihren Gemeinden dafür sorgen zu wollen, daß christlich gesinnte Männer die Vorbereitungen zur Wahl treffen, und wenn möglich und nötig, Ortsgruppen der Christlich-Sozialen Union gründen. Die Zeit drängt. Der Parteiapparat ist noch nicht vollständig aufgebaut. Wir bitten dringend um die Mitarbeit unserer Amtsbrüder."[55]

Eine rege Werbetätigkeit entfalteten auch der Ansbacher Kreisdekan Georg Kern, der Nürnberger Kreisdekan Schieder sowie Dekan Langenfaß, der zu den Gründungsmitgliedern der CSU in München gehörte. Im September 1945 ernannte Meiser den Industriellen Johannes Semler und den Bankier und späteren Präsidenten der ersten Landessynode Wilhelm Eichhorn zu seinen Vertrauensleuten für die Verhandlungen, die der Konstituierung der CSU auf Landesebene vorausgingen. Weitere bedeutende Vertreter des evangelischen Flügels waren: Alfred Euerl, August Haußleiter, Paul Nerreter und Friedrich von Prittwitz und Gaffron. Sie zählten zu den engsten Mitarbeitern des ersten CSU-Vorsitzenden Josef Müller, der die Entwicklung der CSU zu einer interkonfessionellen, sozial aufgeschlossenen Volkspartei anstrebte und deshalb in ständiger Auseinandersetzung mit dem „katholisch-konservativen, bayerisch-vaterländischen" Flügel um Schäffer, Alois Hundhammer und Josef Baumgartner, dem späteren Gründer der Bayernpartei, stand. Im ersten gewählten Landesvorstand repräsentierten Eichhorn, Euerl, Haußleiter, Semler sowie Siegmund Mayr und der Erlanger Theologieprofessor Hermann Strathmann den „reichstreuen" fränkischen Protestantismus.[56]

Programmatisch besaß der evangelische Flügel keine fest umrissenen Zielsetzungen, die über die Forderung einer angemessenen Vertretung und Berücksichtigung des evangelischen Bevölkerungsteils hinausgingen. Über den Antrittsbesuch Schäffers notierte sich Meiser: „Ich bat nochmals dringlich, bei der Besetzung der leitenden Staatsstellen auf die Parität Bedacht zu nehmen. Die nationalsozialistische Partei habe in evangelischen Kreisen nicht zuletzt deswegen soviel Zulauf gehabt, weil die Bayerische Volkspartei den Bogen überspannt hatte. Schäffer sagte Berücksichtigung der Parität zu, doch klang seine Zusicherung nicht ganz überzeugend."[57] Nach der Kabinettsbildung sah Meiser seine

Befürchtungen vollauf bestätigt; zumal auch der Münchner Oberbürgermeister Scharnagl seine Zusage nicht einhielt, einen der drei Bürgermeisterposten mit einem Kandidaten der Landeskirche zu besetzen.

Wie tief das Mißtrauen saß, zeigt sich auch in mehr alltäglichen Beschwerden: so etwa, wenn der Ansbacher Kreisdekan Mitte 1947 der festen Ansicht war, daß Protestanten bei der Entnazifizierung und bei der Holzverteilung durch staatliche Stellen gezielt benachteiligt würden.[58] Die Ansiedlung der Flüchtlinge, die die konfessionelle Zusammensetzung in vielen Gemeinden drastisch veränderte, verschärfte die Spannungen noch zusätzlich.[59]

Von den 108 CSU-Landtagsabgeordneten gehörten 1946 nur 16 zum evangelischen Flügel; 1947 verzeichnete die Parteistatistik gar nur 8,4% evangelische Mitglieder.[60] Bereits bei der Wahl zur Landesversammlung im Juni 1946 erlitt die CSU in protestantischen Gebieten merkliche Stimmenverluste. Im September erklärte denn auch Meiser vor CSU-Abgeordneten mit „großem Nachdruck, die Unzufriedenheit mit der CSU sei in evangelischen Kreisen groß. Das Verhalten ihres Ministers in der Entnazifizierung habe den Kredit der Partei schon weitgehend verscherzt." Zugleich mahnte er die evangelischen Abgeordneten zur Einheit, da ein Auseinanderbrechen der CSU die SPD zur stärksten Partei machen würde.[61]

Dem politischen Vormarsch der BVP-Traditionalisten hatte der evangelische Flügel, mit dem Haußleiter in einer Wahlanalyse scharf ins Gericht ging, jedoch wenig entgegenzustellen: „Die evangelische Gruppe hatte im Vergleich zu der sehr stattlichen Wählerzahl, die sie einbrachte, zu wenig Mitarbeiter und diese wenigen Mitarbeiter versagten politisch. Sie hatten großenteils keine Erfahrung; sie arbeiteten nicht einmal zusammen. Ihre Entschlüsse waren stets improvisiert und undurchdacht."[62]

Die desolate Lage und mangelnde Schlagkraft des evangelischen Flügels war ein Resultat der politischen Abstinenz weiter evangelischer Laienkreise, worauf Eichhorn im Januar 1946 aufmerksam machte: „Was die Union anlangt, so ist da, wo Evangelische aktiv mitarbeiten, jedenfalls der gute Wille da, paritätisch vorzugehen. Insbesondere die Katholiken des linken Flügels der Union sind sehr bemüht, uns zur Geltung kommen zu lassen. Die Schwierigkeiten liegen überall daran, daß leider nicht viele Evangelische geneigt und geeignet sind, aktiv in der Politik der Union mitzuwirken. Dies gilt besonders für Oberfranken."[63] Ähnliche Erfahrungen hielt auch Schieder in einem Memorandum „Evangelische Kirche und Wahlfrage 1945" fest: „Immer wieder die Beobachtung, daß auch unsere besten Leute nichts mehr mit der Politik zu tun haben wollen. Man ist sehr enttäuscht; infolge der Behandlung der Parteigenossen kommt noch dazu die Sorge: immer muß man seine politische Betätigung bezahlen."[64]

Von erheblicher Bedeutung war auch, daß sich die Kirchenleitung aus theologischen Erwägungen der lutherischen „Zwei-Reiche-Lehre" heraus außerstande sah, die Laienschaft zu gezielter politischer Blockbildung anzuhalten. Auch wenn an ihrer politischen Sympathie für die CSU kein Zweifel bestehen konnte, blieb doch die Wahlentscheidung dem Gewissen des Einzelnen anheimgestellt. So hieß es in einer Kanzelerklärung anläßlich der Gemeindewahlen im Frühjahr 1946: „Viele in unseren Gemeinden erwarten, daß die Kirche eine bestimmte Wahlparole ausgibt, daß sie bestimmte Parteien empfiehlt. Die Kirche kann das nicht; sie darf das nicht. Sie hat es dem Gewissen des Einzelnen zu überlassen, welcher Partei er seine Stimme gibt. Die Kirche kann nur sagen: Seht euch die Männer, die ihr wählen wollt, an, ob sie die Gewähr bieten, daß sie eine rechte Obrigkeit werden."[65]

Der Sturz Müllers im Sommer 1949 und die prononciert katholischklerikale Kultur- und Schulpolitik Hundhammers symbolisierten für weite evangelische Kreise das Scheitern des interkonfessionellen Ansatzes der frühen CSU. Symptomatisch für das Wiederaufbrechen alter Gegensätze, zu dem der erbitterte Konkurrenzkampf zwischen CSU und Bayernpartei erheblich beitrug, war der Vorwurf Kurt Frörs, des Beauftragten der Landeskirche für kirchliche Unterweisung, daß Hundhammer eine „totalitäre Schulpolitik und Gesetzgebung" betreibe.[66] Haußleiter, der bereits 1946 vor der „Rückbildung zur katholisch-konfessionellen Partei mit Renommierprotestanten" gewarnt hatte,[67] trat 1949 aus der CSU aus. 1951 legte von Prittwitz und Graffon den stellvertretenden Fraktionsvorsitz nieder, um gegen die Wahl des Päpstlichen Hausprälaten Georg Meixner zum Fraktionsvorsitzenden zu protestieren. Strathmann verließ 1954 die CSU, während sein Erlanger Kollege Künneth auch weiterhin Mitglied blieb. Strathmann und Haußleiter gründeten rechtsgerichtete Parteien, denen jedoch der politische Erfolg versagt blieb.[68]

Das politische Dilemma kennzeichnete Oberkirchenrat Hans Schmidt im Oktober 1949 mit den Worten: „Praktisch steht der Protestantismus in Bayern zwischen den ‚Mühlsteinen' Schwarz und Rot. Die Problematik der Parteien gestattet durchaus nicht, den evangelischen Wählern eine oder mehrere von ihnen ohne weiteres zu empfehlen." Die Problematik der CSU sei hauptsächlich mit dem von Hundhammer repräsentierten Kurs gegeben, „die der SPD durch eine zunehmende Radikalisierung, mit der die Partei allmählich in den alten marxistischen Kurs zurückstrebt". Die FDP habe infolge ihrer liberalen Gesamthaltung in der Schulfrage kein Verständnis für kirchliche Anliegen,

„während die WAV trotz mancher berechtigter Kritik allzu sehr von Demagogie beherrscht wird, als daß sie Vertrauen verdiente". Der Bayernpartei schließlich fehle das nötige Verständnis für die Vertriebenen, zudem stehe sie der „fränkischen Verbundenheit mit dem gesamten Deutschland fremd und ablehnend gegenüber".[69]

Von einer erschütternden „politischen Heimatlosigkeit" sprach auch ein Aufruf der „Evangelischen Wählergemeinschaft", die 1949 verbittert feststellte, daß sich unter den 24 CSU-Bundestagsabgeordneten nur ein evangelischer befand und daß in der Bayerischen Staatsregierung seit Jahren kein evangelischer Minister mehr vertreten war. „Auch die gesamte hohe Staatsbürokratie ist – bis auf zwei Einzelfälle – so gut wie ‚protestantenrein'. Und das angesichts der unschwer belegbaren Tatsache, daß die 26% Evangelischen unseres Landes 46% des gesamtbayerischen Steueraufkommens tragen." So sei es notwendigerweise dazu gekommen, daß viele Protestanten „allein nach dem Prinzip des ‚kleinsten Übels'" wählen müßten.[70]

Wenngleich die evangelische Pfarrerschaft ganz überwiegend der CSU zuneigte, so exponierten sich doch nur wenige parteipolitisch. Die meisten Pfarrer vertraten nach 1945 im Rückgriff auf die kirchliche Position während der Weimarer Republik und bestärkt durch die Erfahrungen mit den Deutschen Christen das Leitbild einer unpolitischen, über den Parteien stehenden Kirche. In einem Memorandum mit dem Titel „Gedanken zur Lage und Aufgabe der Kirche nach dem Umsturz 1945" hatte Künneth im Mai 1945 die „dem kirchlichen Auftrag gemäße Haltung politischen Dingen gegenüber" so formuliert: „Unter keinen Umständen darf der im Kirchenkampf gewonnene Ertrag und die Lehre der Kirchengeschichte außer Acht gelassen werden; die in dem vergangenen Jahrzehnt gewahrte unpolitische Haltung der Kirche muß auch jetzt allen Versuchungen zum Trotz festgehalten werden. Die Kirche ist Botin der biblischen Wahrheit und Zeugin Jesu Christi und sonst gar nichts." Daraus folgte für die Verkündigung: „Das Zeitgeschehen in seiner Furchtbarkeit und Rätselhaftigkeit erfordert dringend die Deutung durch die biblische Wahrheit als ein ‚apokalyptisches' Geschehen und Gottesgericht."[71]

Nun stellt freilich auch das „unpolitische Christentum" eine sehr sublime Form der politischen Stellungnahme dar. Auch wenn sich seine Vertreter dessen nicht bewußt waren, so ließen sich doch vielfach weder die Verkündigung noch öffentliche Verlautbarungen von einer politischen Mentalität freihalten, in der sich die seelsorgerliche Motivation häufig mit Topoi konservativer Zivilisationskritik vermischte.

Charakteristisch für die tiefe Ratlosigkeit in einer Zeit, als grundlegende Entscheidungen für den demokratischen Wiederaufbau anstanden, war die Ansprache Meisers zur Eröffnung des Bayerischen Landtages am 16. Dezember 1946: Im Mittelpunkt stand die bewegte Klage über „die Zerstörung jeden Rechtsinns, die Auflösung aller Moral, den Bergrutsch der Sittlichkeit": „Neigung geht vor Pflicht, Gewalt vor dem Recht, Genuß vor der Anständigkeit, Gewinn vor dem Charakter, Liebedienerei vor Mannesmut, Auflösung ist die Signatur der Stunde". Kein „gebietender Imperator" zwinge mehr das Auseinanderstrebende zusammen; der „geistliche und sittliche Auflösungsprozeß der Menschheit" sei im Gegenteil so weit vorangeschritten, „daß nicht nur der Untergang der abendländischen, sondern aller menschlichen Kultur überhaupt in greifbare Nähe gerückt" sei. Anschließend forderte Meiser die Politiker eindringlich auf, alle Lebensbereiche den Geboten Gottes entsprechend zu ordnen, da andernfalls das menschliche Zusammenleben zum Kampf aller gegen alle ausarten müsse: „Da mögen die gesetzlichen Ordnungen des Rechts noch so klug erdacht sein, da kann schließlich nur noch mit Terror und Blutgericht regiert werden; und auch diese Klammern werden nicht stark genug sein, das Auseinanderfallen des Volksgefüges zu verhüten."[72]

Solch apokalyptische Visionen entsprangen zweifellos einer von tiefer Gläubigkeit getragenen Überzeugung, waren jedoch kaum geeignet, auch kirchenfremde Bevölkerungsgruppen anzusprechen und zu überzeugen. Zumal dem Aufruf zur Besinnung auf die christlichen Fundamente jedes Staatswesens die nötige Konkretisierung fehlte, wenn man von der erneuten Verurteilung der Entnazifizierung absieht.

Resümiert man den Beitrag der evangelischen Kirche zur politischen Neuordnung, so wird man wohl an dem Urteil nicht vorbeikommen, daß von ihr kaum konkrete politische Wegweisungen ausgingen. Ihr Beitrag zur Bewältigung des vom Nationalsozialismus hinterlassenen Chaos bestand vor allem im trostreichen Zuspruch der Seelsorge und in umfangreichen caritativen Bemühungen, die im Rahmen des Evangelischen Hilfswerkes und anderer Einrichtungen der Inneren Mission erheblich zur Linderung individueller Not und zur Integration der Vertriebenen beitrugen. Weiterhin wird man nicht verkennen dürfen, daß die leidvollen Erfahrungen der NS-Diktatur auch in betont konservativen Kreisen zur Anerkennung des absoluten Primats der Rechtsstaatlichkeit führten – und damit auch zur Bejahung der Demokratie als kleinstem Übel.

Gleichwohl setzte das nachwirkende Gewicht obrigkeitsstaatlicher Traditionen in den ersten Nachkriegsjahren einer tiefgreifenden geistigen Neuorientierung enge Grenzen. Hierzu trug wesentlich das überlieferte geschichtstheologische Deutungsmuster bei, das den Säkularisierungsprozeß der Moderne und den gesellschaftlichen Wertepluralismus als Abfall von Gott verurteilte und den Nationalsozialismus nunmehr als die letzte, dämonische Konsequenz dieses Prozesses, ja als „apokalyptisches Wetterleuchten" verstand.[73] Hinzu kam, daß der Protestantismus – im Unterschied zum sozialen und politischen Katholizismus – keine eigene Soziallehre entwickelt hatte und deshalb mangels konkreter Neuordnungskonzeptionen in die gesellschaftspolitischen Debatten nach 1945 kaum gestaltend oder wegweisend eingreifen konnte.

Konrad Maria Färber

Bayern wieder ein Königreich?
Die monarchistische Bewegung nach dem Zweiten Weltkrieg

Es war ein trüber Novembernachmittag des Jahres 1945, als auf dem Flughafen München-Riem eine Sondermaschine des amerikanischen Oberbefehlshabers General Dwight D. Eisenhower zur Landung ansetzte. Das zweimotorige Flugzeug, das dort über die zerstörte und vorerst nur notdürftig ausgebesserte Rollbahn holperte, kam aus Florenz. Einziger Passagier war ein abgemagerter Greis mit weißem, schütteren Haar, der müde und gebeugt aus der Maschine stieg: Kronprinz Rupprecht von Bayern, Sohn des letzten bayerischen Königs und wittelsbachischer Thronprätendent. Nach sechsjährigem Exil kehrte er am 10. November 1945 in das Schloß seiner Väter zurück.[1] Der Kronprinz wurde von den Amerikanern mit allen militärischen Ehren begrüßt, und sein Gepäck, das aus zwanzig dicken Rohrplattenkoffern bestand, brachten amerikanische Militärfahrzeuge „from the airport to the royal residence" – wie ein US-Beobachter nicht ohne Bissigkeit bemerkte.[2] War das die Rückkehr eines Privatmannes oder sollte – wie man damals annahm – jetzt, nach dem Ende der Hitlerdiktatur, doch noch Wirklichkeit werden, was während der Weimarer Republik gescheitert war: die Restauration der bayerischen Monarchie?[3]

Etliches sprach wirklich dafür, und ausgerechnet die Amerikaner hatten – obgleich ungewollt – der mit Kriegsende nochmals aufbrechenden monarchistischen Bewegung einen beträchtlichen Auftrieb verliehen.[4] Auf Vorschlag von Kardinal Faulhaber, der allgemein als Monarchist bekannt war, setzten sie den ehemaligen Vorsitzenden der Bayerischen Volkspartei Fritz Schäffer als provisorischen Ministerpräsidenten von Bayern ein. Schäffer aber war in den zwanziger Jahren nicht nur Mitglied des Bayerischen Heimat- und Königsbundes gewesen, sondern er hatte auch kurz vor Hitlers Machtergreifung mit Reichspräsident Hindenburg in Berlin verhandelt, Kronprinz Rupprecht in Bayern als Generalstaatskommissar oder gar als König ausrufen zu lassen.[5] In Schäffers bayerischer Nachkriegsregierung saßen noch weitere Anhänger einer Monarchie, so etwa der Gutsbesitzer Ernst Rattenhuber, Krongutverwalter bayerischer Prinzen, dann der ehemalige Reichswehrminister Dr. Otto Gessler, persönlicher Berater von Kronprinz Rupprecht, und schließlich der einstige Regensburger Oberbürgermeister Dr. Otto Hipp, der wiederum mit der Freiheitsaktion Bayern in Verbindung stand, einer antifaschistischen Widerstandsgruppe aus den Reihen des ehemaligen Heimat- und Königsbundes, die bei einem Putschversuch kurz vor Kriegsende eine Volksabstimmung über die Wiedereinführung der Monarchie in Bayern gefordert hatte.[6]

In den staatlichen und kommunalen Behörden betraute die Militärregierung politisch unbelastete Honoratioren mit den verwaisten Verwaltungsstellen, und das waren häufig über sechzigjährige Herren, die – wenn auch nicht erklärte Anhänger der monarchistischen Bewegung – sich zumindest den Traditionen des bayerischen Königtums innerlich verbunden fühlten.[7] Kein Wunder also, daß jetzt viele der seit der Revolution von 1918 politisch heimatlosen Monarchisten ihre Stunde doch noch für gekommen hielten.

Bezeichnend für diese Erwartungshaltung ist das Schreiben des ehemaligen königlichen Kämmerers Franz von Brentano, das dieser am 15. Juli 1945 an die Staatskanzlei richtete: „Es ist ein Glück, daß es der Kirche gelungen ist, in der gegenwärtigen Lage durch ihre Vertrauensmänner die Verwaltung Bayerns in die Hand genommen zu haben."[8] Deutlicher noch wurde der Fürst zu Öttingen-Wallerstein, einst führendes Mitglied der bayerischen Königstreuen in der Zeit der Weimarer Republik. Er leitete im August 1945 der Regierung Schäffer eine Denkschrift zu, in der er u. a. schrieb: „Für uns Bayern ist es nahezu eine Selbstverständlichkeit, daß die Monarchie der sicherste Grund für die Unantastbarkeit der neuen Verfassung und für die Aufrechterhaltung der verfassungsmäßig gewährten Rechte des Einzelnen darstellt."[9]

Nicht nur beim Adel, auch in bürgerlichen Kreisen war nach dem Ende der Hitlerdiktatur der Gedanke an ein weiß-blaues Königreich wieder lebendig geworden. „Die Leute sagen", so berichtete ein Beobachter der Münchener Militärregierung, „nach all dem, was passiert ist, war es doch gar nicht so schlecht in der guten alten Zeit, und bei einem König weiß man wenigstens, woran man ist."[10] Weiter hieß es: „Die Bauern, besonders in Oberbayern, stehen überwiegend noch ganz in der monarchischen Tradition, und sogar die Arbeiter, sofern sie Sozialdemokraten sind, scheinen jetzt zu begreifen, daß sie in einem kommunistisch regierten Land nichts zu sagen hätten, in einem monarchischen Bayern aber möglicherweise die führende Partei im Parlament darstellen könnten." Ein politischer Berater der Militärregierung glaubte nach einem Gespräch mit dem Ansbacher SPD-Oberbürgermeister Ernst Körner, daß man selbst im „reichstreuen" Franken dem Gedanken an eine Wiederbelebung der Monarchie nicht ganz ablehnend gegenüberstehe. „Es gebe" – so notierte er – „immer noch die katholischen Kräfte und die Bauernschaft und diese liebten nach wie vor ihren bayerischen Kini."[11] Eine von den amerikanischen Besatzern im Herbst 1945 durchgeführte Umfrage ergab zumindest in München eine Anhängerschaft von 64 Prozent für die Monarchie.[12]

„Damals hätte es nur", schreibt Konstantin von Bayern, „eines entschlossenen Zupackens bedurft, um Bayern aus der Liquidationsmasse des Reiches in eine Monarchie überzuführen."[13] Kronprinz Rupprecht[14], der legitime Anwärter auf die Krone, aber packte seltsamerweise nicht zu. Nach seiner Rückkehr aus dem Exil gab er sich, entgegen den Erwartungen der Monarchisten, überaus vorsichtig und zurückhaltend. Rupprecht war kein entschlossen auftretender Thronprätendent. Er hatte zwar 1921 anläßlich der Überführung der sterblichen Hülle seines Vaters, König Ludwigs III., seinen Anspruch auf die Krone Bayerns gewissermaßen angemeldet,[15] aber schon bei den von den Monarchisten kurz vor dem Hitlerputsch 1923 lautstark vorgetragenen Forderungen hielt er sich deutlich zurück.[16] Ob der Kronprinz 1933 wirklich bereit gewesen wäre, das Amt eines Generalstaatskommissars zu übernehmen, um in Bayern die nationalsozialistische Machtergreifung zu verhindern, ist mehr als fraglich. Rupprecht war eher derjenige, der die Leute zurückhielt, nachdem er gesehen hatte, daß für einen Staatsstreich zugunsten einer Monarchie keine Chance bestand.[17] Auch im italienischen Exil taktierte er vorsichtig. Er hatte mit Hilfe des Vatikans Verbindung zu den Alliierten aufgenommen und muß sich auch vom englischen Königshaus eine gewisse Unterstützung erwartet haben, nachdem er dem Foreign Office ein Memorandum überreichen ließ, in dem für die Wiederherstellung der Monarchie in Bayern nach Kriegsende plädiert worden war.[18] Aber schon die Denkschrift, die er am 12. März 1945 über den amerikanischen Militärgouverneur der Toskana an das State Department nach Washington leitete, war wesentlich behutsamer ausgefallen. Hier hatte er lediglich den Vorschlag unterbreitet, die Alliierten sollten nach dem Vorbild des Deutschen Bundes etwa fünf bis sieben deutsche Staaten konstituieren, die mit voller Autonomie in einem lockeren Staatenbund, einem Föderativsystem, zusammengefaßt sein sollten. Seine Begründung lautete: „German federalism was tolerant, during the Middle Ages side by side with monarchies republics existed, of these three free cities survived until nationalsocialism put an end to their existence."[19] So wie im Deutschen Bund und dann im Kaiserreich die monarchische Staatsform neben den republikanischen Stadtstaaten möglich war, so wären für Rupprecht ebenfalls monarchische und republikanische Länder in einem künftigen deutschen oder gar europäischen Staatenbund nebeneinander denkbar gewesen. Im Hinblick auf eine eventuelle Rückkehr Bayerns zur Monarchie meinte er in seinem

Memorandum schlauerweise, daß die Staatsform der einzelnen Länder nicht ohne eine vorherige Volksbefragung zustandekommen sollte („should only be effected upon the wish of the respective populations").

Es war aber nicht allein die Frage ob Monarchie oder Republik, an der sich die Bewegung der Königstreuen nach 1945 entzündete. Ein monarchisches Bayern setzte logischerweise zu allererst ein selbständiges Bayern voraus. Bayerischer Separatismus und monarchistische Bewegung sind daher in ihren Bestrebungen vielfach nicht voneinander zu trennen, so daß es nicht zuletzt auch der nach Kriegsende wieder energisch vorgetragene Wille zur Eigenstaatlichkeit war, der den Monarchisten starken Zulauf einbrachte.

Die Gründung der Bayerischen Heimat- und Königspartei (BHKP)

Der entscheidende Anstoß zur Gründung einer Bayerischen Heimat- und Königspartei im Oktober 1945 kam nicht vom Kronprinzen, sondern von seinem Kabinettschef Freiherr Franz von Redwitz. Redwitz war als Chef der Hofverwaltung eine Art Graue Eminenz in Schloß Leutstetten, dem einstigen landwirtschaftlichen Mustergut des „Millibauern" Ludwig III. und ab Herbst 1945 Wohnsitz des Thronprätendenten. Als Mitbegründer gewann der Kabinettschef nicht nur den treuen Leibzahnarzt des Kronprinzen, Dr. Fritz Hirschberger, sondern auch den rührigen Publizisten Dr. Erwein von Aretin, der bereits im alten Bayerischen Heimat- und Königsbund[20] eine führende Rolle gespielt hatte. Von ihm als dem Haupt der bayerischen Monarchisten war zwischen 1925 und 1933 mehrfach der Versuch unternommen worden, Kronprinz Rupprecht auf den Thron zu bringen.[21] Die Folge war, daß Aretin nach der Machtergreifung Hitlers verhaftet und auf dessen Befehl in das Konzentrationslager Dachau gebracht worden war. Die monarchistische Widerstandsgruppe, die sich aus den Reihen der Königstreuen nach 1933 formierte, wurde 1939 von der Gestapo endgültig zerschlagen.[22] Diese Nähe der Monarchisten zum Widerstand aber bedeutete für die Königspartei einen großen Gewinn, weil sie eine demokratisch-moralische Rechtfertigung ihrer politischen Ziele davon ableiten konnte. Aretin entgegnete beispielsweise den Angriffen, die aus Gewerkschaftskreisen gegen die Königspartei geführt wurden, mit einem Hinweis auf die große Zahl der Blutopfer, welche die Monarchisten während der Hitler-Diktatur ebenso wie die politische Linke gebracht hatten.[23]

Den Vorsitz der Königspartei übernahm jedoch nicht Aretin, der als

Publizist unabhängig bleiben wollte, sondern der bekannte Münchener Chirurg und Klinikchef Professor Dr. Max Lebsche.[24] Er stammte aus Glonn, hatte in München Medizin studiert – seine Approbationsurkunde war noch von König Ludwig III. unterzeichnet worden – und war dann Assistent bei Sauerbruch geworden, bei dem er sich habilitiert hatte. 1928 war er zum Direktor der Chirurgischen Poliklinik der Münchener Universität berufen worden. Zwei Jahre später hatte er am Bavariaring eine private chirurgische Klinik gegründet und ihr den Namen von Bayerns letzter Königin gegeben – Maria-Theresia-Klinik. Als treuer Anhänger der Wittelsbacher, als überzeugter Katholik und Mitglied der 1918 gegründeten Bayerischen Volkspartei, die auf viele Monarchisten eine starke Anziehungskraft hatte, war er jedoch bald mit den Nationalsozialisten in Konflikt geraten. 1936 wurde er vom Universitätsdienst suspendiert. Nur sein internationaler Ruf als Chirurg sowie seine Unentbehrlichkeit als Lazarettchef sicherten ihm eine im wesentlichen ungestörte Weiterarbeit in der eigenen Klinik, die jetzt nach 1945 neben dem Münchener Rhaetenhaus in der Luisenstraße zum bevorzugten Versammlungsort der Monarchisten wurde.

Als die Königspartei in der unübersichtlichen Phase der parteipolitischen Gründerzeit im Herbst 1945 entstand, waren die Monarchisten jedoch bereits geschwächt. Sie bildeten nicht mehr wie in der Weimarer Zeit eine geschlossene Front, sondern strebten innerhalb des uneinheitlichen und vielschichtigen konservativen Lagers in verschiedenste Richtungen. So trug sich der eher linksorientierte Widerstandskreis aus den Reihen des ehemaligen Heimat- und Königsbundes um den Freiherrn von Harnier mit dem Gedanken, eine königstreue Arbeiter- und Bauernpartei unter der Führung Wilhelm Seutter von Lötzens zu gründen.[25] Der Monarchist Franz Xaver Fackler, ein Münchener Verleger, der gleichfalls aus dem alten Königsbund stammte, nahm hingegen Verbindung zu ehemaligen Politikern der Bayerischen Volkspartei auf, die eine Bayerisch-Christlich-Soziale-Union planten.[26] Ministerpräsident Schäffer riet wiederum von der Gründung einer Königspartei ab und empfahl stattdessen, die im Entstehen begriffene CSU, in der er mit Recht eine starke Konkurrenz witterte, monarchistisch zu unterwandern.[27] Redwitz hatte jedoch bei der Konstituierung der Königspartei in erster Linie eines im Auge: Die Mitglieder des so uneinheitlichen konservativen und separatistischen Lagers, die in alle politischen Himmelsrichtungen auseinanderstrebten, sollten unter einer Partei geeint werden und dort die Möglichkeit haben, sich zur monarchistischen Bewegung zu bekennen. Trotzdem war das Abdriften der bayerischen Königstreuen nicht mehr aufzuhalten. Etliche Mitglieder des ehemaligen Königsbundes gingen unter der Führung Facklers zur CSU, wo sie sich dem separatistischen Hundhammer-Flügel anschlossen,[28] während Monarchisten wie Seutter von Lötzen und Erich Chrambach die Gründung einer neuen bayerischen Heimatpartei vorzubereiten begannen, die später als Bayernpartei hervortrat.[29]

Trotz dieser Zersplitterung lag am 14. Oktober 1945 bei der Militärregierung in München eine Liste der vorgeschriebenen 31 Bürgen und das Programm der künftigen Bayerischen Heimat- und Königspartei vor. Die darin aufgestellten Grundsätze lauteten: „Erstens: Bayern muß innerhalb des europäischen Staatensystems wieder ein selbständiges Land mit allen Hoheitsrechten werden. Zweitens: Das Staatsoberhaupt soll wieder ein König aus dem Hause Wittelsbach sein. Drittens: Das Volk soll über seinen Willen, zum Königtum zurückzukehren, in einer Volksabstimmung befragt werden."[30]

Staatliche Eigenständigkeit und Volksabstimmung zur Legitimierung der monarchischen Staatsform waren sozusagen Grundgedanken der Bewegung, Gedanken, die auch in dem Memorandum des Kronprinzen vom Frühjahr 1945 enthalten waren. Die von den Monarchisten geplante bayerische Verfassung war auf die Errichtung einer parlamentarisch-konstitutionellen Monarchie mit einem Zwei-Kammer-System angelegt, einer Ständekammer mit Vertretern der wichtigsten Berufsgruppen – eine Einrichtung, die in etwa dem heutigen bayerischen Senat entspricht – sowie einem Landtag mit demokratisch gewählten Abgeordneten. Die Rolle des Königs war als die eines obersten Beschützers fundamentaler Rechte beschrieben, als eine patriarchale Oberinstanz, die über dem Gezänk der Parteien stehen und die selbst wiederum frei und unabhängig vom Einfluß der Parteien sein sollte – ein bemerkenswerter Nachhall obrigkeitsstaatlicher Traditionen, aber nichtsdestotrotz ein illusionärer Gedanke, der in einer von Interessengegensätzen geprägten Massengesellschaft keinen rechten Platz mehr hatte.

Dementsprechend klang auch das Echo der Militärregierung. „Das einzig überzeugende Argument der Partei" – so hieß es – „ist die absolute persönliche Integrität des Kronprinzen. Es kommt noch hinzu, daß seine Dynastie stets guten Kontakt zur Bevölkerung besaß und auch deren Sorgen und Nöte verstand."[31] Weniger gute Zensuren erhielten dagegen die politischen Zielsetzungen der Königstreuen. „Ihr Programm hat – wie übrigens viele andere Parteiprogramme auch – den Fehler, daß die Dinge nicht beim richtigen Namen genannt werden und daß nicht klar gesagt ist, was die Partei will und was sie nicht will. Falls sie nicht noch einen wirklich erfahrenen und fähigen Politiker findet, so wird sie kaum größere Erfolge erzielen, es sei denn, daß ihr die Fehler der anderen Parteien eine erhebliche Anzahl von Wählerstimmen einbringen." Gleichwohl – die Lizenz, die die Bayerische Heimat- und Königspartei am 23. Januar 1946 für den Stadtkreis München erhielt, bedeutete das offizielle Startsignal der monarchistischen Bewegung in der Nachkriegszeit.

Vier Wochen nach der Lizenzerteilung veröffentlichte Professor Lebsche einen ersten Aufruf an die Bevölkerung: „Über 700 Jahre lang ist Bayern als selbständiger Staat unter der Regierung des Hauses Wittelsbach frei, zufrieden und glücklich gewesen. Mit dem Sturz der Monarchie hat die Zeit des größten Niedergangs ihren Anfang genommen. Aus den Trümmern, die eine wahnsinnige Diktatur hinterließ, gilt es jetzt, unser geliebtes Heimatland neu aufzubauen. Ein neuzeitliches Königtum, eine demokratische Verfassung und die christliche Weltanschauung sollen die Grundlagen des Staates sein."[32]

Es sah aus, als wäre die Zustimmung aus der Bevölkerung größer als erwartet, denn eine erneute Umfrage[33] der Militärregierung übertraf im Februar 1946 alle bisherigen Ergebnisse. Die befragten Politiker und Honoratioren glaubten, in Oberbayern würden 70 bis 80 Prozent der Bevölkerung für eine Monarchie stimmen, in Niederbayern und Oberpfalz etwa 50 bis 60 Prozent. Lediglich in Schwaben und Franken rechneten sie mit nur 20 bis 30 Prozent Befürwortern eines bayerischen Königreichs. „Wir sind uns darüber einig", so kommentierte Captain Hardt dieses Ergebnis, „daß zum gegenwärtigen Zeitpunkt ein Volksentscheid der monarchistischen Bewegung einen starken Zulauf einbringen würde."

Ungeachtet dieser Umfrageergebnisse aber konnten damals zahlreiche Zuschriften an die Staatsregierung tatsächlich den Eindruck erwecken, daß der Gedanke eines bayerischen Königreichs immer noch tief im Bewußtsein der Leute verwurzelt war. „Die Tatsache der Gründung und Zulassung der Königspartei hat erwiesen" – so schrieb ein Justizinspektor aus Vilshofen – „daß neben dem christlichen und sozialistischen Gedankengut auch der bayerische Königsgedanke das Dritte Reich überdauert hat. Die Mehrheit des Volkes in Bayern ist für die monarchistische Staatsform."[34] Ein Münchener Kunstmaler meinte in einer ausführlichen Denkschrift, die er zum Thema Monarchie in Bayern verfaßt hatte: „Es ist nicht zu verkennen, daß heute schon starke Kräfte daran arbeiten, das bayerische Königtum wieder aufzurichten. Und mancher biedere Volksgenosse hat mir während der Nazi-Herrschaft ins Ohr geflüstert: Bayern wird erst dann wieder zur Ruhe kommen, wenn es wieder seinen König hat."[35]

Die relativ breite Resonanz, die der monarchistische Gedanke nach 1945 fand, erklärt sich bis zu einem gewissen Grad auch aus der damaligen Situation. Die Deutschen hatten dreißig schwere Jahre von Krisen und Krieg, Not und Elend, Terror und Unterdrückung hinter sich. Mit dem Ersten Weltkrieg war die alte bürgerliche Ordnung des 19. Jahrhunderts zusammengebrochen. Aus den Trümmern des Kaiserreichs erhoben sich politischer Fanatismus, Massenarbeitslosigkeit, Inflation und Wirtschaftskrisen; die in sich zerstrittenen Parteien der Weimarer Republik wußten darauf keine adäquate Antwort. Dann hatte der Nationalsozialismus einen Neubeginn versprochen. Doch die Hoffnungen, die große Teile des von Weimar enttäuschten Volkes auf Hitler gesetzt hatten, zerbrachen, als der Terror immer weitere Kreise zog, die alliierten Armeen an den Grenzen standen und ein siegreiches Kriegsende längst in unabsehbare Ferne gerückt war. War es da nicht verständlich, daß sich viele Menschen, die ihre Kinder- und Jugendzeit noch unter einem König erlebt hatten, aus dem Chaos der unmittelbaren Nachkriegszeit in das Glück jener Friedensjahre zurücksehnten? Vergessen war damals, daß es die imperialistische Politik des preußisch-deutschen Kaisers gewesen war, die das vernichtet hatte, woran man sich jetzt sehnsüchtig klammerte. Vergessen war aber auch, daß die bayerischen Könige, obwohl immer sehr auf Popularität bedacht, im Grunde nie sehr viel für ihr Volk getan hatten – kein wirklich großes sozialreformerisches Werk verband sich mit dem Namen eines wittelsbachischen Königs. Vielmehr glaubte man, mit der Monarchie wie mit einer Art Zeitmaschine zurückkehren zu können in die Prinzregentenzeit, aus der die Erinnerung an Frieden, Bürgerglück und Anstand die sogenannte gute alte Zeit gemacht hatte.[36]

Dennoch gab es unter den bayerischen Monarchisten auch Bedenken und Zweifel. Der Dichter Hans Carossa, ein glühender Anhänger der Monarchie, der noch 1940 anläßlich eines Besuchs bei Kronprinz Rupprecht im Exil in Florenz von einem Besuch bei „seinem König" geschrieben hatte, erklärte jetzt einem befreundeten Arzt in Freyung, der Mitglied in der Königspartei werden wollte: „Trotz meiner großen Sympathien für das Haus Wittelsbach liegt aber für mich die Geschichte dieser Dynastie als ein abgeschlossenes Buch unter den Schätzen der Vergangenheit, als ein abgeschlossenes Buch, das ich immer wieder einmal aufschlage. Wenn ich mir etwa den Prinzen Heinrich vorstelle und mir denke, daß er die entsetzliche Erbschaft antreten soll, welche das Hitlerregime hinterlassen hat – ein König von Gnaden der USA – daß er in den Kampf mit dem Kommunismus und mit weiß Gott wem verwickelt werden würde, dann überfällt mich das Mitleid und ich finde, man sollte ihm diese tragische Rolle ersparen."[37]

Diese tragische Rolle blieb ihm erspart, denn – was der Dichter nicht wissen konnte – das Begräbnis der Königspartei war bereits eingeläutet. Schon im Juli 1945 hatte nämlich die für die gesamte US-Zone zuständige Militärregierung in Frankfurt zwei ihrer Beobachter – Arthur D. Kahn und Egon Fleck – nach München in Marsch gesetzt, um einen Bericht über die politischen Verhältnisse in Bayern zu erhalten. Die beiden waren zu dem sicher reichlich übertriebenen Urteil gelangt, daß sich in Bayern mit Duldung des Militärgouverneurs General George Smith Patton eine „klerikal-monarchistische Verschwörung" zusammenbraue.[38] General Patton, ein politisch unsensibles Schlachtroß, hatte nach einigen Monaten selbstherrlichen Regierens das Mißtrauen seiner Frankfurter Vorgesetzten erweckt. Nicht nur, daß er sich Starallüren leistete, indem er zum Beispiel einen vergoldeten Stahlhelm zu ledernen Reithosen zu tragen pflegte, auch sein politischer Kurs gefiel der Militärregierung immer weniger. Als dann in der amerikanischen Öffentlichkeit Kritik an der von ihm nur halbherzig betriebenen Entnazifizierung laut wurde, beorderte das State Department schließlich Robert Murphy als Bevollmächtigten in die bayerische Landeshauptstadt. Murphy, von 1921 bis 1925 Vizekonsul am US-Generalkonsulat in München, war jetzt politischer Berater des amerikanischen Oberbefehlshabers in Berlin. Wegen der sogenannten Patton-Affäre[39] kam aber auch Walter L. Dorn nach München. Dorn, amerikanischer Professor für deutsche Geschichte und damals politischer Berater des in Frankfurt amtierenden Militärgouverneurs General Clarence D. Adcock, veranlaßte nicht nur die Ablösung des mißliebigen Patton, sondern betrieb auch die Entlassung des mit den Monarchisten liebäugelnden Ministerpräsidenten Schäffer. Dessen Nachfolger wurde der Sozialdemokrat Wilhelm Hoegner. Das war ein schwerer Schlag gegen die Sache der Königstreuen, zumal sie sich aufgrund der nunmehr einsetzenden Verschärfung der politischen Säuberung jetzt zusätzlich unter Druck gesetzt sahen. Murphy und Dorn, die beiden politischen Berater, begannen unabhängig voneinander einen offenen Feldzug gegen Nationalsozialisten und Monarchisten, die für sie offenbar fast identisch waren.

Das Verbot der Königspartei

Walter L. Dorn, der aus einer deutsch-amerikanischen Pastorenfamilie stammte, ein Anhänger der amerikanisch-französischen Aufklärungsphilosophie und als „Jakobiner" verschrien, sammelte während einer Inspektionsreise im Februar 1946 umfangreiches Hintergrundmaterial über die monarchistische Bewegung in Bayern. Seine ziemlich einseitig angestellten Untersuchungen und Befragungen legte er in einem vernichtenden Gutachten nieder: „Bayern ist – politisch gesehen – das am meisten rückständige Land innerhalb der US-Zone. Daher muß eine monarchistische Partei unvermeidlich zum Sammelpunkt der politischen Reaktion werden. Tatsache ist, daß für eine parlamentarische Monarchie nach englischem Muster hier weder die geeigneten Persönlichkeiten noch die entsprechende Mentalität gegeben sind. Leute vom Schlage eines Ludendorff oder Kahr sind in Bayern immer noch vorhanden."[40] Dorn kam zu dem Schluß, daß die Monarchisten der von der amerikanischen Öffentlichkeit geforderten Entnazifizierung im Weg stünden, und verlangte die Auflösung der Königspartei.

Neben dem „Jakobiner" Dorn konnte auch Robert Murphy, obgleich dem umgänglicheren und traditionsbewußten Diplomaten-Milieu zugehörig, den Ambitionen der bayerischen Königstreuen nicht viel abgewinnen. Bereits am 5. Februar 1946, also noch vor dem Gutachten Dorns, hatte sich Murphy vertraulich an General Lucius D. Clay, den stellvertretenden Militärgouverneur, gewandt, und ihm die Auflösung der Königspartei vorgeschlagen: „Nach aufmerksamem Studium von Satzung und Programm der Bayerischen Heimat- und Königspartei komme ich zu dem Schluß, daß diese nicht das Konzept einer wirklich liberalen und konstitutionellen Monarchie verfolgt, sondern vielmehr eine Rückkehr zum königlichen Gottesgnadentum anstrebt. Davon abgesehen aber können wir unmöglich eine Partei zulassen, die einen unabhängigen bayerischen Staat durchsetzen will."[41] Günstig war lediglich das Gutachten von Roger Wells ausgefallen, der von der Civil Administration Division der Militärregierung ebenfalls mit einer Analyse der monarchistischen Bewegung in Bayern beauftragt worden war. Er betonte anerkennend die Einführung der konstitutionellen Monarchie durch die Wittelsbacher im 19. Jahrhundert, deren Politik er in einen positiven Gegensatz zum militaristischen und imperialistischen Kurs der preußischen Hohenzollern stellte. Er plädierte dafür, die Königspartei unter gewissen Auflagen als eine Partei mit demokratischem und friedlichem Grundcharakter auf Landesebene zuzulassen.[42] Mag sein, daß dies mit ein Grund für General Clay war, vorläufig nichts gegen die bayerischen Monarchisten zu unternehmen.

Für den 26. Mai 1946 waren in München Stadtratswahlen vorgesehen, die ersten Wahlen, an denen auch die Königspartei teilnehmen sollte. In einer großen Wahlveranstaltung, die am 28. April 1946 im Münchener Prinzregententheater stattfand, hatte Max Lebsche die Zuhörer zu wahren Beifallsstürmen hinreißen können. Zu den Klängen von Carl Maria von Webers Jubelouvertüre verkündete der etwas untersetzte Professor, der kein großer Redner und schon gar kein Demagoge war: „Wir lassen uns nicht einfrieren und lassen uns auch nicht wie einen Naturschutzbund wohlwollend und überlegen beiseiteschieben, als ob wir nur Interesse für Königseichen, letzte Adler, Edelweiß- und Enzianplätze haben dürften, aber nicht für Politik und Staatsformen. Aber es geht uns wirklich und in vollem Ernst um den bayerischen Menschen, um die bayerische Heimat und um den bayerischen König."[43] Ein amerikanischer Beobachter, der die Versammlung im Auftrag der Militärregierung besucht hatte, berichtete an seine Dienststelle: „Als der Redner die Forderung erhob, Bayern müsse wieder ein Hoheitsrecht haben, brach die Masse der Zuhörer in förmliche Raserei aus."[44] Der Freiherr von Redwitz, Kabinettschef des Kronprinzen, dem Lebsche sein Vortragsmanuskript vorher zur „Begutachtung" überlassen hatte,[45] zeigte sich mit dem Erfolg der Veranstaltung hochzufrieden.[46] Das Prinzregententheater war überfüllt gewesen, zahlreiche Zuhörer, die keinen Platz gefunden hatten, standen auf der Straße, um die Rede des Vorsitzenden über Lautsprecher zu hören. Auch Erwein von Aretin beglückwünschte den Parteivorsitzenden: „Die Ruhe und Vornehmheit Ihrer Rede hatte etwas Faszinierendes, etwas Bezwingendes."[47] Die Monarchisten ahnten nicht, daß über ihrem Haupt bereits das Damoklesschwert des Lizenzentzugs schwebte.

Murphy schickte – nachdem General Clay zunächst nichts gegen die Königspartei unternommen hatte – seine Studie nebst allen Gutachten über die Monarchisten direkt nach Washington. „Die provisorische Zulassung einer monarchistischen Partei in Bayern hat unter den Parteipolitikern innerhalb der US-Zone zu einigen Diskussionen Anlaß gegeben", stand in seinem Begleitschreiben. „Die Aufmerksamkeit der amerikanischen Politik sollte sich daher jetzt auf diese und andere separatistische Bewegungen richten, die in Deutschland augenblicklich im Vordergrund des allgemeinen Interesses stehen."[48] Als das Ministerium vorerst nicht reagierte, kabelte Murphy am 19. April 1946 einen weiteren alarmierenden Bericht nach Washington: „Die Königspartei hat bis jetzt noch nicht in zufriedenstellender Weise verschiedene umstrittene Punkte ihres Programms klargestellt, die ihren demokratischen Charakter in Zweifel ziehen."[49] Das war den Monarchisten bei Erteilung der provisorischen Lizenz zur Auflage gemacht worden. Murphy untermauerte seine Ansichten mit ziemlich weithergeholten Argumenten, so etwa wenn er auf die „hohen Kosten einer Monarchie" hinwies, die ein armes Land wie Bayern zusätzlich und unnötig belasten würden, oder wenn er den Königstreuen unterstellte, mit einem bayerisch-österreichischen Bündnis oder einer europäischen Union antisowjetischer Zielrichtung internationale Konflikte hervorzurufen. Die größte Gefahr aber sah er im bayerischen Separatismus der Königstreuen. Er drang auf eine rasche Entscheidung von höchster Stelle: „Wir würden gerne jetzt die Ansicht des State Department zu dieser gewiß heiklen Angelegenheit zur Kenntnis nehmen."

Die Ansicht des State Department wurde prompt mitgeteilt. In einem Telegramm vom 5. Mai 1946 („secret and urgent") erhielt General Clay die Anweisung aus Washington, die sofortige Auflösung der Königspartei zu veranlassen.⁵⁰ Unter Bezugnahme auf die Berichte Murphys, die zum Teil ausdrücklich zitiert waren, hieß es dort: „Das Ministerium ist der Ansicht, daß sich die Errichtung einer bayerischen Monarchie objektiv gesehen in direktem Widerspruch zu einem künftigen demokratischen Wiederaufbau Deutschlands befindet. Die deutschen Königshäuser haben stets eine antiliberale und undemokratische Haltung bewiesen. Sie sind unauflöslich mit der militaristischen und autoritären Vergangenheit Deutschlands verbunden. Eine bayerische Monarchie würde – ebenso wie die Aktivitäten einer monarchistischen Partei – ehemalige Nazis und ähnliche Elemente anziehen."

Hinter dem Verbot aber verbargen sich letztlich Überlegungen, die in der Begründung nicht genannt waren. Zum einen deckte sich die von den Monarchisten angestrebte bayerische Eigenstaatlichkeit ganz und gar nicht mit dem Programm der Amerikaner, das seit der Potsdamer Konferenz auf eine wirtschaftliche Einheit Deutschlands und dann, als diese zunächst scheiterte, auf eine politische Einheit ausgerichtet war.⁵¹ Zum anderen aber konnte der Militärregierung, die auf ein stabiles Parteiensystem mit wenigen großen Parteien hinarbeitete⁵², eine Spaltung des bürgerlichen Lagers nicht gleichgültig sein. Sie begünstigte eindeutig die Bildung einer starken konservativen Sammlungspartei und schirmte daher die noch im Entstehen begriffene CSU gegen die Königspartei ab.⁵³ Am 10. Mai 1946, knapp zwei Wochen nachdem die CSU bei den bayerischen Kreistagswahlen fast 68 Prozent der Stimmen erhalten hatte, telegraphierte die Nachrichtenabteilung der Münchener Militärregierung an Ministerpräsident Hoegner folgende Weisung: „Die Bayerische Heimat- und Königspartei ist im Stadtkreis München aufgelöst worden und es ist ihr untersagt, sich in Bayern politisch zu betätigen. Keine monarchistische Partei oder Gruppe wird in Zukunft die Genehmigung erhalten, sich in Bayern politisch betätigen zu dürfen."⁵⁴

Der große Gewinner des Verbots war zweifellos die CSU, die vermutlich einen erheblichen Teil ihres Wählerpotentials an die Königspartei verloren hätte. „Es steht außer Zweifel", hieß es in einem vertraulichen Bericht der Militärregierung vom 8. Mai 1946, „daß die Königspartei zumindest in Altbayern einen beachtlichen Erfolg erzielt hätte. Wir schätzen, daß sie bei den Münchener Stadtratswahlen mindestens 25 Prozent, maximal aber 50 Prozent erhalten hätte. Ein solches Ergebnis aber hätte genügt, den Stimmenanteil der CSU so stark herabzusetzen, daß diese Partei die Wahl mit Sicherheit verloren hätte."⁵⁵ Die Konkurrenz zwischen der CSU und der Königspartei ist in den zahlreichen

Gutachten, die dem Verbot vorausgegangen waren, seltsamerweise nur ein einziges Mal und auch dort nur ganz am Rande aufgetaucht: „It is possible that the monarchist issue will split the CSU!"[56] So hatte Morris Gadol vom Intelligence Branch Würzburg nach einem Gespräch mit dem Generalvikar Dr. Vinzenz Fuchs gemeldet. Franz von Redwitz mag daher nicht Unrecht gehabt haben, als er Jahre später an Lebsche in einem Brief meinte: „Die Königspartei spielt allerdings keine große politische Rolle, aber nur deshalb, weil sie 1946 von der Besatzungsmacht verboten wurde. Von diesem Verbot profitierte in der Hauptsache die CSU, und sie profitiert heute noch weiter davon, denn es ist durchaus fraglich, ob eine Königspartei ohne dieses Verbot heute nicht stärker wäre als die CSU, außerdem würde es auch keine Bayernpartei geben."[57]

Obwohl die Königspartei im Mai 1946 verboten worden war, erhielt die monarchistische Bewegung in Bayern schon wenige Monate später neuen Auftrieb. Anlaß war die Debatte, die in der Verfassunggebenden Versammlung um die Verankerung eines bayerischen Staatspräsidenten in der Verfassung geführt wurde. Der separatistisch-monarchistische Flügel innerhalb der CSU um Alois Hundhammer plädierte für die Errichtung einer solchen Staatspräsidentschaft. Einer der aussichtsreichsten Kandidaten war nämlich Kronprinz Rupprecht, und seine Anhänger konnten hoffen, die Monarchie durch das Hintertürchen einer Präsidentschaft Rupprechts am Ende doch noch ins Land schmuggeln zu können.[58] Doch Hundhammer erlitt in der entscheidenden Abstimmung am 12. September 1946 eine zwar äußerst knappe, aber doch folgenreiche Niederlage, die auch den Hoffnungen der Monarchisten einen schweren Dämpfer versetzte.

Erst drei Jahre später schien sich im Zusammenhang mit der Auseinandersetzung um das Bonner Grundgesetz nochmals etwas Spielraum für die monarchistische Bewegung zu ergeben. Professor Lebsche, der seit 1947 mit Zustimmung der Militärregierung wieder in den Lehrkörper der Münchener Universität aufgenommen worden war, nahm im Dezember 1948 auf Einladung des ehemaligen Ministerpräsidenten Schäffer an Gesprächen teil, zu denen neben Staatsminister Hundhammer auch Monarchisten wie Redwitz, Rattenhuber und Friedrich Lent gebeten waren.[59] Über alle parteipolitischen Schranken hinweg sollte eine gemeinsame Front gegen das Bonner Grundgesetz errichtet werden, und es war zunächst gar keine Frage, daß bei der Verteidigung der bayerischen Eigenstaatlichkeit das Fähnlein der Königstreuen in vorderster Linie mitmarschieren sollte und wollte. Trotzdem kam es zu keiner geschlossenen politischen Aktion. Der Streit um das Grundgesetz wurde bald zum politischen Wettkampf zwischen der CSU und der im Herbst

1946 gegründeten Bayernpartei, zu der ebenfalls zahlreiche Monarchisten übergewechselt waren.

Am 1. Mai 1949 – eine Woche vor der Schlußabstimmung im Plenum des Parlamentarischen Rats – traf sich in München eine Gruppe ehemaliger Widerstandskämpfer aus dem Heimat- und Königsbund zu einer Kundgebung. Dort, sowie auf dem gleichzeitig stattfindenden Dachauer Heimatfest, sprachen der Bayernpartei-Vorsitzende Josef Baumgartner und der CSU-Minister Hundhammer. Baumgartner richtete Grüße „an den Repräsentanten des Hauses Wittelsbach, Kronprinz Rupprecht" und verlangte, „das Volk müsse selber bestimmen, welche Staatsform es haben wolle".[60] Für den 18. Mai 1949, den 80. Geburtstag des Kronprinzen, wurde die Parole ausgegeben, im ganzen Land weißblau zu flaggen. Hundhammer wollte sich sogar an die Spitze einer staatlichen Delegation stellen, um vor Rupprecht ein feierliches Treuegelöbnis für Bayern und das Haus Wittelsbach abzulegen. Die Rückkehr zur Monarchie war plötzlich wieder in aller Munde. Wieder erscholl der Ruf nach einer Volksbefragung, und wieder ermittelten die Zeitungen erstaunliche, aber wohl kaum zuverlässige Mehrheiten von 88 Prozent (Isarpost) bis gar 93,4 Prozent (Münchner Allgemeine).[61] Kronprinz Rupprecht und Baumgartner rechneten dagegen „nur" mit 60 Prozent, während eine Untersuchung der amerikanischen Militärregierung vom 13. Mai 1949 den Monarchisten allenfalls 30 Prozent gab.[62]

Im Grunde aber war der Gedanke eines selbständigen bayerischen Königreichs zu diesem Zeitpunkt endgültig überholt. Währungsreform und wirtschaftliche Einigung Westdeutschlands galten als unumstößliche Tatsachen. Das Bonner Grundgesetz, das im Mai 1949 mehrheitlich – allerdings gegen die Stimme Bayerns – angenommen wurde, schrieb für alle Länder der Bundesrepublik Deutschland die republikanische Staatsform vor. Mit der immer noch zugkräftigen Parole vom souveränen Königreich Bayern war es Politikern wie Hundhammer und Baumgartner lediglich gelungen, vorübergehend Emotionen zu entfachen. Doch die Begeisterung entpuppte sich rasch als Strohfeuer. Die Mehrheit innerhalb der CSU distanzierte sich vom Kurs Hundhammers. Die Monarchisten begannen, sich jetzt in Zirkeln und Gruppen gegenseitig Konkurrenz zu machen und steuerten so kopflos ins völlige Desaster.

Es begann damit, daß Anton Berr, Professor an der landwirtschaftlichen Hochschule Weihenstephan, zusammen mit Graf Gustl de la Rosée am 10. Dezember 1949 – vier Monate nach der ersten Bundestagswahl – einen Bayerischen Heimat- und Königsbund gründete. Sein Programm bestand in einer Treueerklärung für das Haus Wittelsbach und der Forderung nach Wiederherstellung der Monarchie.[63] Berr war Mitglied der Bayernpartei und dort Exponent einer extrem separatistischen

Minderheit, die so weit ging, daß sie nicht nur ein unabhängiges Königreich Bayern errichten, sondern dabei auch die fränkischen Gebiete – weil protestantisch und preußisch – vom Land abtrennen wollte.[64] In gewisser Weise setzte Anton Berr die politische Linie des 1939 nach Frankreich emigrierten Joseph Panholzer fort,[65] indem er sich – wie seinerzeit Panholzer – in General de Gaulle einen Protektor für eine bayerische Souveränität erhoffte. Eine Allianz zwischen Bayern und Frankreich, deren historische Traditionen ins 17. Jahrhundert zurückreichten und die zuletzt im napoleonischen Rheinbund (1806–1813) verwirklicht gewesen war, sollte neu aufgelegt werden. Die Erwartungen, die Berr und mit ihm etliche Monarchisten auf Frankreich setzten, kamen nicht von ungefähr. Frankreich hatte noch von 1920 bis 1934 in München eine eigene Gesandtschaft unterhalten,[66] was in offenem Widerspruch zur Weimarer Verfassung stand, und sich dabei als Beschützer bayerischer Souveränitätsrechte gebärdet. 1927 gab es sogar geheime Kontakte zwischen dem französischen Oberkommissar für das Rheinland und dem bayerischen Ministerpräsidenten Held.[67] Nach Kriegsende konnte die Pariser Regierung den Gedanken einer bayerischen Eigenständigkeit um so leichter hegen und pflegen, als sich Frankreich ab Herbst 1945 als Gegner der deutschen Einheit im Alliierten Kontrollrat erwies.[68] „Das Ziel Bayerns ist ein vereinigtes Europa unter der Führung Frankreichs", schrieb Professor Berr im April 1949 an de Gaulle.[69] Doch de Gaulle war kein Napoleon, auch wenn er öfters mit ihm verglichen wurde, und Berr wurde von einem Großteil der Mitglieder des Königsbundes aus der Zeit der Weimarer Republik abgelehnt. Selbst das Haus Wittelsbach distanzierte sich von ihm und forderte seinen Rücktritt, da er allzusehr „politisch abgestempelt"[70] sei. Als dieser nicht aufgab, begann Redwitz, die Graue Eminenz des Hofes, noch einmal seine Fäden zu spinnen. Er gewann Erwein von Aretin für die Gründung eines Konkurrenz-Bundes. Am 26. Februar 1950 wurde während einer Kreisversammlung der Bayernpartei in Deggendorf unter dem Vorsitz von Erich Chrambach, ehemals königlich-bayerischer Rittmeister und Landrat a. D., der Bayerische Heimat- und Königsbund mit dem Zusatztitel „in Treue fest e. V." neu konstituiert.[71]

Neugründung der Königspartei 1950

Daß wenig später auch die Königspartei wiedergegründet wurde, lag zunächst an einigen Abweichlern der Bayernpartei, die im niederbayerischen Kötzting wegen der bevorstehenden Landtagswahl die inzwischen vom amerikanischen Lizenzgebot nicht mehr betroffene Monarchisten-

Partei wiederaufleben lassen wollten. Professor Lebsche blieb, wie er später meinte, gar nichts anderes übrig, als „der Provinz zuvorzukommen und diese Bewegung abzufangen."[72] An der Gründungsversammlung der Königspartei in München nahmen auch die prominenteren Mitglieder des Aretinschen Königsbundes teil, Graf Gustl de la Rosée, Graf Deroy-Fürstenberg und – auch wenn er seine Anwesenheit später abstreiten sollte – Freiherr von Redwitz, der allzeit seine Hände im monarchistischen Spiel hatte.[73] Das eigentliche Fundament der jetzt nochmals aufflackernden Aktivitäten der Königstreuen aber schien der separatistische Flügel der Bayernpartei, der nach der Bundestagswahl von 1949 seine Unzufriedenheit mit der Parteiführung immer deutlicher bekundete. „Wir durften erwarten", meinte der Generalsekretär der Königspartei, Rechtsanwalt Walter Hemmeter, „daß die Monarchisten in der Bayernpartei, die mehr als die Hälfte der Anhänger ausmachten, zu uns stoßen würden in dem Augenblick, in dem wir unsere Fahne entrollten."[74] Außerdem begannen in München – wie später sowohl Hemmeter als auch Lebsche bestätigten – „geheime Vorbesprechungen wegen einer sogenannten Rechtskoalition",[75] die damals zwischen Vertretern der CSU, der FDP, der Flüchtlingspartei von Professor Oberländer (BHE), den Dissidenten der Bayernpartei und dem Vorstand der Königspartei geführt wurden. Den finanzschwachen Monarchisten, die im Rechnungsjahr 1950/51 nur 14000 Mark an Spenden und Mitgliedsbeiträgen zur Verfügung hatten, sollten von der Bayernpartei größere Geldsummen zufließen. Die CSU stellte sogar ein Wahlabkommen in Aussicht,[76] und es ist nicht auszuschließen, daß die Königstreuen das einigende Band zwischen dem Hundhammer-Flügel der CSU und den Monarchisten der Bayernpartei hätten sein können.

Lebsche, der sich dieser Möglichkeit wohl bewußt war, bemühte sich jetzt, den überparteilichen Charakter der monarchistischen Bewegung ganz in den Vordergrund zu rücken. „Daß Sammlung aller Kräfte und aller Parteien unter Zurücksetzung kleiner Unterschiede notwendig ist, braucht nicht betont zu werden," schrieb er am 25. Juli 1950.[77] Doch die Hoffnungen der Monarchisten auf ihre weiß-blauen Gesinnungsfreunde erfüllten sich nicht. Die Bayernpartei geriet zwar durch den Übertritt ihres Abgeordneten Anton Donhauser sowie dreier weiterer Bundestagsmitglieder zur Königspartei in arge Bedrängnis,[78] aber es gelang ihr – nicht zuletzt durch die Berufung von Fürst Öttingen-Wallerstein in den Landesvorstand –, ihren monarchistischen Flügel bei der Stange zu halten. Selbst ihr Generalsekretär Dr. Anton Besold, der 1946 auf den Rat der Monarchisten in die Bayernpartei eingetreten war, um dort die Sache des Königtums weiter zu verfechten, blieb auf seinem Posten. „Daß diese Erwartung auf die Rückkehr unserer eigenen früheren Mitglieder zu unserer Partei sich nicht erfüllte, war unsere große Enttäuschung",[79] klagte Hemmeter später. Donhauser, der zunächst als Sonderbeauftragter der Königspartei wirkte, wurde kurz darauf durch den Spiegelausschuß des Bundestages politisch außer Gefecht gesetzt. Auch von der CSU sahen sich die Monarchisten im Stich gelassen, nachdem das von Ministerpräsident Ehard angeregte Wahlbündnis durch die Delegiertenversammlung der CSU abgelehnt worden war.[80] Die Königspartei, die aufgrund der Versprechungen seitens der CSU und der Bayernpartei bei der Landtagswahl von 1950 auf die Aufstellung eigener Kandidaten zunächst verzichtet hatte,[81] konnte sich kaum noch in den Wahlkampf einschalten. Nur in 17 von insgesamt 42 Stimmkreisen gelang es ihr schließlich, Bewerber aufzustellen. Lebsches Antrag beim Innenministerium, die Wahl wenigstens um vier Wochen zu verschieben, wurde abgelehnt.[82]

Obwohl es im Grunde schon zu spät war, begann der unermüdliche Lebsche in fieberhafter Eile das nachzuholen, was er anfangs vermeiden wollte: den Aufbau eines Parteiapparats. Es war freilich nicht leicht, in so kurzer Zeit geeignete Leute zu finden. Sie kamen überwiegend aus dem Heimat- und Königsbund oder aus der Bayernpartei. Immerhin gelang es noch, in allen bayerischen Regierungsbezirken Kreisverbände mit kommissarischen Vorsitzenden zu organisieren.[83] Bei einer großen Wahlkundgebung am 22. Oktober 1950 im Kongreßsaal des Deutschen Museums – es sollte die letzte sein – rief Lebsche hoffnungsfroh: „Bayern wird nach Zeiten der Trübsal wieder seinen König haben."[84] Doch mit der Landtagswahl vom 26. November 1950 zerplatzten die Illusionen der Königspartei wie Seifenblasen. Nur 71 089 Stimmen – nicht einmal ein Prozent – konnten die Monarchisten für sich verbuchen. Die Bayernpartei hingegen errang 17,9 Prozent, während die CSU mit 27,4 Prozent die meisten Abgeordneten im neuen Landtag stellte.[85] Damit waren die Würfel gefallen. Die monarchistische Bewegung in Bayern, die unmittelbar nach dem Krieg eine politisch ernstzunehmende Kraft darstellte und nicht zuletzt aus diesem Grund von den Amerikanern unterdrückt worden war, konnte sich – als sich ihr 1949/50 nochmals eine kleine Chance bot – aus eigener Kraft nicht mehr entfalten. Die bürgerlich-konservativen Parteien, vornehmlich die CSU und die Bayernpartei, an die der Monarchismus nach 1946 im wesentlichen sein Wählerpotential als auch den Großteil seiner fähigsten Leute verloren hatte, waren inzwischen so etabliert, daß weder die Krise der Bayernpartei nach der Bundestagswahl von 1949 noch die latente Spaltungsgefahr in der CSU ausreichten, um den zersplitterten und politisch konzeptlosen Monarchisten zum Erfolg zu verhelfen. Das Volk hatte andere Sorgen, als zerschlissene Königsmäntel zu flicken. Ministerpräsident Ehard steuerte mit einer großen Koalition von CSU, SPD und BHE das Land Bayern mit behutsamen Geschick in den westdeutschen Bundesstaat, so wie auch 1870 sein Vorgänger Lutz das Königreich Bayern in den nationaldeutschen Kaiserstaat geführt hatte.

Das Ende der Bewegung

Politische Strömungen sind jedoch nicht mit einem Schlag zu Ende, und eine so sehr mit Traditionen und Emotionen behaftete Bewegung wie der bayerische Monarchismus lebte auch nach der Wahlniederlage von 1950 zunächst weiter. Die Königspartei kandidierte nochmals bei den bayerischen Kommunalwahlen vom 30. März 1952, errang aber dort nur noch 0,2 Prozent. Bei der Landtagswahl von 1954 verzichtete sie auf die Nominierung eigener Kandidaten, um – wie es hieß – den konservativen Parteien keine Stimmen wegzunehmen. Am 29. September 1954, wenige Wochen vor der Landtagswahl, stellte die Königspartei den Abgeordneten der CSU und der Bayernpartei die Frage, wie sie es denn mit der Monarchie hielten, worauf von 193 Volksvertretern, die beide Parteien im Plenum stellten, sich immerhin 70 zum Königtum bekannten. Die Königspartei gab ihren Mitgliedern daraufhin Wahlempfehlungen, in München z. B. für Georg Brauchle und Franz Heubl.[86] „Wir wollen vor allem Annäherung der CSU und Bayernpartei erwirken",[87] hoffte Lebsche, ein Ziel, das jedoch nach der Wahl durch die Viererkoalition Hoegners vereitelt wurde. Wieder war die Enttäuschung groß. Wieder sah das konservative Bayern im Königtum den letzten Rettungsanker. „Hätte man eine Monarchie, wäre dies alles unmöglich", klagte Professor Dr. Rudolf Graber, der spätere Bischof von Regensburg, dem Vorsitzenden der Königspartei.[88]

Im Mai 1955 unternahm Lebsche einen letzten Versuch, die sogenannten „Bekenntnis-Monarchisten" unter den Landtagsabgeordneten zu sammeln. Wie er damals dem MdL Georg von Frankenstein aus Ullstadt (Neustadt/Aisch) mitteilte, „befinden sich im derzeitigen Bayerischen Landtag 26 Abgeordnete der CSU und 6 Abgeordnete der Bayernpartei, die sich als Monarchisten bekannt haben".[89] Die Anzahl der Königstreuen im Parlament hatte sich gegenüber dem Vorjahr um mehr als die Hälfte verringert. Trotzdem versprach der Baron, sich der Sache anzunehmen, doch schon wenige Monate später verlor die monarchistische Bewegung durch den Tod des 86jährigen Kronprinzen ihre Leitfigur. Erbprinz Albrecht übernahm zwar wohl oder übel die Rolle des Thronprätendenten, zum Leidwesen der Monarchisten aber nicht den Titel Kronprinz. Die Verhandlungen Lebsches mit Frankenstein verliefen im Sande.[90]

Am 7. September 1957 leitete Professor Lebsche im Münchener Rhaetenhaus die ordentliche Mitgliederversammlung der Bayerischen Königspartei – ein letztes Mal. Er starb wenige Wochen später am 28. September 1957 in seinem Heimatort Glonn. Nach seinem Tod wurde – obwohl die Königspartei weiterbestand – der Bayerische Heimat- und Königsbund zum eigentlichen Träger der monarchistischen Bewegung. 1951 hatte er sich mit dem Berrschen Königsbund vereinigt und zu der 1957 durch Fürst Öttingen-Wallerstein gegründeten „Bayerischen Einigung"[91], einem ebenfalls überparteilichen monarchistischen Verband, wurden zumindest Querverbindungen hergestellt.[92] 1958 übernahm der Münchener Jurist Rudolf Huber, ein CSU-Mitglied, den Vorsitz des Königsbundes. Sein Sprachrohr war die „Weiß-blaue Rundschau", in der noch Ende der fünfziger Jahre Forderungen nach einem bayerischen Gesandten beim Vatikan, nach dem bayerischen Staatswappen auf Briefmarken oder auch einem Lehrstuhl für bayerische Literatur erhoben wurden.[93] Der Lehrstuhl für bayerische Literatur ist inzwischen geschaffen, das Gesandtschaftsrecht und die Post blieben jedoch – wie in der Verfassung vorgesehen – Angelegenheiten des Bundes. Auf der Landesversammlung des Heimat- und Königsbundes wurde im November 1965 nochmals über die Wiedereinführung der Monarchie diskutiert,[94] vermutlich zum letztenmal, denn zwei Jahre später, am 9. Juli 1967, löste sich der Bund im Verlauf einer dramatischen Sitzung im Münchner Hofbräuhaus auf.[95] Rechtsnachfolger wurde der Bayernbund e. V., der seitdem nach den Worten seines Vorsitzenden Rudolf Huber eine „im vorparlamentarischen Raum, gerade im politischen Bereich, beachtete Kraft" darstellt.[96] Die Königspartei ließ erst 1985 ihre Löschung im Vereinsregister durchführen und stellte einen kleinen Restbestand an finanziellen Mitteln dem Bayernbund zur Verfügung.[97]

Die Forderung nach Wiedereinführung der Monarchie in Bayern, die im Grunde spätestens mit der Verabschiedung des Grundgesetzes nicht mehr ernsthaft gestellt werden konnte, hatte in den fünfziger Jahren noch bei den separatistischen Grüppchen der Bayernpartei und der CSU einen schwachen Rückhalt gefunden, verlagerte sich aber dann zunehmend in den folkloristischen Bereich der Heimat- und Trachtenvereine, von denen besonders die zahlreichen König-Ludwig-Vereine einer romantisch verklärten Königssehnsucht nachhängen. Daß Bayern – obwohl dort die Uhren bekanntlich anders gehen – heute keine Monarchie ist, lag mit Sicherheit nicht nur an den Amerikanern, die 1946 die Königspartei verboten hatten. Ob die Monarchisten mit einem Volksentscheid die Mehrheit gewonnen hätten, ist mehr als ungewiß. Auch wenn die Erhebung der Militärregierung ihre Hoffnungen zu bestätigen schienen, so muß man fragen, ob die im Zeichen von demokratischer Republik und republikanischer Diktatur aufgewachsenen Generationen sich wirklich für ein Königtum hätten erwärmen können, dessen Protagonisten ja nicht viel mehr anzubieten hatten als eine wohlgemeinte Idee. Wie hätten die Millionen von Flüchtlingen reagiert, die von der Tradition der Wittelsbacher nichts wußten? Wäre ein Monarch an der Spitze nicht eine unnötige Belastung des seit 1806 nur langsam ausbalancierten Verhältnisses zwischen Altbayern und Franken gewesen, und wäre die seit 1918 nur mühsam angebahnte Integration der vorwiegend republikanisch gesinnten Arbeiterschaft in den Staat von einer Monarchie nicht weiter verzögert worden? Lauter Fragen, auf die eine Monarchie wohl kaum eine überzeugende Antwort gefunden hätte.

Der Regensburger Verleger Josef Held, ein Sohn des ehemaligen Ministerpräsidenten, der mit Lebsche in regelmäßiger Korrespondenz stand, hatte sich 1956 mit den „Bannerträgern des monarchischen Gedankens" kritisch auseinandergesetzt. Mit Recht warf er der Königspartei vor, daß es ihr nach 1945 nicht gelungen sei, „von unten herauf eine entsprechende Volksbewegung zu entfachen und damit aus dem rein vereinsmäßigen Stadium heraus zu kommen".[98] Der Anstoß – so Held – hätte aus dem Volk kommen müssen. Dies aber war nicht der Fall gewesen. Die Sozialdemokraten hatten 1918 die Monarchie beseitigt, und Hitler, der ihnen dafür später dankbar war, hatte zu gründlich die letzten Reste monarchischer Traditionen ausgelöscht, als daß 1945 nochmals ein Schritt zurück hätte getan werden können. Das Königreich Bayern blieb – wie Hans Carossa im Dezember 1945 geschrieben hatte – „ein abgeschlossenes Buch unter den Schätzen der Vergangenheit".

Peter Jakob Kock

Bayern und Deutschland.
Föderalismus als Anspruch und Wirklichkeit

Nur mit Mühe konnte Landtagspräsident Horlacher in der ersten Morgenstunde des 20. Mai 1949 die Emotionen zügeln, als er nach 15stündiger Parlamentsdebatte bekanntgab: „Das Grundgesetz in der vorliegenden Form hat nicht die Zustimmung des Bayerischen Landtags gefunden." Damit war Bayern das einzige Bundesland, von dessen Parlament das Grundgesetz abgelehnt wurde. Dieses bis heute oft zitierte „bayerische Nein" war allerdings nicht aus ganzem Herzen gesprochen. Der Landtag relativierte es sogleich, indem er zur Rechtsgültigkeit des Grundgesetzes „ja" sagte. Das „geflüsterte Ja" in Verbindung mit dem im gleichen Atemzug „laut gerufenen Nein"[1] ist nur zu verstehen, wenn man die Diskussion der Föderalismusfrage zwischen 1945 und 1949 vor dem Hintergrund von Bayerns Geschichte und Tradition untersucht.

Historie und Tradition

Bayerns Traditionsbewußtsein beruft sich – wie es in der Präambel zur Bayerischen Verfassung von 1946 heißt – auf eine „mehr als tausendjährige Geschichte". Die Geschichte des modernen Bayern beginnt erst im Zusammenhang mit den Napoleonischen Kriegen. Nach dem Wiener Kongreß 1815 war Bayern mit 75 000 Quadratkilometern und 3,5 Millionen Einwohnern der drittgrößte Staat im Deutschen Bund. Als größter „Mittelstaat" stand Bayern bis zur Bundesauflösung zwischen den Großmächten Preußen und Österreich. Es war dabei zu schwach, um als dritte Macht von sich aus Anstöße zur Lösung der deutschen Frage geben zu können. Bayerns Maxime war folglich bis 1866, „mit Österreich und mit Preußen zu gehen, aber auf keinen Fall gegen Österreich"[2], das ihm konfessionell und stammesmäßig näherstand.

Bayern, dem Bismarck bei der Reichsgründung entgegenkam, weil es nach seinen Worten „vielleicht das einzige deutsche Land" war, „dem es durch seine materielle Bedeutung, durch die bestimmte ausgeprägte Stammeseigentümlichkeit und die Begabung seiner Herrscher gelungen sei, ein wirkliches und in sich selbst befriedigtes Nationalgefühl auszubilden"³, fand sich im neuen Kaiserreich bald zurecht und die Fraktion der radikalen Patrioten, die mit dem Aufgehen Bayerns im Reich haderten, schmolz dahin. 1887 nannte sich dann die bayerische Patriotenpartei „Bayerisches Zentrum", was den Stimmungsumschwung besiegelte. Protesthochburgen gegen die „kleindeutsche Lösung" hielten sich lediglich in ländlichen Gebieten Südbayerns.

Die Wirren nach dem Kriegsende 1918 ließen Bayern auf Jahre nicht zur Ruhe kommen. Nach der Ermordung Ministerpräsident Eisners und der Zerschlagung der Räterepublik formierte sich der Widerstand des Bürgertums und vor allem rechtsradikaler Kreise nicht nur gegen die Linke, sondern auch gegen die neue Staatsordnung. München wurde zum Sammelplatz für Freikorpsleute, völkische und nationale Sektierer, unter die sich auch bayerische Föderalisten und Separatisten mischten. Sie sahen in Bayern ein „Bollwerk" gegen die Linke. Es sollte die „Ordnungszelle" des Reiches werden im Kampf gegen Sozialismus, Liberalismus und Parlamentarismus. Die verfassungsrechtlichen Weichenstellungen in Weimar konnten von München aus infolge der innerbayerischen Schwäche kaum beeinflußt werden. Dazu kamen Dissonanzen im Verhältnis zu den übrigen süddeutschen Ländern, die sich als föderalistische Bündnispartner anboten.⁴

Erst als ab 1924 Bayern wieder in ruhigeres Fahrwasser geriet, stellte sich die Föderalismusfrage in voller Schärfe. Der unitarische Geist der Weimarer Verfassung hatte inzwischen schmerzlich bewußt werden lassen, daß nun auch die partielle Autonomie Bayerns im Kaiserreich geschwunden war. Mehrfache Anläufe der bayerischen Staatsregierung zu einer föderalistischen Revisionspolitik blieben erfolglos und wurden überlagert von den politischen Sorgen, die von der Dynamik des Nationalsozialismus ausgingen. Die „Machtergreifung" Hitlers brachte neben der Abkehr vom Rechtsstaat auch den Marsch in den Einheitsstaat par excellence. Die Geschichte zwischen 1870 und 1933 macht deutlich, daß eine „bayerische Frage" oder ein „bayerisches Problem", wie man in der Weimarer Zeit sagte, erst dann auftrat, wenn ein offenkundiger Unitarismus den bayerischen Anspruch auf Eigenstaatlichkeit innerhalb des Bundes in Frage stellte.

Schon seit dem Beitritt zum Deutschen Bund war bayerische Politik zwischen den Polen Souveränitätsstreben und Bundestreue angesiedelt. Das „kleindeutsche" Reich, in das Bayern nach Meinung der Patriotenbewegung hineingepreßt worden war, verkörperte eine bundesstaatliche Lösung, in der die bayerische mit der preußischen Frage gewissermaßen verkoppelt war. Das hatte zur Folge, daß die fundamentalistische Kritik deutscher Föderalisten am hegemonialen Föderalismus Bismarckscher

Prägung Bayern infolge seiner Vorzugsstellung nicht aussparen konnte. Andererseits waren für Bayern seine historisch gewachsene Territorialität und die Reservat- und Sonderrechte unverzichtbar, wollte es nicht das Bewußtsein genuiner Staatlichkeit aufgeben.

Für die Zeit nach dem Zweiten Weltkrieg definierte Karl Schwend[5], „Chefideologe" in der Bayerischen Staatskanzlei und von 1950 bis 1954 deren Amtschef, Bayerns Rolle wie folgt: „Die bayerische Politik Dr. Ehards ist darauf gerichtet, dem Staat Bayern unter den gewandelten Verhältnissen im neuen Deutschland die Stellung und Bedeutung zu wahren und zu schaffen, die ihm nicht nur auf Grund einer noch stark lebendigen geschichtlichen Tradition zukommen, sondern die in nicht geringerem Maße in den Erfordernissen der deutschen Gegenwart und Zukunft begründet sind. Bayerns Position und das Maß seiner eigenen bayerischen Politik, sei es im Innern, sei es nach außen gegenüber dem Bunde, hängen von dem Grade des föderalistischen Charakters der deutschen Gesamtverfassung und von der lebendigen Wirksamkeit der föderalistischen Kräfte in Deutschland ab."[6] Wollte man aus dieser definitorischen Enge des Föderalismus schließen, der föderative Gedanke sei für Bayern nur ein Mittel zum Zwecke der Eigenstaatlichkeit, begäbe man sich damit aufs Glatteis des vielfältig auszulegenden Föderalismusbegriffs.

Die Föderalismusdiskussion nach 1945 war ähnlich wie in der Weimarer Republik von zwei Strömungen beherrscht, wobei die Differenzen zwischen den beiden Richtungen zumeist nicht offen zu Tage traten. Die eine Seite akzeptierte die Reichsgründung von 1871 als Ausdruck einer spezifisch deutschen föderativen Ordnung. Diese vorwiegend verfassungs- oder staatsrechtliche Betrachtung, der ein Großteil der bayerischen Föderalisten nahestand, empfand die „kleindeutsche Lösung" der deutschen Frage nicht als „undeutsch". Im Jahr 1945 hatte diese Position jedoch einen gravierenden politischen Haken: In einer Zeit überbordender Antipreußenstimmung war es nicht opportun, sich auf Bismarck und sein Reich zu berufen.

Die zweite Richtung im föderalistischen Lager hielt unbeirrt an der Ablehnung der Bismarckschen Reichsgründung fest. Sie beschwor den übernationalen Charakter der Reichsidee und orientierte sich am universalen Reichsgedanken des Mittelalters. Ihre Propheten waren auch nach dem Zusammenbruch des Dritten Reiches Constantin Frantz und Onno Klopp, der Zentrumspolitiker Mallinckrodt, Bischof Ketteler und der Gründer der katholisch-sozialen Bewegung in Österreich, Karl von Vogelsang. In der Weimarer Zeit war diese Version des Föderalismus am Rande von Zentrum und Bayerischer Volkspartei diskutiert und propagiert worden. Diesem katholisch-abendländischen Föderalismusverständnis war nach Kriegsende 1945 eine Flut von Broschüren und Zeitschriften gewidmet (z. B. „Neues Abendland", „Föderalistische Hefte", anfangs auch F. A. Kramers „Rheinischer Merkur").

Die Ausgangslage 1945/46

In den Monaten nach der Kapitulation des deutschen Reiches konnte sich Bayern durchaus als privilegiert betrachten. Es hatte aufgrund seiner ländlichen Struktur relativ geringe Zerstörungen zu beklagen und besaß ein vergleichsweise hohes Maß agrarischer Selbstversorgung. Das vorwiegend kleingewerblich-landwirtschaftlich geprägte Bayern hatte somit angesichts des Zerstörungsgrades in hochindustrialisierten deutschen Regionen einen Startvorteil, der dem Staatsgefühl Auftrieb gab. Dazu kam, daß, von der Abtrennung der Pfalz und des Landkreises Lindau abgesehen, Bayern das einzige Land war, das von willkürlicher Zonengrenzziehung verschont blieb. Und schließlich waren das auch nach zwölfjähriger Diktatur immer noch mächtige Traditionsbewußtsein und das zu neuen Ehren gelangende Heimatgefühl Stabilisierungsfaktoren, die selbst die amerikanische Besatzungsmacht zu schätzen wußte. Bayerischer Heimatstolz nährte sich schließlich auch aus dem Wissen um alliierte Pläne, den nichtpreußischen Staaten, allen voran neben Österreich auch Bayern, einen Sonderstatus zu gewähren.

Die Träume bayerischer Föderalisten von einem Staatenbund oder einem Südstaat provozierten auf der Gegenseite regelmäßig den Vorwurf des Separatismus. Dabei handelte es sich nicht um ein zielgerichtetes Sezessionsstreben. Im Vordergrund stand vielmehr die Überzeugung, daß der Zusammenbruch des Reiches endgültig die Idee eines deutschen Einheitsstaates obsolet gemacht habe. Nun seien radikale Alternativen vonnöten, zu denen auch der Monarchismus gezählt wurde, um ein strikt föderalistisch gegliedertes neues Reich als mitteleuropäische Friedenszelle zu bauen.

Die erste Phase bayerischer Nachkriegspolitik ist gekennzeichnet durch Abschottung und Besinnung auf bodenständige Traditionen. Dieses Konzept einer „gouvernementalen Restauration", gleichermaßen verfolgt von Fritz Schäffer („Ordnungszelle") wie auch von Teilen der Sozialdemokratie um Wilhelm Hoegner („Musterländle"), war nur auf den ersten Blick mit dem Schmähwort „Separatismus" zu kennzeichnen. Vielmehr wollte man für Bayern einen Vorsprung vor den übrigen deutschen Ländern und Regionen gewinnen, damit es die ihm zugedachte Führungsrolle beim Wiederaufbau Deutschlands übernehmen könne.

Die völkerrechtliche Theorie der „debellatio" (also die Annahme, das Deutsche Reich sei durch die totale Niederlage zugrundegegangen) schuf nach Meinung der Föderalisten für Bayern zusammen mit der aus verwaltungstechnischen Gründen erfolgten Wiederbegründung des bayerischen Staates durch die amerikanische Militärregierung eine beinahe uneingeschränkte Souveränität. Ministerpräsident Wilhelm Hoegner und Staatssekretär Anton Pfeiffer haben dies übereinstimmend in einer der ersten Kabinettssitzungen herausgestrichen: Bayern befinde sich in keinem Bundesverhältnis – anders als im Jahre 1919 – und sei wieder Staat geworden. Jedes staatliche Gebilde darüber habe nur soviel Souveränität, wie Bayern abzugeben bereit sei.[7]

Alliierte Interessen

Nach der Kapitulation Deutschlands gingen die Siegermächte noch von der Fiktion eines einheitlich zu behandelnden Besatzungsgebietes aus. Ideologische und wirtschaftliche Differenzen im Gefolge des aufkeimenden „Kalten Krieges" ließen dann Ost- und Westzonen schnell auseinanderdriften. Politische Zwistigkeiten unter den drei Westalliierten hielten sich infolge der amerikanischen Übermacht in Grenzen. Für die spätere Staatsgründung im Westen Deutschlands sollte es daher bedeutsam sein, daß die USA einem gemäßigten Föderalismus anhingen. Frankreich schwankte dagegen immer noch zwischen den Überlegungen, Deutschland in mehrere autonome Territorien zu zerschlagen oder einen nur losen Staatenbund zu schaffen. Entsprechende Einflüsterungen wurden auch bei bayerischen Politikern versucht. Großbritanniens Politik war vom einheitsstaatlichen Denken geprägt und kam den deutschen Wünschen in der eigenen Zone recht nahe.

Die amerikanische Besatzungsmacht förderte das bayerische Föderalismusverständnis nur insoweit, wie dabei einer bundesstaatlichen Ordnung nicht vorgegriffen wurde und partikulare Entwicklungen nicht allzuweit von den übrigen Westzonen wegführten. Wenn dies der Fall war, kam die amerikanische Reaktion prompt und unmißverständlich, wie im Jahr 1946 das Verbot der Bayerischen Heimat- und Königspartei zeigte. In Washington befürchtete man, die Königspartei könnte undemokratische Kräfte einschließlich ehemaliger Nationalsozialisten an sich ziehen und unvorteilhaft auf andere Teile Deutschlands ausstrahlen.

Vorsicht zeigten die Amerikaner auch beim Artikel 178 der Bayerischen Verfassung, der lautet: „Bayern wird einem künftigen deutschen demokratischen Bundesstaat beitreten. Er soll auf einem freiwilligen

Zusammenschluß der deutschen Einzelstaaten beruhen, deren staatsrechtliches Eigenleben zu sichern ist." Die Militärregierung suspendierte kurz und bündig diesen Verfassungskernsatz der Föderalisten mit dem Genehmigungsvorbehalt, der „Wille, einem zukünftigen deutschen Bundesstaat beizutreten", müsse als eine „Anweisung an die Vertreter Bayerns ausgelegt werden, die später an den Beratungen über die künftige deutsche Regierung teilnehmen werden, aber nicht als ein Recht, die Teilnahme an irgendeiner Form der deutschen Regierung zu verweigern".[8] Vorbehalte wurden auch gegen den Begriff „bayerischer Staatsbürger" geltend gemacht, ein bayerisches Staatsangehörigkeitsgesetz wurde abgeblockt.

Da Bayerns Selbstbewußtsein mit der wiederbegründeten Staatlichkeit enorm gefestigt war, konnten ihm auch die Ruppigkeiten der Militärregierung keinen Abbruch tun. Dazu kommt, daß die amerikanischen Eingriffe in deutsche Entscheidungen mitunter gar nicht in ihrer ganzen Schärfe und Tragweite begriffen wurden. Trotz der Grenzen, die beispielsweise der Bayerischen Verfassung gesetzt wurden, betonte Hoegner stets, die Amerikaner hätten sich in die Beratungen nur wenig eingemischt.

Entscheidend war bei allem die grundsätzliche Konkordanz zwischen amerikanischen und deutschen Zielen, die auch in Bayern nicht zuletzt wegen der Furcht vor dem Osten vorhanden war. Der amerikanische Historiker John Gimbel kam schon vor zwei Jahrzehnten, gestützt auf das Studium der Besatzungsakten, zu dem Ergebnis: „Die Amerikaner wollten Deutschland und die Deutschen nicht nur entnazifizieren, entmilitarisieren, entflechten, demokratisieren und reorientieren, sie waren auch im Interesse der Wahrung ihrer eigenen Sicherheit darauf bedacht, Deutschland und Europa wieder wirtschaftlich gesunden zu lassen und den Bestand des freien Unternehmertums zu gewährleisten. Sie wollten Sozialismus verhindern, dem Kommunismus zuvorkommen, das Geld des amerikanischen Steuerzahlers sparen, französische Pläne zur Zerstückelung Deutschlands vereiteln und die Sowjetunion in Mitteleuropa in Schranken halten."[9] Die meisten dieser Programmpunkte wären im Falle einer öffentlichen Diskussion auch in Bayern mehrheitsfähig gewesen.

Zonenföderalismus

Im November 1945 wurde auf amerikanische Initiative von Bayern, Württemberg-Baden und Großhessen der süddeutsche Länderrat in Stuttgart ins Leben gerufen, um Gesetzgebung und Verwaltung in der US-Zone zu koordinieren. Nach Auffassung der bayerischen Staatsregierung geschah dies viel zu früh und gefährdete die Absicht, zuerst die Länder in sich zu stabilisieren. Die wirtschaftlichen Vorteile der Länderratsorganisation waren für Bayern zu diesem Zeitpunkt noch nicht bedeutsam. Da sich die Staatsregierung der Mitarbeit nicht entziehen konnte, steuerte sie einen zurückhaltenden Kurs. Der überzonalen Länderzusammenarbeit konnte sich Bayern dagegen anfangs demonstrativ, ja brüskierend fernhalten, weil dahinter keine alliierte Initiative stand. Dies zeigt deutlich die erste Bremer Ministerpräsidentenkonferenz vom 28. Februar und 1. März 1946, zu der Ministerpräsident Hoegner nicht erschien.

Anders wurde die Situation, als die Zusammenfassung der amerikanischen und der britischen Besatzungszone zur „Bizone" anstand. Die beiden Militärregierungen wollten damit der wirtschaftlichen Misere Einhalt gebieten. Für die bayerische Staatsregierung stellte sich im Laufe des Jahres 1947 die Aufgabe, ihren „Isolationismus" zu modifizieren, um nicht bei der rasanten Entwicklung hin zu größeren Verwaltungseinheiten ins Hintertreffen zu geraten. Mindestens ebenso herausgefordert wurde das Konzept der „Abschottung" des „gouvernementalen Föderalismus" von den politischen Parteien, die sich nach und nach überzonal organisierten und zwangsläufig einen einheitsstaatlichen Impuls auslösten. Der Stuttgarter Länderrat, in dem das Einstimmigkeitsprinzip galt, gewann in dieser Lage für Bayerns überzonale Politik plötzlich den Charakter einer föderativen Modelleinrichtung. Um ihn auch der britischen Zone anzuempfehlen, suchte Bayern nun verstärkt nach süddeutschen Bündnispartnern.

Die sich rapide verändernden Rahmenbedingungen der innerdeutschen Kooperation geboten also bayerische Vorkehrungen gegen eine mögliche Majorisierung durch die zentralistisch orientierten Länder der britischen Zone. Den ersten Schritt machte Ministerpräsident Hoegner bereits anläßlich der zweiten Bremer Ministerpräsidentenkonferenz am 4. und 5. Oktober 1946, an der er demonstrativ teilnahm und gemeinsam mit seinen süddeutschen Kollegen den Länderratsgedanken propagierte. Die damit offensiv gewordene Föderalismuspolitik Bayerns unterstrich Hoegners Nachfolger Hans Ehard vor allem mit seiner Einladung zur Münchner Ministerpräsidentenkonferenz vom 6. bis 8. Juni 1947. Was dabei in der Wortwahl bayerischer Politiker als „Bayerns deutsche Aufgabe" definiert wurde, bezog sich nur zum geringsten Teil auf die Erhaltung der nationalen Einheit, wenn auch das Treffen gerne so interpretiert wurde. Die Münchner Ministerpräsidentenkonferenz, der aufgrund alliierter Vorgaben politisch die Hände gebunden waren, konnte letztlich nur Wege zur Überwindung der materiellen Not diskutieren. Allerdings stellte sie für einen Augenblick Bayerns Führungsanspruch unter Beweis und diente dazu, die Kritiker des bayerischen Partikularismus zum Schweigen zu bringen. Bayerns Hauptziel wurde dagegen verfehlt, nämlich ein Mandat der Ministerpräsidenten für die anstehenden überzonalen Entscheidungen anzumelden.

Das zunehmende Selbstbewußtsein der politischen Parteien trieb das bayerische Konzept zusehends in die Defensive, wonach die Länder, vertreten durch ihre Regierungen, die Bausteine einer allgemein als notwendig erachteten neuen Staatsordnung sein sollten. Ein Konflikt zwischen dem CDU-Vorsitzenden der britischen Zone, Konrad Adenauer, und der bayerischen Staatsregierung mit Hans Ehard an der Spitze im Juli 1947 illustriert das Dilemma. Es ging um die Wahl des Wirtschaftsdirektors für den Frankfurter Wirtschaftsrat. Der Exekutivausschuß, gebildet aus Regierungsvertretern und damit eine Art Bundesrat, schlug mit bayerischem Einverständnis einen Sozialdemokraten vor. Adenauer war darüber entsetzt und verwies auf die Bedeutung des Postens für den künftigen wirtschaftspolitischen Kurs. Obwohl Ehard grundsätzlich die Ablehnung planwirtschaftlicher Modelle mit Adenauer teilte, wollte er einen anderen Weg als Adenauer einschlagen, der auf parlamentarische Mehrheiten baute und alles daran setzte, sie zur Absicherung seiner Politik auch zu erreichen.

Ehards Gedanke, starke Länder als Bollwerke gegen sozialistische Umgestaltungspläne zu gründen, war Adenauer vollkommen fremd. Die bayerischen Föderalisten gingen davon aus, daß nur das Ausschalten einer zentralstaatlichen Basis, unabhängig von den dort möglicherweise regierenden Mehrheiten, eine echte Garantie böte gegen die Gefahren eines neu aufkeimenden Zentralismus, ob von Links oder von Rechts. Und sollten in dem einen oder anderen Bundesland tatsächlich linke Mehrheiten entstehen, so wurde die Gefahr, daß der revolutionäre Funken überspringen könnte, als gering eingeschätzt, da der Hebel einer Zentralmacht fehlen würde.

Bayerns Verfassungswünsche

Schon lange vor der Einberufung des Parlamentarischen Rates wurde in der Bayerischen Staatskanzlei an Plänen für die verfassungsmäßige Ausgestaltung eines neuen deutschen Staates gefeilt. Der Freistaat wollte so einer Wiederholung des Ablaufs von 1919 aus dem Wege gehen, als die Länder beim Zustandekommen der Weimarer Reichsverfassung Schwierigkeiten hatten, ihre Interessen zur Geltung zu bringen. Die Föderalismusdebatten nach dem Zweiten Weltkrieg verloren in dem Augenblick ihre abstrakten Züge, als 1948 die Gründung eines „Weststaates" Gestalt annahm.

Bayern hatte zu diesem Zeitpunkt längst die schmerzhafte Erfahrung machen müssen, daß seine föderalistischen Maximalforderungen nicht einmal ansatzweise realisierbar waren. Das zeigten die Diskussionen im „Friedensbüro" (einer Leitstelle der Bizonen-Ministerpräsidenten zur Vorbereitung der Friedensverhandlungen), im „Ellwanger Kreis" (einer losen Gemeinschaft föderalistisch gesinnter Unionspolitiker) und vor allem in der Arbeitsgemeinschaft der CDU/CSU. Keines dieser Gremien hatte Neigung, den bayerischen Vorstellungen für eine echte Bundesratsverfassung zu folgen, mit der die Länder unmittelbar an der Leitung des Bundes in Form einer kollegialen Regierung der Ministerpräsidenten beteiligt werden sollten.

Weiteres Ziel der bayerischen Verfassungsplaner war es, die Zahl der Bundesverwaltungen klein zu halten und nach Möglichkeit auf Auswärtiges sowie auf Post und Bahn zu beschränken. Alle übrigen Verwaltungen sollten bei den Ländern liegen. Außerdem wurde eine klare Aufgliederung der Finanzhoheit zwischen Bund und Ländern angestrebt. Einem solch extremen Föderalismus erteilte Konrad Adenauer am 13. April 1948 vor dem „Ellwanger Freundeskreis" eine unverblümte Abfuhr, als er sagte: „Das ist eine ganz unmögliche Konstruktion, und die werden Sie in der deutschen Öffentlichkeit nie durchbekommen, auch nicht mit unserer Partei."[10]

Bereits im März/April 1947 signalisierte die Moskauer Konferenz der Außenminister, daß die gemeinsame Grundlage für die Auslegung des Potsdamer Abkommens, wonach Deutschland als wirtschaftliche Einheit zu betrachten sei, verlorengegangen war. Als im Dezember 1947 die Londoner Außenministerkonferenz ergebnislos verlief, drangen die USA im westalliierten Lager auf die Gründung eines westdeutschen Teilstaates. Die Londoner Sechsmächte-Konferenz (USA, Großbritannien, Frankreich und die Benelux-Staaten) kam im Juni 1948 zu dem Beschluß, daß eine föderative Regierungsform, die die Rechte der betreffenden Staaten ausreichend schützt, aber gleichzeitig für eine angemessene zentrale Autorität sorgt, am besten für die schließliche Wiederherstellung der gegenwärtig fehlenden Einheit Deutschlands geeignet sei.[11]

Diese „Londoner Empfehlungen" wurden am 1. Juli 1948 in Frankfurt den westdeutschen Länderchefs von den Militärgouverneuren Clay, Robertson und Koenig überreicht. Damit erhielten die Ministerpräsidenten die Ermächtigung, innerhalb von zwei Monaten eine Verfassunggebende Versammlung ins Leben zu rufen. Gleichzeitig wurden die Fragen einer Länderneugliederung und eines Besatzungsstatuts angeschnitten. Dieser alliierte Auftrag an die Ministerpräsidenten bedeutete für die bayerische Staatsregierung einen überraschenden Ausweg aus der sich zentralstaatlich zuspitzenden Diskussion. Ministerpräsident Ehard unterstrich auch sofort die nun den Ländern gebotene Chance, verlorenes Terrain wieder wettzumachen.

In ihrer Antwort akzeptierten die Ministerpräsidenten zwar die „Weststaatslösung", doch machten sie deutlich, daß der Rumpfstaat den Stempel eines „Provisoriums" tragen müsse. Damit sollte der Spaltung Deutschlands vorgebeugt und die gesamtdeutsche Lösung offengehalten werden. Um dieses Ziel zu unterstreichen, schlugen die Regierungschefs anstelle einer Verfassung lediglich ein „Grundgesetz" vor, das auch nicht von einer vom Volk gewählten Nationalversammlung, sondern durch einen von den Landtagen zu bestimmenden „Parlamentarischen Rat" erstellt werden sollte. Diese Erwägungen fanden allein schon deshalb den bayerischen Beifall, weil sie die Länder zu den Baumeistern des neuen Staates machten.

Bei ihren Besprechungen kamen die Ministerpräsidenten überein, einen „Verfassungsausschuß der Ministerpräsidenten der westlichen Besatzungszonen" zu bilden. Bayerns Regierungschef Ehard lud die Versammlung nach Herrenchiemsee ein. Die Vorbereitung des Verfassungskonvents lag in den Händen von Staatsminister Anton Pfeiffer. Am 10. August 1948 trafen sich dann in der Abgeschiedenheit der Schloßinsel die Delegierten zu ihrer ersten Sitzung. Die Bayerische Staatskanzlei legte ihnen als Diskussionsgrundlage „Bayerische Leitgedanken für die Schaffung eines Grundgesetzes" und den „Entwurf eines Grundgesetzes" auf den Tisch in der Hoffnung, die Beschlüsse mit föderativem Geist beseelen zu können. Da es sich bei den Gästen vorwiegend um Sachverständige handelte, traten politische Erwägungen hinter verfassungs- und staatsrechtliche zurück.

Die Münchner Staatskanzlei hatte für ihren Konventsvertreter, Staatssekretär Josef Schwalber, die Losung ausgegeben, „an der Auffassung festzuhalten, daß der Bundesrat bei der Regierung mitzuwirken hat zum Ausgleich der Gegensätze zwischen Bundes- und Länderregierungen".¹² Folglich fand keine der vom Unterausschuß „Organisationsfragen" vorgelegten Varianten Schwalbers ungeteilten Beifall. Ein vom Volk oder von den Landtagen gewählter Senat war in seinen Augen überhaupt keine „echte föderale Institution". Die bayerische Bundesratsvorstellung konnte selbst in Herrenchiemsee nicht durchgesetzt werden, obwohl dort die süddeutschen Föderalisten (zumindest nach Auffassung der Sozialdemokraten) dominierten.

Der Bericht der Herrenchiemsee-Konferenz stellte Bundesrats- und Senatslösung als Alternativen nebeneinander. Eine Mitwirkung des Bundesrats bei der Bildung der Bundesregierung wurde lediglich als „Legalitätsreserve" erwogen, das heißt, nur wenn der Bundestag bei der Wiederbesetzung des erledigten Bundeskanzleramtes versagen würde, sollte dem Bundesrat das Ernennungsrecht zufallen. Eine Steuerverteilung überwiegend zugunsten der Länder mit „Matrikularbeiträgen" für den Bund wurde erst gar nicht aufgenommen.

Die in vierzehntägiger Inseleinsamkeit erörterten Lösungsvorschläge für ein Grundgesetz wurden als „Bericht" an das Ständige Büro der Ministerpräsidentenkonferenz in Wiesbaden überwiesen. Der Konferenzvorsitzende leitete sie mit der Bemerkung an den Parlamentarischen Rat weiter, es handle sich um keine Regierungsvorschläge. Deshalb sei der Parlamentarische Rat auch nicht an diese Beratungsgrundlage gebunden. Diese Selbstbescheidung, ohne Zweifel eine Folge des Drucks der Parteien, bedeutete, daß die Ministerpräsidenten ihre „Treuhänderaufgabe" abgaben, oder, wie sich Bayerns Ministerpräsident Ehard später erinnerte, „vor der zentralen Konstituante kapituliert und ihr Schicksal in deren Hand gegeben" hatten.¹³ Für Bayern kam es jetzt darauf an, mit anderen Mitteln seine Verfassungsziele durchzusetzen. Nachdem der Weg über die Parteien kaum Erfolg versprach, blieb als einzige Chance die direkte Einflußnahme der bayerischen Staatsregierung auf den Gang der Bonner Beratungen.

Parlamentarischer Rat

Von den 65 Abgeordneten des Parlamentarischen Rates, die sich am 1. September 1948 in Bonn zur konstituierenden Sitzung trafen, kamen 13 aus Bayern. Acht Abgeordnete stellte die CSU, vier die SPD und einen Abgeordneten die FDP. Die Parlamentarier waren von ihren Landtagen nach dem Stimmenanteil ihrer Fraktionen gewählt worden, was für die größeren Parteien zum Vorteil geriet. Die Arbeit des Parlamentarischen Rates stand von Beginn an im Zeichen des Machtgleichgewichts zwischen Sozialdemokraten und Unionsparteien, die jeweils

27 Sitze einnahmen, so daß den Liberalen mit fünf Sitzen und den kleineren Parteien (Zentrum, Deutsche Partei und Kommunisten je zwei) bei Streitfragen zwischen den beiden großen Fraktionen eine Schlüsselrolle zukam. Das Patt zwischen Union und SPD war allerdings Resultat des CDU-Verhaltens in Württemberg-Hohenzollern, wo man zugunsten von Carlo Schmid (SPD) auf ein Mandat verzichtet hatte.

Der Auswahl der bayerischen Verfassungsväter ging eine erbitterte Kontroverse zwischen CSU und Bayernpartei voraus. Sie legte erneut das Rivalitätsverhältnis zwischen den beiden Parteien bloß. Im Landtag, der noch gemäß den Wahlen vom 1. Dezember 1946 zusammengesetzt war, hatte die Bayernpartei keinen Vertreter. Der BP-Vorsitzende Josef Baumgartner, als CSU-Abgeordneter in das Parlament gewählt, war seit seinem Austritt aus der CSU fraktionslos. Gleichwohl beanspruchte Baumgartner für seine Partei vier Bonner Sitze unter Hinweis auf ein vermeintliches Versagen der bayerischen Abgesandten im Frankfurter Wirtschaftsrat, „die den bayerischen Staat und seine Wirtschaft nachweislich in keiner Weise so vertreten" hätten, „wie es der Eigenstaatlichkeit Bayerns und seinen wirtschaftlichen Bedürfnissen entsprochen hätte".[14]

Baumgartner untermauerte seinen Anspruch mit dem enormen Zulauf, den die Bayernpartei seit Anfang 1948 erfuhr. An Baumgartners Begehren entzündete sich im Landtag eine Debatte, in der sich die Fronten innerhalb der „föderalistischen Fraktion" bereits deutlich abzeichneten. Der BP-Chef erinnerte an die Jahre 1871, 1919 und 1933, als „Bayerns Selbständigkeit zermalmt" worden sei. Er sah sich in der Nachfolge von Josef Edmund Jörg und dessen Kampf gegen die Reichsgründung von 1871. Die Gegenseite brachte warnend die „Donauföderation" ins Spiel, womit die Separatismusfrage aufgewärmt war. In der CSU-Fraktion gab es zu der BP-Forderung intern kein klares Meinungsbild: Fraktionsvorsitzender Hundhammer wollte der Bayernpartei zwei Bonner Sitze zugestehen, Landtagspräsident Horlacher war dagegen, Ministerpräsident Ehard unentschieden bis skeptisch. Bei der Abstimmung zählte man dann 61 Nein-Stimmen, während nur 13 Abgeordnete Hundhammers Vorschlag folgen wollten.

Hinter dem Scharmützel zwischen BP und CSU und der Meinungsbildung innerhalb der CSU stand letztlich ein bayerischer Bruderzwist, der über Jahre hinaus das bürgerliche Lager spalten sollte. Schon seit der Gründung der Christlich-Sozialen Union gab es ein Tauziehen in der Partei zwischen dem liberal-konservativen Müller-Flügel und dem katholisch-altbayerischen Flügel um Hundhammer und Schäffer. Persönliche Animositäten mischten sich mit Mentalitätsunterschieden zwischen Süd- und Nordbayern, zwischen Heimatvertriebenen und Einheimischen, zwischen Katholiken und Protestanten. Der Streit ging im Grunde um die Frage, ob die CSU eine Neuauflage der katholisch-konservativen Bayerischen Volkspartei oder eine christlich-überkonfessionelle Sammlungsbewegung mit liberalen Zügen sein sollte.

Die Gunst der Stunde in Form der Bonner Beratungen nutzte die Bayernpartei, in der zahlreiche einstige Christlich-Soziale eine neue politische Heimat gefunden hatten. Sie vertrat als Sammelbecken konservativer bayerisch-partikularistischer Kreise einen „Alles-oder-nichts-Standpunkt". Durch ihren späten Start, hinausgezögert infolge der anfangs von der Militärregierung verweigerten landesweiten Lizenzierung, die dem separatistischen Potential nicht Vorschub leisten sollte, mußte die Bayernpartei im Landtag keine politische Verantwortung tragen. Sie konnte somit außerparlamentarisch zügellose Attacken gegen Bonn reiten und Zwietracht in den Reihen der CSU säen.

Nicht ganz so kompliziert wie bei der CSU war die Lage der bayerischen Sozialdemokraten, die mehrheitlich einen prononcierten Föderalismus ablehnten. Der föderalistische Flügel um Hoegner stand dabei in einer ausweglosen Defensive gegen die Parteizentrale in Hannover, wo der „Zentralist" Kurt Schumacher das Ruder in Händen hatte. Für Hoegner spitzte sich der Interessenkonflikt zwischen Sozialdemokratie und Bayerntreue so zu, daß er sich kurzzeitig konservativ-föderalistischen Zirkeln näherte und sogar über einen Parteiaustritt nachdachte.

In Bonn war der föderative Standpunkt Bayerns, wie schon der „Ellwanger Kreis" und der Herrenchiemsee-Konvent klar gemacht hatten, in keiner Weise mehrheitsfähig. Staatsminister Anton Pfeiffer, Leiter der Bayerischen Staatskanzlei und Fraktionsvorsitzender der CDU/CSU-Fraktion im Parlamentarischen Rat, stellte dazu am 11. März 1949 vor der CSU-Fraktion im Bayerischen Landtag illusionslos fest: „Im günstigsten Fall gibt es 16 Föderalisten im Parlamentarischen Rat; wenn man es aufs Ganze ankommen lassen wollte, könnte man mit ungefähr zwölf rechnen." Bayern müsse deshalb, so Pfeiffer weiter, mit zwei Argumenten arbeiten: mit dem Appell an die norddeutsche CDU, der CSU aus innerbayerischen Gründen beizustehen, und mit dem Argument, Bayern, das in seiner Struktur ein Gegengewicht bilde gegenüber den rein oder stark industriellen Gebieten in Norddeutschland, dürfe das Grundgesetz nicht aufgezwungen werden.[15]

Ein ähnliches Urteil wie Pfeiffer fällte auch Josef Schwalber. Bei seiner Nominierung zum Mitglied des Parlamentarischen Rates sagte er vor der CSU-Landtagsfraktion, „Bayern allein werde sich in Bonn unmöglich durchsetzen können. Wir müßten daher die Unterstützung anderer Länder für den bundesstaatlichen Aufbau gewinnen."[16] Diese Hoffnung war natürlich reines Wunschdenken, obwohl die CSU mit der CDU wie schon im Frankfurter Wirtschaftsrat eine Fraktionsgemeinschaft einging. In der Frage des Föderalismus waren die Fronten zwischen den beiden Unionsparteien weitgehend starr. „Die Bayern haben sich von Anfang an als eine Fraktion innerhalb der Fraktion gefühlt und so auch uns gegenüber verhalten", beklagte sich schon bald der CDU-Abgeordnete Lehr, nachdem die CSU nun dazu übergegangen war, ihre föderalistischen Interessen auch außerhalb der Unionsgemeinschaft voranzutreiben.[17]

Grund dafür war die höchst realistische Einschätzung der Lage durch die bayerische Staatsregierung. Ihr wurde bald klar, daß die als notwendig erachteten bundesstaatlichen Verfassungsgrundsätze mit Hilfe föderalistischer Denkschriften nicht durchzusetzen waren. Den Durchbruch schaffte Anton Pfeiffer, als es ihm gelang, ausgerechnet den zentralistisch eingestellten nordrhein-westfälischen SPD-Innenminister Walter Menzel zu gewinnen. Pfeiffer brachte Ministerpräsident Ehard mit Menzel bei einem „Nachtessen" (und nicht bei einem „Frühstück", wie oft kolportiert wurde) zusammen und vollbrachte auf diese Weise das Kunststück, die Front der Neinsager gegen den von der bayerischen Staatsregierung als unverzichtbar erachteten Bundesrat ausgerechnet bei den Sozialdemokraten ins Wanken zu bringen.

Die Kehrseite der Medaille war freilich, daß Menzel seine Parteifreunde schon längst auf einen Kompromiß eingestimmt hatte. Entscheidend sei nicht die Frage: Bundesrat oder Senat, schrieb Menzel am 8. Oktober 1948 an den SPD-Parteivorstand, sondern welche Funktion die zweite Kammer erhalte. Über das Bundesratssystem als Zugeständnis an die Süddeutschen wollte Menzel die Konzessionsbereitschaft auf einem anderen Gebiet, etwa beim Bundespräsidentenamt, erlangen.[18] Theodor Heuß, der den tieferen historischen Zusammenhang der bayerisch-rheinischen Absprache zu durchschauen glaubte, spottete: „Für den Historiker wird es eine sehr reizvolle Anekdote sein, einmal festzustellen, daß der rheinische Sozialist und der weiß-blaue Staatsmann sich bei Bismarck gefunden haben, und zwar über Weimar zurück noch bismärckischer geworden sind. Diese beiden Bismärcker haben nur eines vergessen, daß nämlich die Bismarcksche Konstruktion und Wesenheit des deutschen Bundesstaates den Hintergrund von Preußen besaß."[19]

Beim Gespräch zwischen Ehard und Menzel am 26. Oktober 1948, das vom Präsidenten des Parlamentarischen Rates, Konrad Adenauer, wütend zur Kenntnis genommen wurde, kam es zu keinen konkreten Abmachungen. Eine Weichenstellung war es dennoch, denn Ministerpräsident Ehard berichtete eine Woche später vor der CSU-Landtagsfraktion: „Zum Punkt Bundesrat erklärte Menzel erstaunlicherweise, er wäre bei verminderter Zuständigkeit mit einem Bundesrat einverstanden. ... Im Punkt Finanzen sind wir nicht einig geworden." Menzel habe gesagt, „wir können gegen den Willen Bayerns keine Verfassung machen". Ehard bedauerte, daß Adenauer dafür kein Verständnis zeige.[20]

Um die Zuständigkeiten des Bundesrates und die Finanzverfassung wurde in den kommenden Monaten zäh gerungen. Adenauer, der sich um eine bürgerliche Mehrheit im ersten Deutschen Bundestag sorgte, reiste zweimal nach München. Mit drastischen Worten hielt er den bayerischen Freunden die Folgen einer SPD-geführten Bundesregierung vor Augen. Der Kompromiß zur Finanzverfassung, der dann im Februar 1949 gefunden wurde, konnte Bayerns Bedenken nicht ausräumen. Nach Meinung Bayerns sollte der Bundesrat auf dem Gebiet der gesamten Steuer- und Finanzgesetzgebung gleichberechtigt sein und der Bund nicht mehr Steuern in Anspruch nehmen können, als er zur Erfüllung seiner verfassungsmäßigen Aufgaben bedürfe. Den größten Nachdruck legten die bayerischen Föderalisten aber auf die Verwaltung und Erhebung der Steuern durch Finanzbehörden der Länder, während der Bonner Kompromiß eine doppelte Finanzverwaltung vorsah.

Mit einer Demarche erinnerten am 2. März 1949 die Alliierten bereits zum zweiten Mal an ihre im Frankfurter Dokument Nr. 1 niedergelegten föderalistischen Auflagen. Kritik übten sie an den geplanten Zuständigkeiten der Bundesregierung, der Finanzgesetzgebung und der Möglichkeit des Bundes, eigene Verwaltungsbehörden einzurichten. Die bayerische Staatsregierung sah darin eine unerwartete Chance, dem Föderalismus doch noch eine Bresche schlagen zu können. Sie sah ihre Position aufgewertet zu einer möglichen Kompromißgrundlage und hoffte, die Unionsfraktion in Bonn entsprechend umstimmen zu können. Die Sozialdemokraten legten sich jedoch von vornherein quer, wahrscheinlich weil sie bereits aus britischen Quellen wußten, daß die Durchsetzungsbereitschaft der alliierten Seite nicht sehr ausgeprägt war. Letztendlich lenkten dann die Außenminister der Vereinigten Staaten, Großbritanniens und Frankreichs weitgehend ein.

Der allseitige Wunsch, mit den Grundgesetzverhandlungen möglichst schnell zu Ende zu kommen, drängte daraufhin die „bayerische Frage" vollends ins Abseits. Für die CSU besonders schmerzlich war der Beschluß, die gesamte Umsatzsteuer dem Bund zuzuweisen, um die SPD somit für eine geteilte Finanzverfassung in Bundes- und Landesbehörden zu gewinnen. Auf Anregung der alliierten Außenminister kam dann eine Form des Finanzausgleichs zustande, die von den CSU-Delegierten wiederum entschieden abgelehnt wurde, weil sie damit ein „Dotationssystem" verbunden sahen. Das bayerische Kabinett beriet am 3. Mai 1949 den Entwurf und kam auf nicht weniger als 25 Beanstandungen.

Am 6. Mai 1949 bereitete Ministerpräsident Ehard die bayerischen Bürger auf ein Nein vor. Seine Begründung klang etwas blutleer, als er im Bayerischen Rundfunk sagte: „Weil wir eine Gefahr für die Zukunft Deutschlands sehen, müssen wir uns die Hände frei und sauber halten, damit wir in Zukunft diesen Gefahren begegnen können." Die „Wirkkraft Bayerns im Spiel der staatspolitischen Kräfte Deutschlands" würde gelähmt, sagte es „zu einer Verfassung Ja und Amen ...., in der die zentralistischen Dominanten gegenüber den föderalistischen Elementen so überwiegen, daß man es sich an den fünf Fingern abzählen" könne, wohin dies führen werde.[21] Ehards Worte verbrämten zweierlei: zum einen stand die Staatsregierung unter dem starken Druck bayerischer Radikalföderalisten, zum anderen konnte es sich Bayern gefahrlos erlauben, „nein" zu sagen, weil die Annahme des Grundgesetzes in den übrigen Bundesländern gesichert war. Außerdem war der unabdingbare Wille der Staatsregierung längst vorhanden, die künftige Entwicklung in Bonn nicht unbeeinflußt treiben zu lassen.

Anton Pfeiffer gebrauchte folglich vor der CSU-Landtagsfraktion am 7. Mai 1949 deutliche Worte, als er die globale Situation umriß: „Die Entwicklung bezüglich des Ostens läßt es geraten erscheinen, schnell ein festes Gefüge zu schaffen, in das der Osten allenfalls hereingenommen werden könnte. Auf keinen Fall dürfen wir ihn mitkonstituierend wirken lassen." Versuche seien im Gang, die Bildung des Weststaates zu verlangsamen und die SED hineinzuspielen, „deshalb die Eile". Und Pfeiffer weiter: „Unsere Erfolge sind an sich schon unerhört. Daß das Grundgesetz überhaupt sehr viele Mängel hat, rührt daher, daß die zurückliegende Zeit in Deutschland eine Zeit des Chaos war, in der alle möglichen Kräfte an die Oberfläche gespült wurden."[22]

Franz Josef Strauß, CSU-Abgeordneter im Frankfurter Wirtschaftsrat, stellte auf der gleichen Fraktionssitzung heraus: „Unser Nein zu Bonn berechtigt uns genauso zur Mitarbeit in Bonn. Wenn aber nein gesagt wird, dann muß damit aber auch ein grundsätzliches Bekenntnis zu Gesamtdeutschland verbunden werden."[23] Im Ministerrat bekannte Regierungschef Ehard offen, „wenn Bayern von Anfang an nein gesagt hätte, hätte es überhaupt nichts erreichen können."[24] Größten Wert legte Ehard auf die Anerkennung der Rechtsverbindlichkeit des Grundgesetzes, weil sich „andernfalls Bayern selbst aus dem Bund ausschalte".[25] Man müsse sich in Bonn darüber klar sein, daß Bayern nach wie vor beabsichtige, sein Gewicht für den Föderalismus einzusetzen.

Radikale Opponenten gegen Bonn

Die Reaktion der radikalen Opponenten gegen Bonn spielte sich auf der Ebene von Agitation und Demagogie ab, denn der Wettstreit zwischen der regierenden CSU und der aufstrebenden Bayernpartei ließ im Hinblick auf die anstehenden ersten Wahlen zum Deutschen Bundestag keine Zwischentöne zu. So blies Bayerns Vertreter beim Frankfurter Wirtschaftsrat, Staatsrat Gebhard Seelos, der sich überraschend der Bayernpartei angeschlossen hatte, zum „Kreuzzug für Bayern" mit dem Appell: „Wir wollen Rebellen sein ... gegen den zentralistischen Zwangsstaat und den nationalistischen Sozialismus."[26] Der BP-Vorsitzende Baumgartner verlangte „alle Hoheitsrechte zurück, die uns seit 1871 Stück für Stück geraubt und gestohlen wurden" und sah Bayern zur „bedeutungslosen Provinz" herabgedrückt.[27] Seine Losung gegen Bonn lautete: „Zurück bis zum Jahre 1848"; Bayern wolle „einen Staatenbund von selbständigen freien Staaten, die sich in Staatsverträgen freiwillig zusammenschließen".[28] Und der Münchner CSU-Oberbürgermeister a.D. Karl Scharnagl argumentierte, wenn Bayern „durch die Unnachgiebigkeit politischer Parteien" gehindert werde, „an der Gestaltung des neuen Bundesstaates teilzunehmen, so ist dies kein Separatismus Bayerns". Er fügte an, „die politische und wirtschaftliche Lebensfähigkeit Bayerns außerhalb eines Rumpfbundes kann nicht ernstlich in Frage gestellt werden".[29]

Doch es waren weniger diese sattsam bekannten patriotischen Äußerungen, die in den Wochen vor der Verabschiedung des Grundgesetzes Staub aufwirbelten. Aufsehen erregte bundesweit eine separatistische und monarchistische Kampagne, in die auch Staatsminister Hundhammer und damit der altbayerische CSU-Flügel verwickelt war. Am 1. Mai 1949 fielen bei einer Kundgebung bayerischer Widerstandskämpfer in München und auf dem Dachauer Heimatfest Äußerungen von Hundhammer und Baumgartner, die allgemein als radikale Absage an Bonn gedeutet wurden. Der genaue Wortlaut der Ansprachen war später nicht mehr zu ermitteln. Die „Süddeutsche Zeitung" berichtete jedenfalls mit der Überschrift „Bundesrepublik ohne Bayern?", Hundhammer habe erklärt, man könne nicht aus der augenblicklichen politischen Situation heraus eine Verfassung machen, mit der sich Bayern auf Jahrhunderte festlege. Falls die Bundesverfassung in Bayern abgelehnt werde, „könnten entweder die Alliierten die Lage klären, oder aber der Bund würde zunächst ohne Bayern entstehen. Das sei durchaus möglich, da diesem vorläufig auch die Länder der Ostzone und die Westsektoren Berlins nicht angehörten. Bayern bräuchte sich deshalb nicht abzuschließen, da die wirtschaftlichen Beziehungen zwischen den deutschen Stellen schon vorhanden gewesen seien, als man an einen Bund noch gar nicht dachte".[30]

Baumgartner und Staatssekretär Schwalber verlangten beim Heimatfest in Dachau eine Volksabstimmung über das Grundgesetz (wie übrigens auch Hundhammer). Der BP-Vorsitzende richtete außerdem Grüße „an den Repräsentanten des Hauses Wittelsbach, Kronprinz Rupprecht", und forderte, „das Volk müsse selber bestimmen, welche Staatsform es haben wolle, niemand außerhalb Bayerns habe das Recht, die Bayerische Verfassung anzutasten".[31] Die bayerischen Widerstandskämpfer planten außerdem, den 80. Geburtstag des Kronprinzen am 18. Mai zu einer Demonstration bayerischen Unabhängigkeitswillens zu machen und gaben die Parole aus, im ganzen Land an diesem Tage „weiß-blau" zu flaggen.

Die Äußerungen von Baumgartner und Hundhammer wurden allgemein miteinander in Verbindung gesetzt und als Signal zum harten bayerischen Widerstand gegen das Grundgesetz gewertet. In Ministerrat und Fraktion spielte Hundhammer die Bedeutung seiner Aussagen herunter. Gleichwohl mahnte Ehard vor der CSU-Landtagsfraktion, man solle mit seinen Äußerungen manchmal vorsichtiger sein, „das ist kein Vorwurf, sondern eine nüchterne Feststellung. Die Stellung Bayerns ist dadurch erschwert."[32] Die SPD nützte die Vorgänge zu einer Interpellation im Landtag am 13. Mai 1949, mit der sie Auskunft verlangte über „monarchistisch-separatistische Umtriebe" in Bayern.

Nein zum Grundgesetz

Am 8. Mai 1949, auf den Tag genau vier Jahre nach der Kapitulation des deutschen Reiches, stimmten in Bonn 53 der 65 Abgeordneten des Parlamentarischen Rates dem Grundgesetz zu. Mit „nein" votierten die Vertreter der KPD, der Deutschen Partei, des Zentrums und sechs der acht CSU-Abgeordneten. Für das Inkrafttreten des Grundgesetzes war nun noch eine Zweidrittel-Mehrheit der Landesparlamente erforderlich. Da bereits klar war, daß die übrigen Länder zustimmen würden, hatte die Abstimmung im Bayerischen Landtag nur noch deklamatorische Bedeutung. Ehards Parole „nein zum Grundgesetz, ja zu Deutschland" bot sich für die gespaltene CSU als naheliegender Kompromiß an. Der Regierungschef wollte vor allem ein zweifaches Nein verhindern, also die Ablehnung des Grundgesetzes und seiner Rechtsverbindlichkeit.

Dabei schritt Ehard sogar bis zur Rücktrittsdrohung. Vor der Landtagsfraktion sagte er am 12. Mai 1949: „Die Anerkennung der Rechtsverbindlichkeit ist eine hochpolitische, ja geradezu eine Kabinettsfrage.

Wird sie von meiner Fraktion nicht bejaht, dann trete ich zurück. Ich mache eine Politik nicht mit, die auch nur den Anschein einer Separation hat."[33] Hundhammer, dessen Entscheidung Signalwirkung für breite CSU-Wählerschichten in Süd- und Südostbayern zukam, lavierte bis zum Schluß. Bei der Probeabstimmung in der Fraktion enthielt er sich zusammen mit mehreren Kollegen zur Frage der Rechtsgültigkeit des Grundgesetzes der Stimme.

Nach einer Marathonaussprache von 15 Stunden gab der Landtag in der ersten Morgenstunde des 20. Mai sein Votum ab: Mit 101 gegen 63 Stimmen bei neun Enthaltungen wurde das Grundgesetz abgelehnt. Neun CSU-Abgeordnete folgten der Empfehlung ihres Regierungschefs nicht, mit „nein" zu stimmen (sieben enthielten sich der Stimme, zwei sagten ja). In der Frage der Rechtsverbindlichkeit war die Einmütigkeit noch größer: Nur der CSU-Abgeordnete Josef Scharf votierte mit „nein", zwei übten Stimmenthaltung zusammen mit der Opposition, so daß 95 Ja-Stimmen 70 Enthaltungen und nur sechs Nein-Stimmen gegenüberstanden.

Ehard hatte zu Beginn der Debatte als wesentlichen Grund für die Ablehnung „die bereits erkämpften Gleichberechtigungen" des Bundesrats genannt, die „in den allerletzten Wochen wieder verlorengingen". Der SPD-Vorsitzende Waldemar von Knoeringen sagte, „ein Nein zu Bonn, aber ein Ja zu Deutschland ist in diesem Augenblick unmöglich", wo „Klarheit die Voraussetzung wirksamer Politik" sei. Die elf Landtage sollten in einer einheitlichen Abstimmung ihren Willen manifestieren, „Westdeutschland auf dem Boden der Demokratie aufzubauen in der festen Erwartung, daß eines Tages ganz Deutschland auf diesen Boden treten wird". Der FDP-Abgeordnete Thomas Dehler äußerte die Befürchtung, demokratisches Lebensgefühl werde nicht entstehen können, „wenn Sie Bayern in die Spannung zu den anderen hineinstellen, auch in die Spannung zu den demokratischen Grundsätzen, die in diesem Grundgesetz enthalten sind". Wilhelm Hoegner beteiligte sich demonstrativ nicht an der Debatte, sondern begnügte sich im Anschluß daran mit einer „persönlichen Erklärung", in der er nach Aufzählung seiner erheblichen Bedenken ankündigte: „Die Zwangslage, in der sich Deutschland befindet, veranlaßt mich, die staatsrechtlichen Bedenken gegen das Bonner Grundgesetz zurückzustellen. Ich werde deshalb in dieser für die nächste deutsche Zukunft so bedeutsamen Frage mit meinen alten politischen Freunden stimmen."[34]

Den einstimmigen Wunsch des Landtags, dem unterschiedliche Motive der Parteien zugrundelagen, daß es zu einer Volksbefragung über das Grundgesetz kommen solle, lehnte die Militärregierung erwartungsgemäß ab. Sie verwies darauf, daß die Gültigkeit des Grundgesetzes für Bayern und der Beitritt zu einem westdeutschen Staat bereits in dem Genehmigungsschreiben des amerikanischen Militärgouverneurs zur Bayerischen Verfassung festgelegt worden sei.

Mehr als der „Reichspostillion": Bayern im Bund

Das „Nein ohne Folgen" wies der Mehrheit der bayerischen Föderalisten den Weg aus einer Sackgasse, in die kompromißloser Protest gegen die Bundesverfassung und damit gegen die Gründung der Bundesrepublik führen mußte. Die radikalen Kräfte der Bayernpartei versuchten zwar weiterhin, den Austritt Bayerns aus dem Bund zu betreiben und den Wiederanschluß mit einem „Staatsvertrag" zu regeln. Doch dahinter stand lediglich die Hoffnung, bei der Bundestagswahl möglichst viele Wählerstimmen zu gewinnen. Ähnliche Motive hatte die Klage des BP-Vorsitzenden Baumgartner gegen den Landtagsbeschluß vom 19./20. Mai vor dem Bayerischen Verfassungsgerichtshof. Es kam nie zu einer Verhandlung, weil anfangs die Staatsregierung ihre Stellungnahme zur Klage hinauszögerte, und später die Bayernpartei ihr Interesse daran verlor, nachdem kaum mehr Aufsehen damit zu erregen war. Im Juli 1953 wurden im Verfassungsgerichtshof die Akten sang- und klanglos geschlossen.

Bereits drei Tage vor der Landtagsabstimmung hatte sich Staatsminister Pfeiffer im bayerischen Kabinett Gedanken über die Bonner Zukunft gemacht. Man müsse „dem Einbau Bayerns in den Bund und die Bundesrepublik größte Aufmerksamkeit schenken", forderte er. Von größter Bedeutung sei auch die richtige Vertretung Bayerns im Bundesrat, „der doch große Möglichkeiten habe, eine zentralistische Politik des Bundestags zu blockieren". Bayern stünden im Bund mindestens 20 bis 24 höchste Bundesbeamte zu, „Posten, die man mit erstklassigen Leuten besetzen müsse".[35]

Die bürgerlichen Parteien errangen bei der Bundestagswahl am 14. August eine deutliche Mehrheit. Für die CSU war es nur konsequent, sich an der ersten Regierung Adenauers zu beteiligen. Allerdings kamen Mißtöne auf, weil im Wettstreit um den Bundesratsvorsitz der CDU-Politiker Karl Arnold siegte und damit Bayern in der Person Ehards den kürzeren zog. Die CSU stellte verärgert die bereits ausgehandelte CDU/CSU-Fraktionsgemeinschaft in Frage. Adenauer überspielte daraufhin souverän den Mißmut seiner bayerischen Parteifreunde, indem er der CSU gleich drei Ressorts zugestand, darunter das bundesstaatlich bedeutsame Finanzministerium für Fritz Schäffer.

Was Wunder, daß Bayerns Bevollmächtigter in Bonn, Staatsrat Ernst

Rattenhuber, knapp ein Jahr später befriedigt feststellte: „Man vergleiche diese Lage mit der Weimarer Zeit, als wir uns mit dem Reichspostillion (gemeint Reichspostminister, Anm. des Verf.) zufriedengeben mußten." Das „bayerische Element" sei „seit langem nicht mehr so maßgebend beteiligt" gewesen.[36] Je nach Ausgangspunkt der Betrachtung kann man aus dem Ergebnis der Bonner Grundgesetzberatungen den Schluß ziehen, daß Bayern unverhältnismäßig viele Zugeständnisse machen mußte, oder daß es einen unerwartet großen Erfolg verbuchen konnte.

Mißt man dagegen das Resultat an den eingangs gestellten Erwartungen, so wird das ganze Ausmaß des bayerischen Entgegenkommens deutlich. Es erfährt jedoch, wie auch maßgebliche CSU-Politiker immer wieder hervorhoben, eine Relativierung dadurch, daß die Föderalisten im Parlamentarischen Rat bei weitem in der Minderheit waren, und noch dazu in sich uneins. Als erfolgreich erwies sich Bayerns Hinweis gegenüber Freunden im Unionslager, die innerbayerische Zwangslage gebiete ein Entgegenkommen. Ebenso wichtig war aber, daß die Warnung bayerischer Föderalisten, der jungen Bundesrepublik nicht die Hypothek einer „bayerischen Frage" aufzubürden, von den übrigen Parteien verstanden worden war.

Ein Rückblick auf bald 40 Jahre Grundgesetz legt angesichts der scharfen Kämpfe um die bundesstaatliche Ordnung bei der Republikgründung eine damals nicht erwartete Stabilität der föderativen Ordnung offen. Der Bundesrat wurde tatsächlich zum Transmissionsriemen zwischen Bund und Ländern und bewährte sich während der „Adenauer-Ära" durchaus auch im Sinne der Opposition. Der Freistaat Bayern richtete sich recht häuslich ein im Bundesbau, und die Dinge entwickelten sich wesentlich harmonischer, als es in den stürmischen Maitagen des Jahres 1949 zu erwarten war. Das ist natürlich auch vor dem Hintergrund der schnell voranschreitenden Prosperität der Bundesrepublik zu sehen. Sicherlich weniger harmonisch hätte sich das Verhältnis Bayern-Bund entwickelt, wenn in Bonn eine linke Mehrheit die erste Regierung gebildet hätte.

„Die bayerische Frage" werde „so lange oszillieren, als das föderalistische deutsche Staatsdenken in der Schwebe ist", orakelte 1952 Karl Schwend. „Schlägt das Pendel des bundesstaatlichen Geschehens nach der zentralistischen Seite aus, bricht unweigerlich immer die bayerische Frage auf", warnte er.[37] Der bundesrepublikanische Föderalismus, nach Meinungsumfragen unangefochtener denn je, war seither einem vielschichtigen Wandlungsprozeß unterworfen. Auf dem Weg zum „unitarischen Bundesstaat" (Konrad Hesse) stieg dank des „kooperativen Föderalismus" die Bedeutung der Regierungen und ihrer Bürokratien, während die Landesparlamente in gleichem Maße an Kompetenzen verloren. Die innerbayerische politische Stabilität seit Ende der fünfziger Jahre als Folge der CSU-Präponderanz bescherte dem Freistaat im Bund jene schwergewichtige Position, von der 1945/46 die bayerischen Politiker träumten. Und eine „bayerische Frage" stellt sich heute allenfalls in jenen bundesdeutschen Regionen, die sich durch die Dynamik und Prosperität des Südens bedroht fühlen.

Anmerkungen

Wolfgang Benz

Parteigründungen und erste Wahlen.
Der Wiederbeginn des politischen Lebens

[1] Bayerischer Tag (Bamberg), 11.8.1945: „Erste freie Wahl".
[2] Ebenda.
[3] Erklärung in Anbetracht der Niederlage Deutschlands und der Übernahme der obersten Regierungsgewalt hinsichtlich Deutschlands, 5.6.1945, in: Amtsblatt des Kontrollrats in Deutschland. Ergänzungsblatt, Nr. 1, S. 7 f.
[4] Wortlaut des Potsdamer Abkommens u.a. in: Wolfgang Benz, Potsdam 1945. Besatzungsherrschaft und Neuaufbau im Vier-Zonen-Deutschland, München 1986, (Aufgrund eines Übersetzungsfehlers heißt es im offiziellen deutschen Text „eine eventuelle friedliche Mitarbeit".)
[5] Vgl. Lucius D. Clay, Entscheidung in Deutschland, Frankfurt 1950, S. 104.
[6] Office of Military Government for Germany, U.S. (OMGUS), Military Government Regulations, Title 3: Political Activities, S. 5. Archiv des Instituts für Zeitgeschichte (künftig zit.: IfZ-Archiv).
[7] US-Direktive JCS 1779, Juli 1947, deutscher Text in: W. Cornides und H. Volle (Hrsg.), Um den Frieden mit Deutschland. Dokumente zum Problem der deutschen Friedensordnung 1941-1948, Oberursel 1948, S. 100-105.
[8] 3. Tagung des Länderrats der US-Zone, 4.12.1945, in: Akten zur Vorgeschichte der Bundesrepublik Deutschland, hrsgg. von Bundesarchiv und Institut für Zeitgeschichte, München 1976-1983, Band 1, S. 176-178.
[9] Clay, Entscheidung, S. 106 f.
[10] Wilhelm Hoegner, Der schwierige Außenseiter, Erinnerungen eines Abgeordneten, Emigranten und Ministerpräsidenten, München 1959, S. 242.
[11] Office of Military Government for Bavaria (OMGB), Yearly Report of Political Activities in Bavaria, 1. Juli 1946, IfZ-Archiv, MA 1479/1, Nr. 36 (künftig zit.: Yearly Report).
[12] OMGUS-Akten: 9/101–2/10 OMGB, IfZ-Archiv.
[13] OMGUS-Akten: 13/98–2/6 OMGB, IfZ-Archiv.
[14] OMGUS-Akten: 9/88–2/8–9 OMGB, IfZ-Archiv.
[15] Ebenda.
[16] OMGUS-Akten: 9/88–2/6 OMGB, IfZ-Archiv.
[17] Vgl. Bertold Mauch, Die Bayerische FDP. Porträt einer Landespartei 1945–1949, Phil. Diss., Erlangen 1965, S. 18 ff.
[18] Vgl. Wolfgang Benz, Eine liberale Widerstandsgruppe und ihre Ziele, in: Vierteljahrshefte für Zeitgeschichte 29 (1981), S. 437 ff.
[19] Programm der Deutschen Demokratischen Partei (Nürnberg), in: Mauch, Die Bayerische FDP, S. 202–203.
[20] Grundgedanken und Ziele der Liberal-Demokratischen Partei (München), 28.3.1946, abgedruckt ebenda, S. 204–206, zit. S. 205.

[21] Ebenda, S. 206.
[22] Programm der FDP Bayern, 28. März 1946, Anlage zum Lizenzierungsantrag vom 15. Mai 1946, abgedruckt ebenda, S. 207–208; vgl. Peter Juling, Programmatische Entwicklung der FDP 1946 bis 1969. Einführung und Dokumente, Meisenheim 1977, S. 72–73.
[23] Lizenzierungsunterlagen, Korrespondenz und Memoranden Januar–Mai 1946, OMGUS-Akten: AG 1945–46–1/4, IfZ-Archiv.
[24] General Clay verfügte handschriftlich am 27. Juni gegen den Chef der Civil Administration Division/OMGUS, der die Partei auf Kreisebene zulassen wollte: „The refugees must be absorbed in our zone as citizens. They should join and press politically for their needs within the established parties." Lizenzierungsantrag und Korrespondenz Juni–Juli 1946, OMGUS-Akten: AG 1945–46–1/4, IfZ-Archiv.
[25] Vgl. Ilse Unger, Die Bayernpartei. Geschichte und Struktur 1945–1957, Stuttgart 1979.
[26] Vgl. Hans Woller, Die Loritz-Partei. Geschichte, Struktur und Politik der Wirtschaftlichen Aufbau-Vereinigung (WAV) 1945–1955, Stuttgart 1982.
[27] Klaus-Dietmar Henke und Hans Woller (Hrsg.), Lehrjahre der CSU. Eine Nachkriegspartei im Spiegel vertraulicher Berichte an die amerikanische Militärregierung, Stuttgart 1984, S. 69 f.
[28] Ebenda, S. 101.
[29] Vgl. Woller, Die Loritz-Partei, S. 46; Lehrjahre der CSU, S. 107.
[30] Lehrjahre der CSU, S. 118.
[31] Der Morgen (Berlin), 5. 8. 1949: „Eine Partei, die keine ist. Die Dauerkrise der CSU".
[32] Vgl. Dr. Josef Müller, Bis zur letzten Konsequenz. Ein Leben für Frieden und Freiheit, München 1975, S. 19 ff.
[33] Vgl. die drei vielbeachteten Schriften Adam Stegerwalds: Wo stehen wir? Wohin gehen wir? Von deutscher Zukunft, alle Würzburg 1946.
[34] Vgl. Alf Mintzel, Die CSU. Anatomie einer konservativen Partei 1945–1972, Opladen 1976.
[35] Vgl. Lehrjahre der CSU, S. 12 und S. 16; Lutz Niethammer, Die amerikanische Besatzungsmacht zwischen Verwaltungstradition und politischen Parteien in Bayern 1945, in: Vierteljahrshefte für Zeitgeschichte 15 (1967), S. 153–210, insbes. S. 195 ff.
[36] Ein entsprechender Artikel aus der Feder von Dr. Georg Pix in der Landshuter Isar-Post (Nr. 17, 12. 3. 1946: „Der Weg der Union") spielte auf der Bamberger Tagung des CSU-Landesausschusses am 30./31. März 1946 eine wichtige Rolle. Vgl. auch Lehrjahre der CSU, S. 37 ff.
[37] Zit. nach: Die Neue Zeitung, 7. 6. 1946: „Würzburger CSU suspendiert".
[38] Vgl. Süddeutsche Zeitung, 20. 6. 1946: „Die politische Linie der christlichsozialen Union. Eine programmatische Rede des Staatssekretärs Dr. Pfeiffer".
[39] Die zehn Punkte der Christlich-Sozialen Union vom 31. 12. 1945, in: Walter Berberich, Die historische Entwicklung der Christlich-Sozialen Union in Bayern bis zum Eintritt in die Bundespolitik, Würzburg 1965, S. 172 f.; vgl. „Zehn Jahre Christlich-Soziale Union in Bayern", in: Ossip K. Flechtheim (Hrsg.), Dokumente zur parteipolitischen Entwicklung in Deutschland seit 1945, Band 1, Berlin 1962, S. 24 f.
[40] Gerhard Kroll, Christliche Union. Bamberger Denkschrift zur Schaffung einer politischen Einheitsfront aller Christen Deutschlands, 1945.
[41] Richard Jaeger, Auf dem Weg zur Demokratie. Gedanken zur bayerischen Selbst-

besinnung. Im Herbst 1945, ursprünglich hektographiert, jetzt in: Lehrjahre der CSU, S. 145–186.
[42] Zit. nach Ulrich Borsdorf/Lutz Niethammer (Hrsg.), Zwischen Befreiung und Besatzung. Analysen des US-Geheimdienstes über Positionen und Strukturen deutscher Politik 1945, Wuppertal 1976, S. 234 f.
[43] Programmvorschlag Dr. Horlacher vom 16.5.1946, in: Berberich, Die historische Entwicklung, S. 174.
[44] Text in: Ossip K. Flechtheim (Hrsg.), Dokumente zur parteipolitischen Entwicklung in Deutschland seit 1945, Berlin 1963, Band 2, S. 213–219.
[45] Yearly Report, IfZ-Archiv, MA 1479/1.
[46] Süddeutsche Zeitung, 17.5.1946: „Jenseits des eisernen Vorhangs. Ein Blick in die Sowjetzone".
[47] Bericht William F. Diefenbach über Versammlung der KPD in Ingolstadt, 25.5.1946, OMGB/Information Control Division, IfZ-Archiv, MA 1479/8, Nr. 31.
[48] Ebenda.
[49] Bericht Franz v. Otting: Großkundgebung der KP am 29.7.1946 am Königsplatz in München, 2.8.1946, IfZ-Archiv, MA 1479/9, Nr. 72.
[50] Bericht Konrad Michel: Kundgebung der KPD auf dem Königsplatz, 5.8.1946, IfZ-Archiv, MA 1479/9, Nr. 69.
[51] Alfred Kiss, Bericht über die Fechner-Ulbricht-Versammlungen an Chief of Intelligence, Political Affairs Section, Augsburg Detachment OMGB, 3.8.1948, IfZ-Archiv, MA 1479/9, Nr. 68.
[52] Kurt H. Ehlers, Report on the Landesparteitag of the SPD at Erlangen to Chief of Intelligence, OMG Bavaria, 18.4.1946, IfZ-Archiv, MA 1479/10, Nr. 57.
[53] Bericht Thiele über Versammlung der FDP in Augsburg am 23.11.1946, IfZ-Archiv, MA 1479/10, Nr. 15.
[54] Bericht A. Kiss über FDP-Versammlung in Augsburg am 2.11.1946, IfZ-Archiv, MA 1479/10, Nr. 16.
[55] Vgl. Mitteilungen der Christlichsozialen Union, München, Nr. 11, 5.10.1946. Der Vorfall fand ein breites Echo in der Presse.
[56] Statistisches Jahrbuch für Bayern 1947, München 1948, S. 326 f.
[57] Süddeutsche Zeitung, 3.12.1946: „Das Volk hat gesprochen".

Barbara Fait

Auf Befehl der Besatzungsmacht?
Der Weg zur Bayerischen Verfassung

[1] Leitartikel der Frankenpost, 15. Juni 1946: „Verfassung der Nüchternheit".
[2] Direktive JCS 1067 in: Documents on Germany under Occupation 1945–1954, selected and edited by Beate Ruhm von Oppen, London u.a. 1955, S. 13 ff., hier S. 16; Text des Potsdamer Abkommens z. B. in: Wolfgang Benz, Potsdam 1945. Besatzungsherrschaft und Neuaufbau im Vier-Zonen-Deutschland, München 1986, hier S. 212 ff.
[3] J. F. J. Gillen, American Influence on the Development of Political Institutions, European Command Historical Division, als Manuskript im Archiv des Instituts für Zeitgeschichte (künftig: IfZ-Archiv), Fg 40/1.
[4] So der Präsident der Württemberg-Badischen Verfassunggebenden Landesversammlung, Wilhelm Simpfendörfer, vor diesem Gremium am 24.10.1946, in: Verhandlungen der Verfassunggebenden Landesversammlung für Württemberg-Baden, 1946, S. 323.

[5] Ausführlich zur amerikanischen Verfassungspolitik: Barbara Fait, In einer Atmosphäre von Freiheit. Die Rolle der Amerikaner bei der Verfassunggebung in den Ländern der US-Zone 1946, in: Vierteljahrshefte für Zeitgeschichte (künftig: VfZ) 33 (1985), hier bes. S. 420–422, 427–429.

[6] Stenographische Berichte der Bayerischen Verfassunggebenden Landesversammlung, S. 241.

[7] Stenographische Berichte über die Verhandlungen des Verfassungs-Ausschusses der Bayerischen Verfassunggebenden Landesversammlung, I, S. 285.

[8] Stenographische Berichte, III, S. 555.

[9] Der Vorsitzende des Verfassungsausschusses Lorenz Krapp (CSU), ebenda S. 177.

[10] Auffallend ist allerdings ein regional sehr unterschiedlicher, insgesamt hoher Anteil ungültiger Stimmen (7,1% in ganz Bayern, sogar 9,2% in Unterfranken), der auf einen beträchtlichen Prozentsatz von Proteststimmen schließen läßt. Vgl. Statistisches Jahrbuch für Bayern 1947, S. 334 f.

[11] Ausführlich zu dieser Frage Fait, Atmosphäre, S. 424 f., 427–429.

[12] James K. Pollock, der Leiter der amerikanischen Verbindungsstelle zum Stuttgarter Länderrat (RGCO) an Clay, 3.1. 1946, Constitutional Conventions, IfZ-Archiv, Selected Records of the Office of Military Government for Germany, United States, MA 1420/8.

[13] Abschrift des Schreibens des Office of Military Government for Bavaria (OMGBY) an den bayerischen Ministerpräsidenten Wilhelm Hoegner vom 8. 2. 1946, Bayerisches Hauptstaatsarchiv (künftig: BayHSta), NL Pfeiffer 147.

[14] Bayerische Staatskanzlei an die Landesvorsitzenden der CSU, SPD und KPD, 1. Februar 1946, BayHStA, NL Pfeiffer 147.

[15] Hoegner an OMGB, 19. 2. 1946, BayHStA, NL Pfeiffer 147. Peter Kritzer, Wilhelm Hoegner. Politische Biographie eines bayerischen Sozialdemokraten, München 1979, S. 192.

[16] Wilhelm Hoegner, Professor Dr. Hans Nawiasky und die Bayerische Verfassung von 1946, in: Staat und Wissenschaft – Festgabe zum 70. Geburtstag von Hans Nawiasky, Zürich 1950, S. 1.

[17] Rede Mullers, BayHStA, NL Pfeiffer 147.

[18] Wilhelm Hoegner, Die Verhandlungen des Vorbereitenden Verfassungsausschusses von 1946, in: Bayerische Verwaltungsblätter, H. 4, 1963, S. 97. Entwurf Hoegners, BayHStA, MA 110 902.

[19] Walter Siegel, Bayerns Staatswerdung und Verfassungsentstehung 1945/46. Ein Beitrag zur staatlichen und rechtlichen Problematik bei der Entstehung der Verfassung des Freistaates Bayern von 1946, Bamberg 1978, S. 48–66. Vgl. auch Hans-Wilhelm Langen, Der Einfluß der schweizerischen Verfassung auf die Bayerische Verfassung, Diss. Jur., München 1949.

[20] Wilhelm Hoegner, Der schwierige Außenseiter. Erinnerungen eines Abgeordneten, Emigranten und Ministerpräsidenten, München 1959, S. 249, 251.

[21] Verfassung des Volksstaates Bayern, S. 22 ff., Zitat Art. 105, BayHStA, MA 110 902.

[22] Sitzung des Dienstag-Clubs, 4. 6. 1946, BayHStA, OMGBY 10/86–3/4.

[23] Alois Hundhammer in einem Vortrag vor dem Akademisch Politischen Club, „Rückblick auf die Bayerischen Verfassungsberatungen", 28. September 1946, IfZ-Archiv, NL Hoegner, ED 120/130.

[24] Marie Elise Foelz-Schroeter, Föderalistische Politik und nationale Repräsentation 1945–1947. Westdeutsche Länderregierungen, zonale Bürokratien und politische Parteien im Widerstreit, Stuttgart 1974, S. 147.

[25] Wie Anm. 23.

²⁶ 3. Sitzung am 22.3. 1946, und 5. Sitzung am 28.3. 1946, in: IfZ-Archiv, NL Hoegner, ED 120/129. Die Protokolle der Sitzungen sind vollständig einzusehen im IfZ-Archiv, NL Hoegner, ED 120/129.
²⁷ Zur Diskussion des Staatspräsidenten und der zweiten Kammer vgl. 6. Sitzung des Vorbereitenden Verfassungsausschusses, ebenda.
²⁸ Hoegner an den Landesvorstand der SPD in Bayern, 14.9. 1946, IfZ-Archiv, NL Hoegner, ED 120/126.
²⁹ 7. Sitzung des Vorbereitenden Verfassungsausschusses, 3.4. 1946, NL Hoegner, ED 120/129. Vgl. auch den entsprechenden Abschnitt des „Regierungsentwurfs" in: Stenographische Berichte des Verfassungsausschusses der Bayerischen Verfassunggebenden Landesversammlung, I, S. 4 f., sowie den Bericht des Vorbereitenden Ausschusses an die Verfassunggebende Landesversammlung ebenda, S. 13.
³⁰ Cable Ref. CC 2418, OMGUS (Clay) to AGWAR (War Department), 23.8. 1946, IfZ-Archiv, OMGUS-CAD 17/255–2/24.
³¹ James K. Pollock, Germany under occupation. Illustrative materials and documents, Ann Arbor 1949, S. 121.
³² Hoegner vor dem Vorbereitenden Verfassungsausschuß, 8.3. 1946, IfZ-Archiv, NL Hoegner, ED 120/129.
³³ Text der Rede: IfZ-Archiv, OMGUS 3/157–1/21.
³⁴ Work Program of the Interdivisional Committee on German Governmental Structures, Memorandum, 11.6. 1946, IfZ-Archiv, OMGUS 17/255–2/22.
³⁵ Peter Jakob Kock, Bayerns Weg in die Bundesrepublik, Stuttgart 1983, S. 139.
³⁶ 14. Sitzung des Vorbereitenden Ausschusses vom 24.6. 1946, IfZ-Archiv, NL Hoegner, ED 120/129.
³⁷ Hoegner an OMGB, 24.6. 1946, BayHStA, MA 110 903.
³⁸ J. F. J. Gillen, State and Local Government in West Germany 1945–1953. With Special Reference to the U. S. Zone and Bremen, Historical Division, Office of the U. S. High Commissioner for Germany, o. O. 1953, S. 51, IfZ-Archiv, Druckschriftensammlung.
³⁹ Zur Entstehung des Wahlgesetzes unter Mitwirkung der Militärregierung vgl. BayHStA, MA 110 904, sowie BayHStA, OMGBY 10/87–1/20 und 10/84–3/14.
⁴⁰ Mitteilungen des Bayerischen Statistischen Landesamts, Heft 13, 30.9. 1946, S. 13 ff.
⁴¹ Zur personellen Besetzung des Verfassungsausschusses inklusive der Stellvertreter vgl. Stenographische Berichte, I, S. 33; zu Nawiasky ebenda, S. 35.
⁴² Vgl. den Arbeitsbericht des Verbindungsmannes zu OMGUS, Roger H. Wells, First Report on Progress in Drafting Bavarian Land Constitution, 7.8. 1946, IfZ-Archiv, Selected Records, MA 1420/8.
⁴³ Vgl. Stenographische Berichte, I, S. 35, S. 117.
⁴⁴ Ebenda, S. 116.
⁴⁵ Stenographische Berichte, II, S. 514 f.; Artikel 44 (3) BV.
⁴⁶ Begriff nach Rudolf Morsey, Emigration und Nachkriegsplanung – Vorschläge und Vorstellungen Heinrich Brünings über den Neuaufbau in Deutschland, in: Politische Parteien auf dem Weg zur parlamentarischen Demokratie in Deutschland, hrsgg. von Lothar Albertin und Werner Link, Düsseldorf 1981, S. 230.
⁴⁷ Die Verfassung des Freistaates Bayern vom 2. Dezember 1946. Kommentar begründet von Hans Nawiasky unter Mitarbeit von Claus Leusser, München 1948, S. 37; sowie Stenographische Berichte, II, S. 517; vgl. auch Art. 45, 47 (2), 51 BV.
⁴⁸ Stenographische Berichte, I, S. 98.
⁴⁹ Politik in Bayern 1919–1933. Berichte des württembergischen Gesandten Carl

Moser von Filseck, hrsgg. und komm. von Wolfgang Benz, Stuttgart 1971; hier Bericht vom 17. Juni 1920, S. 61.
50 Falk Wiesemann, Die Vorgeschichte der nationalsozialistischen Machtübernahme in Bayern 1932/33, Berlin 1975, S. 33 f.
51 Vgl. Ausführungen Hans Ehards, Stenographische Berichte, III, S. 591 f.
52 Stenographische Berichte über die Verhandlungen der bayerischen Verfassunggebenden Landesversammlung, München o. J., S. 178; vgl. auch die umfassende Darstellung zu den Konflikten um den Staatspräsidenten bei Kock, Bayerns Weg, S. 226–232, sowie seine Ausführungen zur monarchistischen Bewegung in Bayern, S. 152–164, S. 226.
53 Thomas Dehler (FDP), Stenographische Berichte, III, S. 595; Hoegner, Außenseiter, S. 254; Scheringer (KPD), Stenographische Berichte, III, S. 603, 607.
54 So war ein Gerücht im Umlauf, daß der CSU-Vorsitzende Josef Müller mit den Gegnern des Staatspräsidenten eine neue Partei gründen wollte. Vgl. Meeting between Mr. Schweizer, Mr. Boegehold and Mr. Horlacher, leader of the Peasants Union, September 1946, BayHStA, OMGBY 13/150–1/11.
55 Vgl. Wolfgang Behr, Sozialdemokratie und Konservatismus. Ein empirischer und theoretischer Beitrag zur regionalen Parteianalyse am Beispiel der Nachkriegsentwicklung Bayerns, Hannover 1969, S. 166.
56 Stenographische Berichte, III, S. 592; Hoegner an Friedrich Glum, 4. 9. 1946, IfZ-Archiv, NL Hoegner, ED 120/220.
57 Stenographische Berichte der Verfassunggebenden Landesversammlung, S. 122 f.; Die Christlich-Soziale Union in Bayern, ein Spiegelbild echter Demokratie, München, den 13. 9. 1946, BayHStA, NL Schwalber 27, sowie Stenographische Berichte der Verfassunggebenden Landesversammlung, S. 116.
58 Hoegner, Außenseiter, S. 254. Stenographische Berichte der Verfassunggebenden Landesversammlung, S. 177–194.
59 Hoegner, Außenseiter, S. 252; Bayerisches Statistisches Landesamt an die Bayerische Staatskanzlei, 15. 4. 1946, Betr. Versuchsberechnungen für ein künftiges Wahlrecht, BayHStA, NL Pfeiffer 148.
60 Wie Anm. 23.
61 Ausführungen Ehards, Stenographische Berichte, I, S. 79, und Hundhammers, S. 79 f.
62 Stenographische Berichte, I, S. 82–85.
63 Loritz (WAV), ebenda, S. 90 bzw. Schirmer (KPD), ebenda S. 96, Hundhammer, ebenda S. 91.
64 Stenographische Berichte, II, S. 481 f., Stenographische Berichte der Verfassunggebenden Landesversammlung, S. 160.
65 Rededisposition der Sozialdemokratischen Partei in Bayern zur Wahl am 1. 12. 1946, IfZ-Archiv, NL Hoegner, ED 120/226; Art. 90 des Hoegner-Entwurfs, BayHStA, MA 110 902.
66 Vgl. Erläuterungen Hoegners im Verfassungsausschuß, Stenographische Berichte, II, S. 349, sowie Hoegner, Außenseiter, S. 256. Wortlaut des Aktionsprogramms bei Behr, Sozialdemokratie, S. 212.
67 Stenographische Berichte, I, S. 256, 280; II, S. 349 f.
68 Prechtl (CSU), ebenda, S. 350; Hundhammer/Hoegner, S. 353; zur Diskussion um den Schularrtikel vgl. bes. S. 349–356.
69 Rededisposition, wie Anm. 65.
70 Hoegner, Stenographische Berichte, I, S. 356.
71 Text des Programmes bei Behr, Sozialdemokratie, S. 215; zum Volksbegehren ebenda, S. 185.

72 Behr, Sozialdemokratie, S. 154; S. 59.
73 Ossip K. Flechtheim, Dokumente zur parteipolitischen Entwicklung in Deutschland, Berlin 1963, Bd. II, S. 213.
74 Hundhammer, Stenographische Berichte, III, S. 654; zur Diskussion der Präambel ebenda, S. 648 ff. Vgl. auch Bengt Beutler, Das Staatsbild in den Länderverfassungen nach 1945, Berlin 1973, S. 127-139, bes. S. 138 f.
75 Vgl. Bericht des Bayerischen Vorbereitenden Verfassungsausschusses an die Bayerische Verfassunggebende Landesversammlung, Stenographische Berichte, S. 12; die Diskussionen um den Senat ebenda, S. 488 ff., hier S. 489 (Art. 34-42 BV).
76 Pressedienst der SPD, PR-Rundbrief Nr. 21/46, 21. 9. 1946, IfZ-Archiv, NL Hoegner, ED 120/226.
77 Rededisposition, wie Anm. 65.
78 Zit.: nach Kritzer, Wilhelm Hoegner, S. 207, 209.
79 Cable Ref. CC 2418, OMGUS (Clay) to AGWAR (War Department), 23. 8. 1946, IfZ-Archiv, OMGUS-CAD 17/255-2/24.
80 Der Leiter der für die Verfassungen zuständigen OMGUS-Civil Administration Division, Henry Parkman, an Clay, 18. 7. 1946, Military Government Relationship, IfZ-Archiv, OMGUS-CAD 17/255-2/24. Ausführlich zur Politik und Taktik von OMGUS in der Verfassungsfrage vgl. Fait, Atmosphäre; zur Diskussion der Verfahrensfrage v. a. S. 432-436.
81 Parkman an Clay, 18. 7. 1946, Military Government Relationship, IfZ-Archiv, OMGUS CAD, 17/255-2/22.
82 Military Government Relationship, 20. 7. 1946, approved 21. 7. 1946, LDC (=Clay), IfZ-Archiv, Selected Records, MA 1420/9.
83 Stenographische Berichte, II, S. 297.
84 Wilhelm Hoegner, Besatzungsmacht und Bayerische Verfassung von 1946, in: Politische Studien, H. 66, 1955, S. 353; Nawiasky, Kommentar, S. 26.
85 Wells an Parkman, 7. 8. 1946, 1 Report on Progress in Drafting Bavarian Land Constitution, IfZ-Archiv, Selected Records, MA 1420/8. Stenographische Berichte, II, S. 469. Nawiasky, Kommentar, S. 26. Wells an Hoegner, 8. 8. 1946, BayHStA, MA 110 904. Stenographische Berichte, II, S. 413; III, S. 409.
86 Stenographische Berichte, II, S. 413.
87 Ebenda, S. 426-437, hier S. 437.
88 Ebenda, S. 471-473, hier S. 472.
89 Ebenda, S. 468 f. und Stenographische Berichte der Bayerischen Verfassunggebenden Landesversammlung, S. 158, 168.
90 Stenographische Berichte, II, S. 470, 479 f., Zitat S. 480.
91 Nawiasky an Oberregierungsrat Johannes von Elmenau, 24. 12. 1947, Institut für Politik und Öffentliches Recht der Ludwig-Maximilians-Universität München, Teilnachlaß Nawiasky 96.
92 Vgl. Rede Hoegners anläßlich der Eröffnungssitzung des Vorbereitenden Ausschusses, BayHStA, NL Pfeiffer 147; dazu ausführlich Kock, Bayerns Weg, S. 224.
93 Stenographische Berichte, III, S. 479.
94 Hoegner, Besatzungsmacht, S. 353; Nawiasky, Kommentar, S. 25; Zitat: Stenographische Berichte, III, S. 569.
95 Analysis of Land Constitutions, IfZ-Archiv, Selected Records, MA 1420/8, sowie Report and Recommendations on Drafts of Constitutions for Bavaria, Wuerttemberg-Baden, and Hesse, IfZ-Archiv, Selected Records, MA 1420/9.
96 Stenographische Berichte, III, S. 570 ff.; Stenographische Berichte der Verhandlungen der Bayerischen Verfassunggebenden Landesversammlung, S. 158, 168.

97 Horst Albert Kuckuck, Etappen im Ringen um eine Wirtschaftskonzeption der CDU 1945-1949, in: Albertin/Link, Politische Parteien, S. 247.
98 Stenographische Berichte, II, S. 497.
99 Clay Personal for Echols (=General O. P. Echols, War Department, CAD), 15.10. 1946, in: Lucius D. Clay, The papers of Lucius D. Clay, Germany 1945-1949, ed. by Jean Edward Smith, Bloomington, London 1974, S. 270 f.
100 Übersetzung der Rede Clays vor dem Länderrat, 8.10. 1946 in: IfZ-Archiv, NL Hoegner, ED 120/131 sowie Draft, Cable CC 5210, undat. (9.10. 1946), OMGUS to AGWAR, IfZ-Archiv, Selected Records MA 1420/8. Die Artikel, die noch nicht den Beifall von OMGUS fanden, sind zusammengestellt in: Constitutional Questions pending on 22. September 45, IfZ-Archiv, Selected Records, MA 1420/8. Um der Verfassung möglichst breiten Rückhalt zu verschaffen, beschränkte sich OMGUS auf wenige Änderungswünsche, zusammengestellt in: Bavarian Constitution, Recommended Exceptions, Changes and Reservations; Division Recommendations on which Civil Administration recommends that no action be taken, 7.10. 1946, ebenda; vgl. auch Fait, Atmosphäre, S. 449 f.
101 Vgl. Fait, Atmosphäre, S. 450-452.
102 Stenographische Berichte, III, S. 746-750.
103 Süddeutsche Zeitung, 29.10. 1946.
104 Scheringer (KPD), Stenographische Berichte der Verfassunggebenden Landesversammlung, S. 243, Dehler (FDP) S. 233; zum Abstimmungsergebnis S. 238.
105 Ebenda, S. 238.
106 Vgl. Stenographische Berichte, III, S. 670-672.
107 Genehmigungsschreiben in: Constitutions of the German Laender, prepared by OMGUS CAD, 1947, S. 48, IfZ-Druckschriftensammlung.
108 Wilhelm Hoegner, Lehrbuch des bayerischen Verfassungsrechts, München 1949, S. 23.
109 Wells für Parkman, 26.10. 1946, 12.25 Uhr, IfZ-Archiv, OMGUS-CAD 3/153-2/7.

Constantin Goschler

Reformversuche gegen siegreiche Traditionen.
Bayerische Politik und amerikanische Kontrolle

1 Bayerischer Landtag, Untersuchungsausschuß zur Prüfung der Vorgänge im Landesentschädigungsamt, 6. Sitzung, 31.8. 1951, S. 29 f.
2 Zu den im folgenden angegebenen Wahlergebnissen vgl. Statistisches Jahrbuch für Bayern 1947, S. 305 ff.; Statistisches Jahrbuch für Bayern 1952, S. 432 ff.
3 Vgl. Amtliches Handbuch des Bayerischen Landtags, hrsg. v. Landtagsamt, München 1948, S. 29 ff.
4 Vgl. Klaus-Dietmar Henke/Hans Woller (Hrsg.), Lehrjahre der CSU. Eine Nachkriegspartei im Spiegel vertraulicher Berichte an die amerikanische Militärregierung, Stuttgart 1984, S. 9 f.
5 Vgl. Wilhelm Hoegner, Der schwierige Außenseiter. Erinnerungen eines Abgeordneten, Emigranten und Ministerpräsidenten, München 1959, S. 284 ff.
6 Ebenda, S. 293.
7 Vgl. Hans Woller, Die Loritz-Partei: Geschichte, Struktur und Politik der Wirtschaftlichen Aufbau-Vereinigung (WAV) 1945-1955, Stuttgart 1982, S. 51.

⁸ Vgl. Bayerischer Landtag, 3. Sitzung vom 10.1.1947, S. 31 ff.
⁹ Vgl. Direktive des OMGUS vom 30.9.1946, in: James K. Pollock u.a. (Hrsg.), Germany under Occupation, Ann Arbor 1949, S. 146 ff.
¹⁰ Vgl. OMGUS-Proklamation Nr. 4 vom 1.3.1947, in: Pollock, S. 149 f.
¹¹ Vgl. Wolfgang Benz, Versuche zur Reform des öffentlichen Dienstes in Deutschland 1945–1952. Deutsche Opposition gegen alliierte Initiativen, in: Vierteljahrshefte für Zeitgeschichte, 29 (1981), S. 216–245.
¹² Vgl. Heinrich August Winkler, Stabilisierung durch Schrumpfung: Der gewerbliche Mittelstand in der Bundesrepublik, in: Werner Conze/M. Rainer Lepsius (Hrsg.), Sozialgeschichte der Bundesrepublik Deutschland. Beiträge zum Kontinuitätsproblem, Stuttgart 1983, S. 198 ff.; Christoph Boyer, „Deutsche Handwerksordnung" oder „Zügellose Gewerbefreiheit". Das Handwerk zwischen Kriegswirtschaft und Wirtschaftswunder, in: Martin Broszat/Klaus-Dietmar Henke/Hans Woller (Hrsg.), Von Stalingrad zur Währungsreform. Zur Sozialgeschichte des Umbruchs in Deutschland, München 1988, S. 427–467.
¹³ Boyer, S. 467.
¹⁴ Vgl. Erziehung in Deutschland. Bericht und Vorschläge der Amerikanischen Erziehungskommission, hrsg. v. d. Neuen Zeitung, München 1946.
¹⁵ Ebenda, S. 27.
¹⁶ Vgl. Telegramm der amerikanischen Militärregierung für Deutschland (OMGUS) an die vier Länder der amerikanischen Besatzungszone vom 10.1.1947, in: Dokumente zur Schulreform in Bayern, hrsg. v. Bayerischen Staatsministerium für Unterricht und Kultus, bearb. v. Hans Merkt, München 1952, S. 55 f.
¹⁷ Dr. John W. Taylor, Die Grundlinien der Bildungspolitik der amerikanischen Militärregierung, Vortrag gehalten am 19.12.1947 im Bayerischen Staatsministerium für Unterricht und Kultus, ebenda, S. 54 ff.
¹⁸ Vgl. Anm. 14.
¹⁹ Vgl. ebenda.
²⁰ Vgl. Zwischenbericht des Bayerischen Staatsministeriums für Unterricht und Kultus vom 7.3.1947 an die Militärregierung, in: Dokumente zur Schulreform, S. 59 ff.
²¹ Schulreformplan des Bayerischen Staatsministeriums für Unterricht und Kultus vom 31.3.1947, Erziehungsplan auf weite Sicht, ebenda, S. 68.
²² Vgl. Rede von Staatssekretär Dieter Sattler zur Schulreform, Archiv des Instituts für Zeitgeschichte (künftig zit.: IfZ-Archiv), NL Sattler, ED 145, Bd. 12.
²³ Vgl. Isa Huelsz, Schulpolitik in Bayern zwischen Demokratisierung und Restauration in den Jahren 1945–1950, Hamburg 1970, S. 35 ff.
²⁴ Vgl. R.T. Alexander, Education and Religious Affairs Branch, OMGUS, an die amerikanische Militärregierung für Bayern, (OMGB), Education und Religious Affairs Branch, Statements on Bavarian School Reform Proposals, 27.5. und 23.6.1947, IfZ-Archiv, OMGUS-ECR, 5/344–115.
²⁵ Vgl. Alliierter Kontrollrat, Direktive Nr. 54 vom 25.6.1947, Grundsätze für die Demokratisierung des Schulwesens in Bayern, in: Dokumente zur Schulreform, S. 87 f.
²⁶ Schulreformplan des Bayerischen Staatsministeriums für Unterricht und Kultus vom 30.9.1947, ebenda, S. 137.
²⁷ R.T. Alexander, Education and Religious Affairs Branch, OMGUS, an General Clay, Comments on the Reform Proposal of Bavaria, 2.11.1947, IfZ-Archiv, OMGUS-ECR, 5/344–1/5.
²⁸ Murray van Wagoner an Ministerpräsident Ehard vom 23.12.1947, in: Dokumente zur Schulreform, S. 173.

[29] Vgl. Secondary Education in Germany. A Memorandum on the Report of the United States Education Mission to Germany, October 1947, IfZ-Archiv, OMGUS-ECR, 5/344-1/5; deutsch in: Dokumente zur Schulreform, S. 146 ff.
[30] R.T.Alexander, Education and Religious Affairs Branch, OMGUS, an Max Rheinstein am 5.1. 1948, IfZ-Archiv, OMGUS-ECR, 5/344-1/5.
[31] Vgl. Stellungnahme der bayerischen Bischöfe zu den Schulreformforderungen der Besatzungsmacht vom 7.1. 1948, in: Dokumente zur Schulreform, S.178 ff.
[32] Vgl. Stellungnahme des Evangelisch-Lutherischen Landeskirchenrats zu den Schulreformforderungen der Besatzungsmacht vom 26.1. 1948, ebenda, S.193 ff.
[33] Vgl. Hoegner, S. 294 ff.; Wolfgang Behr, Sozialdemokratie und Konservatismus. Ein empirischer und theoretischer Beitrag zur regionalen Parteianalyse am Beispiel der Geschichte und Nachkriegsentwicklung Bayerns, Hannover 1969, S. 61 ff.
[34] Vgl. Hoegner, S. 295.
[35] Vgl. Bayerischer Landtag, 31. Sitzung vom 24.10. 1947, S. 82 ff.
[36] Quarterly Historical Report, Military Government for Land Bavaria covering period from 1.10. 1947 to 31.12. 1947, S. 48, IfZ-Archiv, Fg 02/3.
[37] Vgl. Schulreformplan des Bayerischen Staatsministeriums für Unterricht und Kultus vom 31.1. 1948 nach den Weisungen der Militärregierung, in: Dokumente zur Schulreform, S. 197 ff.
[38] Schreiben von OMGUS, Education and Religious Affairs Branch an OMGB, Education and Religious Affairs Branch, vom 9.2. 1948, IfZ-Archiv, OMGUS-ECR, 5/344–1/5.
[39] Wörtliche Übersetzung aus dem „Bericht über Deutschland des Subcommittee on Germany, Senator Francis Case u.a. vom 28.2. 1948", IfZ-Archiv, NL Sattler, ED 145, Bd. 12.
[40] Vgl. Schreiben Hundhammers für die amerikanische Militärregierung für Bayern vom 21.3. 1949 über vorbereitende Maßnahmen für das Schuljahr 1949/50, in: Dokumente zur Schulreform, S. 281 ff.
[41] Vgl. Schreiben van Wagoners an Ministerpräsident Ehard vom 15.4. 1949, ebenda, S. 224 f.
[42] Vgl. Befehl der amerikanischen Militärregierung zur Einführung der Lehr- und Lernmittel sowie Schulgeldfreiheit vom 4.8. 1948, ebenda, S. 245 ff.
[43] Vgl. Lucius D.Clay an Ministerpräsident Ehard am 1.9. 1949, ebenda, S. 253 f.; Van Wagoner an Ehard am 22.9. 1949, ebenda, S. 255 ff.
[44] Alois Hundhammer an James Clark, Information Division, OMGB, am 9.6. 1948, IfZ-Archiv, OMGUS-ISD, 10/16–1/15; Carlos Moseley, Music Control Section, OMGB, an James A.Clark am 22. Juni 1948, ebenda.
[45] Vgl. Werner Egk, Zum Aufführungsverbot des Bayerischen Kultusministeriums gegen das Ballett „Abraxas" von Werner Egk, 25.1. 1949, IfZ-Archiv, NL Sattler, ED 145, Bd. 6.
[46] Bayerischer Landtag, 101. Sitzung vom 22.2. 1949, S. 641 f.
[47] Vgl. Franz Neumann, Der Block der Heimatvertriebenen und Entrechteten 1950–1960. Ein Beitrag zur Geschichte und Struktur einer Massenpartei, Meisenheim am Glan 1968, S. 46 ff.
[48] Vgl. Edward N.Peterson, The American Occupation of Germany, Detroit 1978, S. 258.
[49] Vgl. im folgenden Franz Sonnenberger, Die Rekonfessionalisierung der bayerischen Volksschule 1945–1950, in: Zeitschrift für bayerische Landesgeschichte 45 (1982), S. 87–155.
[50] Vgl. Charles D.Winnings vor den vereinigten Landtagsausschüssen für kulturpo-

litische Fragen und Rechts- und Verfassungsfragen am 4. 2. 1950, in: Dokumente zur Schulreform, S. 303 ff.
51 Vgl. Direktor Wagoner, OMGB, The Situation in Bavaria, 20. 7. 1949, Memorandum für John McCloy, S. 46 f., IfZ-Archiv, OMGUS, AG 1949/84/4.
52 Vgl. Schreiben Faulhabers an John McCloy vom 11. 2. 1950, in: Dokumente zur Schulreform, S. 306 ff.
53 Schreiben Meisers an John McCloy vom 23. 2. 1950, ebenda, S. 310 ff.
54 Vgl. George N. Shuster, In Amerika und Deutschland, Erinnerungen eines amerikanischen College-Präsidenten, Frankfurt am Main 1965.
55 Süddeutsche Zeitung, 19. 7. 1950: „Amtsantritt des Landeskommissars".

Paul Erker

Solidarität und Selbsthilfe.
Die Arbeiterschaft in der Ernährungskrise

1 Weekly Intelligence Report vom 6. August 1947, Archiv Institut für Zeitgeschichte (künftig zit.: IfZ-Archiv), NA, RG 260, 10/85–1/29.
2 So etwa Detlev J. K. Peukert, Der deutsche Arbeiterwiderstand 1933–1945, in: Klaus-Jürgen Müller (Hrsg.), Der deutsche Widerstand 1933–1945, Paderborn 1986, S. 176. Die antisolidarischen Folgen der Ernährungskrise überbetont Günter J. Trittel, Hunger und Politik in Westdeutschland, 1945–49. Umrisse eines zentralen Nachkriegsphänomens, in: Sozialwissenschaftliche Informationen für Unterricht und Studium 14 (1985), S. 126–135.
3 Dieser Aufsatz behandelt einen kleinen Ausschnitt aus einer umfassenden Studie über Ernährungskrise und Nachkriegsgesellschaft in Bayern zwischen 1943 und Anfang der fünfziger Jahre. Wichtigste Quellenbasis sind neben den Akten der amerikanischen Militärregierung in Bayern (die als Microfiches im Archiv des Instituts für Zeitgeschichte, München, zugänglich sind), u. a. die monatlichen Berichte der bayerischen Regierungspräsidenten sowie des Arbeitsministeriums im Bayerischen Hauptstaatsarchiv München (künftig: BayHStA) und Materialien aus den Betriebsrats- bzw. Werksarchiven von Krauss-Maffei (München) und MAN (Augsburg). Vgl. dazu die Dissertation des Verfassers, Ernährungskrise und Nachkriegsgesellschaft, Soziale Lage und politisches Verhalten von Bauern und Arbeiterschaft zwischen Schwarzmarkt- und Nachwährungszeit, Diss., München 1987.
4 Vgl. dazu Alfred Strothe, Weltproblem Ernährung. Beiträge zur Ernährungslage, Hannover 1948, S. 88 f., und Bayern in Zahlen 3 (1949), S. 75.
5 Berühmt-berüchtigt wurde der sogenannte Kartoffelkrieg Ende 1947, in dem sich Bayern gegen die seiner Ansicht nach zu hohen Lieferauflagen durch die bizonale Ernährungsverwaltung in Frankfurt unter Hans Schlange-Schöningen wehrte. Vgl. dazu Wolfgang Benz, Von der Besatzungsherrschaft zur Bundesrepublik. Stationen einer Staatsgründung 1946–1949, München 1984, S. 72–78.
6 Immer noch grundlegend zur Entwicklung der Ernährungslage und Ernährungspolitik ist: Justus Rohrbach, Im Schatten des Hungers, Dokumentarisches zur Ernährungspolitik und Ernährungswirtschaft in den Jahren 1945–1949, hrsg. von Hans Schlange-Schöningen, Hamburg 1955. Weniger ergiebig Karl-Heinz Rothenberger, Die Hungerjahre nach dem Zweiten Weltkrieg. Ernährungs- und Landwirtschaft in Rheinland-Pfalz 1945–1950, Boppard 1980, und Gabriele Stüber, Der Kampf gegen den Hunger 1945–1950, Die Ernährungslage in der briti-

schen Zone Deutschlands, insbesondere in Schleswig-Holstein und Hamburg, Neumünster 1984. Vgl. dagegen jetzt vor allem John E.Farquharson, The Western Allies and the Politics of Food: Agrarian Management in Postwar Germany, Leamington 1985.

[7] Vgl. „Die Ernährungslage in Bayern", in: Bayern in Zahlen 2 (1948), S.178f., und Hans Koenig, Beiträge zur Soziographie Münchens, München 1950, S.38–41.

[8] Etwa 3% der Gesamtbevölkerung Bayerns waren Gemeinschaftsverpflegte in Flüchtlings- und Internierungslagern. Vgl. Klaus Schreyer, Bayern ein Industriestaat. Die importierte Industrialisierung. Das wirtschaftliche Wachstum nach 1945 als Ordnungs- und Strukturproblem, München 1969, S.164f., und „Die Bevölkerung Bayerns nach Verbrauchergruppen im Jahre 1947", in: Bayern in Zahlen 2 (1948), S.135ff.

[9] Vgl. „Die soziale Gliederung der Bevölkerung in Bayern", in: Bayern in Zahlen 2 (1948), S.4.

[10] Vgl. dazu MAN-Werksarchiv, Akt 2.2.1.1./4.

[11] Ebenda.

[12] Vgl. dazu auch Josef Mooser, Arbeiterleben in Deutschland 1900–1970, Frankfurt 1984, S.205.

[13] Bericht vom Januar 1947, IfZ-Archiv, NA, RG 260, 10/65–3/6–7.

[14] Vgl. Trittel, Hunger und Politik, S.128, sowie Heinrich Kraut, Ernährung und Leistungsfähigkeit, in: Veröffentlichungen der Arbeitsgemeinschaft für Forschungen des Landes Nordrhein-Westfalen, H.1, Köln 1950, S.37–49.

[15] Arbeit und Wirtschaft in Bayern. Monatsbericht des Bayerischen Staatsministeriums für Arbeit und Soziale Fürsorge vom März 1947.

[16] Vgl. Bericht vom Oktober 1946, IfZ-Archiv, NA, RG 260, 13/77–1/12–15, sowie die Aufstellung der monatlichen Krankenraten bei Krauss-Maffei von Januar bis Dezember 1947, in: Krauss-Maffei, Betriebsrat, Ordner 2.

[17] Bericht vom Dezember 1948, BayHStA, MArb 532/I. Vgl. auch Wolfgang Szczepanski, Unfallhäufigkeit und Ernährungslage, in: Arbeitsblatt für die britische Zone 2 (1948), S.63–65.

[18] Vgl. Geschäftsbericht des Bayerischen Gewerkschaftsbundes 1948, S.80f., und Gewerkschaftszeitung vom 30.6. 1947.

[19] Vgl. Tätigkeitsbericht des Bayerischen Staatsministeriums für Arbeit und Soziale Fürsorge 1945–1950, München 1950, S.102f. und S.121.

[20] Arbeit und Wirtschaft in Bayern vom September 1947.

[21] Bericht vom September 1947, BayHStA, MWi 9625.

[22] Vgl. dazu die Berichte der Bayerischen Gewerbeaufsichtsämter von 1947, BayHStA, MArb 532/I.

[23] Vgl. dazu beispielsweise den Bericht vom 18. November 1947, MAN-Werksarchiv 2.2.3/16. Ende 1947 erhielten in ganz Bayern 51,6% der Arbeitnehmer gewerbliche Lebensmittelzulagen: 4,4% die Normalarbeiterkarte, 26,4% die Teilschwerarbeiter-Karte, 19,1% die Schwerarbeiterzulage und 1,7% die Schwerstarbeiterkarte. Vgl. die Aufstellung vom Oktober 1947, IfZ-Archiv, NA, RG 260, CO/438/2.

[24] Für Bayern vgl. vor allem die repräsentative Erhebung von Haushaltsbudgets in 99 Arbeitnehmerfamilien im September 1947, IfZ-Archiv, NA, RG 260, Polad/ 806/19. Vgl. dazu auch die Haushaltsrechnungen bei Martha Rohlfing, Lohn und Lebenshaltungskosten, in: Dortmunder Schriften zur Sozialforschung, H.1 (1947), S.40–58, sowie B.Katsch, Die Lebenshaltung von 405 Haushaltungen in Württemberg-Baden, in: Statistische Monatshefte Württemberg-Badens 2 (1948), S.3–9 und S.38–48, und Nicholas Balabkins, Germany under direct controls. Economic aspects of industrial disarmament 1945–1948, New Brunswick 1964,

S. 186 ff. Aus einem alleinigen Vergleich der Lohn- und Lebenshaltungskostenindizes, die zudem durch entsprechende Berechnungsmethoden erheblich verzerrt waren, gehen all diese entscheidenden Entwicklungen in der Einkommenslage der Arbeiterhaushalte nicht hervor.

[25] Vgl. IfZ-Archiv, NA, RG 260, Polad/806/19, und Rohlfing, Lohn und Lebenshaltungskosten, S. 12.
[26] Vgl. Ludwig Aderbauer, Der Schwarze Markt als Folge der Geldunordnung, Diss., München 1948 (MS), S. 80 f.
[27] Vgl. etwa den Bericht des Regierungspräsidenten von Unterfranken vom Juli 1947, BayHStA, MArb 7762.
[28] Stadtarchiv München, Polizeipr. Obb 616.
[29] Vgl. den Bericht vom Oktober 1947, Stadtarchiv München, Pol. Dir. München 10957.
[30] Vgl. Trittel, Politik und Ernährung, S. 133.
[31] Zum folgenden vgl. auch Ernst Riegele, Parteientwicklung und Wiederaufbau. Die lokale Neugründung und Politik der SPD in den Jahren 1945 bis 1949 am Beispiel der Stadt Augsburg, Diss., Augsburg 1977, S. 230 f., und MAN-Betriebsrat, Ordner 1.
[32] Vgl. dazu Michael Schröder, „In der vereinten Kraft muß unsre Stärke liegen". Zur Geschichte des Bayerischen Gewerkschaftsbundes, Köln 1985, S. 94, und Michael Fichter, Besatzungsmacht und Gewerkschaften. Zur Entwicklung und Anwendung der US-Gewerkschaftspolitik in Deutschland 1944–1948, Opladen 1982.
[33] Der volle Wortlaut des Aufrufs in: Gewerkschaftszeitung vom 25.5.1947.
[34] Vgl. Süddeutsche Zeitung vom 10.1. und 20.1.1948.
[35] Gewerkschaftszeitung vom 20.1.1948.
[36] Bericht vom Juni 1948, IfZ-Archiv, NA, RG 260, 13/147–3/7–8.
[37] Vgl. „Industrial unrest in Bavaria", Weekly Intelligence report vom 19.11.1948, IfZ-Archiv, NA, RG 260, 7/36–2/4, sowie IfZ-Archiv, NA, RG 260, 7/27–2/9–14.
[38] Für München vgl. auch Stadtarchiv München, Ratspr. 721/1–3 vom 15.5.1948.
[39] Vgl. dazu Christoph Kleßmann, Peter Friedemann, Streiks und Hungermärsche im Ruhrgebiet 1946–1948, Frankfurt 1977.
[40] Vgl. dazu etwa IfZ-Archiv, NA, RG 260, 13/36–2/1 und 13/105–1/6.
[41] Vgl. Bericht vom November 1948, IfZ-Archiv, NA, RG 260, 7/36–2/4.
[42] Protokoll des 1. ordentlichen Kongresses des Bayerischen Gewerkschaftsbundes vom 27.–29.3.1947, S. 167, zit. nach Wilhelm Merl, Die arbeits- und lohnpolitischen Zielsetzungen der Gewerkschaften in Bayern nach 1945 bis Ende 1947, Diss., München 1948 (MS), S. 37.
[43] Vgl. dazu auch Alexander von Plato, Nachkriegssieger. Sozialdemokratische Betriebsräte im Ruhrgebiet – Eine lebensgeschichtliche Untersuchung, in: Lutz Niethammer (Hrsg.), „Hinterher merkt man, daß es richtig war, daß es schiefgegangen ist". Nachkriegserfahrungen im Ruhrgebiet, Berlin 1983, S. 311–359.
[44] Vgl. dazu die Berichte der Bayerischen Gewerbeaufsichtsämter von 1947, BayHStA, MArb 532/I.
[45] Vgl. dazu und zum folgenden verschiedene Betriebsrats-Sitzungsprotokolle, MAN-Betriebsrat, Ordner 2–4 und Krauss-Maffei, Betriebsrat.
[46] Vgl. dazu Kleßmann, Friedemann, Streiks und Hungermärsche, S. 77, und Ulrich Borsdorf, Speck oder Sozialisierung? Produktionssteigerungskampagnen im Ruhrbergbau 1945–1947, in: Hans Mommsen (Hrsg.), Glück auf Kameraden! Die Bergarbeiter und ihre Organisationen in Deutschland, Köln 1979, S. 345–366.

[47] Vgl. dazu Geschäftsbericht des Bayerischen Gewerkschaftsbundes 1948, S. 10, und „Industrial unrest in Bavaria", Weekly Intelligence report vom 19.11.1948, IfZ-Archiv, NA, RG 260, 7/36–2/4.
[48] Zu Lage und Verhalten der Arbeiterschaft nach der Währungsreform vgl. u.a. „Industrial unrest in Bavaria", Weekly Intelligence report vom 19.11.1948, IfZ-Archiv, NA, RG 260, 7/36–2/4, und „Der Nahrungsmittelverbrauch der Arbeiterhaushaltungen seit der Währungsreform", in: Bayern in Zahlen 2 (1948), S. 277–280.

Jutta Neupert

Vom Heimatvertriebenen zum Neubürger.
Flüchtlingspolitik und Selbsthilfe auf dem Weg zur Integration

[1] Wortlaut des Potsdamer Abkommens u.a. in: Wolfgang Benz, Potsdam 1945. Besatzungsherrschaft und Neuaufbau im Vier-Zonen-Deutschland, München 1986, S. 210 f.; zur Frage der Vertreibung vgl. Klaus-Dietmar Henke, Der Weg nach Potsdam – Die Alliierten und die Vertreibung, in: Die Vertreibung der Deutschen aus dem Osten. Ursachen, Ereignisse, Folgen, hrsgg. von Wolfgang Benz, Frankfurt/M. 1985, S. 49–69.
[2] Vgl. Edgar Pscheidt, Der Kampf um die Verteilung der Flüchtlinge in der US-Zone, in: Integration und Neubeginn. Dokumentation über die Leistungen des Freistaates Bayern und des Bundes zur Eingliederung der Wirtschaftsbetriebe der Vertriebenen und Flüchtlinge und deren Beitrag zur wirtschaftlichen Entwicklung des Landes, hrsgg. von Friedrich Prinz im Auftrag des Bayerischen Staatsministeriums für Arbeit und Sozialordnung, Bd. 1, S. 49–59.
[3] Zahlen nach Franz J. Bauer, Flüchtlinge und Flüchtlingspolitik in Bayern 1945–1950, S. 21–28, Stuttgart 1982; Bayerisches Staatsministerium des Innern (Hrsg.), Amtliches Zahlenmaterial zum Flüchtlingsproblem in Bayern, 3. Folge, im Auftrag des Staatssekretärs Wolfgang Jaenicke, bearb. von Martin Kornrumpf, München, Mai 1947, S. 20; vgl. Werner Nellner, Grundlagen und Hauptergebnisse der Statistik, in: Die Vertriebenen in Westdeutschland. Ihre Eingliederung und ihr Einfluß auf Gesellschaft, Wirtschaft, Politik und Geistesleben, hrsgg. von Eugen Lemberg und Friedrich Edding, Bd. 1, S. 61–144.
[4] Bericht des Flüchtlingsamtes Sonthofen für die Zeit vom 1.12. 1945 bis 30.6. 1946, S. 2, Sudetendeutsches Archiv, München (künftig zit.: SudA), ungeordneter Bestand Hauptausschuß, Akt „Resolutionen 1946–1947 I".
[5] Vgl. Bauer, Flüchtlinge, S. 32–40.
[6] Verordnung Nr. 3 über das Flüchtlingswesen, München, 2.11. 1945, Bayerisches Gesetz- und Verordnungsblatt (künftig zit.: GVBl), Nr. 6/1945, S. 4.
[7] Gesetz Nr. 5 über die Befugnisse des Staatskommissars für das Flüchtlingswesen, der Regierungskommissare und der Flüchtlingskommissare bei den Landräten und Oberbürgermeistern vom 14.12. 1945, in Kraft getreten am Tag seiner Verkündigung im Rundfunk, GVBl Nr. 1/1946, S. 4.
[8] Entschließung Nr. VI 2976 I-Mil. 712 betr. „Personalkosten der Flüchtlingskommissare, Amträume, Gehaltszahlung" vom 13.2. 1946, Bundesarchiv Koblenz, Nachlaß Jaenicke/31; vgl. Bauer, Flüchtlinge, S. 69.
[9] Schreiben der Regierungskommissare Dr. Gernbeck, Lang, Gietl und Lütke an Jaenicke vom 27.10. 1946, Bundesarchiv Koblenz, Nachlaß Jaenicke/31, zit. nach Bauer, Flüchtlinge, S. 96.

Anmerkungen

10 Ebenda, S. 100.
11 Brief des Landrats von Landau an Jaenicke vom 3.2. 1947, Bundesarchiv Koblenz, Nachlaß Jaenicke/35, zit. ebenda, S. 111.
12 Vgl. Karl-Maria Haertle, Ein Überblick über die Entwicklung der Flüchtlingssonderverwaltung, in: Integration und Neubeginn, S. 61–65.
13 Der Regierungskommissar von Ober- und Mittelfranken vor dem Flüchtlingsausschuß am 12.11. 1946, SudA, ungeordneter Bestand Hauptausschuß, Akt „Reg. Flü.-Ausschuß Ansbach"; zu den 17 000 Unterhosen s. Schreiben des Leiters des Beschaffungsamtes beim Staatskommissar an das Landeswirtschaftsamt und das Regierungswirtschaftsamt von Oberbayern vom 24.7. 1946, Bayerisches Hauptstaatsarchiv (künftig zit.: BayHStA), Bestand Wirtschaftsministerium, Akt 9627; Brief Jaenickes an den Wirtschaftsminister vom 25.2. 1947, BayHStA, Bestand Wirtschaftsministerium, Akt 9628.
14 Exposé, verfaßt Anfang Juni 1947 von der Abteilung I des Innenministeriums; vgl. Bauer, Flüchtlinge, S. 124–129.
15 Gesetzestext im Bayerischen Staatsanzeiger Nr. 42 vom 16.10. 1948.
16 Ankermüller im Bayerischen Staatsanzeiger vom 23.4. 1949.
17 So lautete der Titel der frühesten Fassung der Denkschrift, zit. nach Walter Stelzle, Die Sudetendeutsche Hilfsstelle, in: Integration und Neubeginn, S. 84 ff.
18 Vgl. ebenda, S. 93.
19 Außenkommissar Lindemann, 5.3. 1946, BayHStA, Bestand Abgabe des Arbeitsministeriums von 1979, vorl. Nr. 6045, S. 2.
20 So charakterisierte der Hauptausschuß in einem Tätigkeitsbericht von 1947 seine eigene Stellung, vgl. Bauer, Flüchtlinge, S. 286.
21 Gen. Muller an Ministerpräsident Hoegner, betr. „Representation of Refugees" vom 11.7. 1946, BayHStA, Bestand Abgabe der Bayerischen Staatskanzlei vom 19. Juli 1976, Akt 202/850.
22 Der Ministerrat auf einer Sitzung vom 27.9. 1948, zit. nach Bauer, Flüchtlinge, S. 295.
23 Wortlaut einer von Vertretern des Hauptausschusses und der Landesvertretung getroffenen Übereinkunft vom 6.2. 1949, als Anhang zum Hauptausschuß-Sitzungsprotokoll vom 7.3. 1949, SudA Bestand B III, Akt 42.
24 Schreiben des Direktors der Militärregierung für Bayern an Ministerpräsident Hoegner vom 31.10. 1945, BayHStA, Bestand Finanzministerium. Abgabe vom 11. März 1980, VI-Mil-411.
25 Verordnung über die Einführung des Flüchtlingsausweises vom 6.4. 1946, § 2, Bayerischer Staatsanzeiger Nr. 1/1946 vom 1.6. 1946.
26 Wahlordnung für die Gemeindewahlen, 18.12. 1945, GVBl 17/1946, S. 230; Gesetz Nr. 56 über die Wahl zu einer Verfassunggebenden Landesversammlung, 14.2. 1946, GVBl 18/1946.
27 Gesetz Nr. 59 über die Aufnahme und Eingliederung deutscher Flüchtlinge vom 19.2. 1947, GVBl Nr. 5/1947.
28 „Materialien zur Flüchtlingsverteilung in der US-Zone und innerhalb Bayerns, bearbeitet von Dr. Korberr, Regensburg", März/April 1947, BayHStA, Bestand „Der Bevollmächtigte beim Länderrat Stuttgart", Akt 81.
29 Wolfgang Jaenicke, Vier Jahre Betreuung der Vertriebenen in Bayern 1945–1949, München 1950, S. 8.
30 Bericht über eine Informationsfahrt von Vertretern des Evangelischen Hilfswerks durch die Flüchtlingslager an der Bayerischen Ostgrenze zwischen dem 14. und 23. März 1946, BayHStA, Bestand „Der Bevollmächtigte beim Länderrat Stuttgart", Akt 78, S. 8.

[31] Ebenda, S. 5; „Bericht über Lagerbesichtigungen in Kelheim, Lager Rosengarten und Langschenke und zwei Lagern in Falkenstein, Kreis Roding am 31.3.1946", BayHStA, Bestand Innenministerium, Akt 79881.
[32] Aus dem Bericht des Evangelischen Hilfswerks, BayHStA, Bestand „Der Bevollmächtigte beim Länderrat Stuttgart", Akt 78, S. 8 f.
[33] Vgl. Bauer, Flüchtlinge, S. 190.
[34] Vgl. ebenda, S. 196.
[35] Der Arbeitsbericht ist abgedruckt in: Ulrich Enders, Die Kirchliche Hilfsstelle München 1945–1949, in: Integration und Neubeginn, S. 182 ff.
[36] Anordnung I/1/2118 des Staatskommissars für das Flüchtlingswesen vom 10.7.1946; vgl. Bauer, Flüchtlinge, S. 188.
[37] Bericht des Abteilungsleiters im Wirtschaftsministerium an den Staatskommissar für das Flüchtlingswesen vom 15.6.1946, BayHStA, Bestand Innenminsterium, Akt 79881.
[38] Bayerisches Statistisches Landesamt (Hrsg.), Die Flüchtlinge in Bayern. Ergebnisse einer Sonderzählung aus der Volks- und Berufszählung vom 29. Oktober 1946, München 1948, S. 16.
[39] Vgl. Bauer, Flüchtlinge, S. 204 ff.
[40] Alois Schlögel, „Eine Eiterbeule", in: Landwirtschaftliches Wochenblatt vom 23.2.1946; vgl. Bauer, Flüchtlinge, S. 447.
[41] Schreiben des Landwirts X.F. aus Hadersbach vom 1.8.1947 an die Schriftleitung des Landwirtschaftlichen Wochenblatts, zit. ebenda, S. 357.
[42] Vgl. Karl-Maria Haertle, Die Wohnungssituation der Heimatvertriebenen und Flüchtlinge, in: Integration und Neubeginn, S. 306–315.
[43] Ernst Müller, Bericht des Vorsitzenden der Aufbaugemeinschaft (früher Notgemeinschaft) Neutraubling, unveröffentliches Manuskript, o.O., o.J., zit. ebenda, S. 309.
[44] Vgl. Bauer, Flüchtlinge, S. 212 ff.
[45] Zit. nach Karl-Maria Haertle, Der gesetzgeberische Rahmen und die ersten Maßnahmen der Kreditvergabe, in: Integration und Neubeginn, S. 326.
[46] Vgl. Edgar Pscheidt, Die Flüchtlingslager, in: Integration und Neubeginn, S. 264–270; Telegramm, ebenda, Bd. 2, S. 914.

Karl-Heinz Willenborg

Bayerns Wirtschaft in den Nachkriegsjahren.
Industrialisierungsschub als Kriegsfolge

Für bereitwillige Hilfe bei der Materialbeschaffung danke ich sehr herzlich Frau Dr. Toussaint von der Industrie- und Handelskammer München/Oberbayern und Frau Dr. Suttner, Leitende Ministerialrätin im Bayerischen Staatsministerium für Wirtschaft und Verkehr.

[1] Zit. nach Ernst Deuerlein, Die Einheit Deutschlands. Darstellung und Dokumentation, Frankfurt 1957, S. 238 ff.
[2] Zit. nach John Gimbel, Amerikanische Besatzungspolitik in Deutschland 1945–1949, Frankfurt 1971, S. 16.
[3] Michael Balfour, Vier-Mächte-Kontrolle in Deutschland 1945–1946, Düsseldorf 1959, S. 257.
[4] Vgl. im einzelnen Klaus Schreyer, Bayern – ein Industriestaat, München 1969, S. 157 ff., und Hans Woller, Gesellschaft und Politik in der amerikanischen Besatzungszone. Die Region Ansbach und Fürth, München 1986, S. 245 ff.

⁵ Gustav Stolper, Die deutsche Wirklichkeit, Hamburg 1949, S. 98 f.
⁶ Ebenda.
⁷ Während des Krieges freilich auch nicht vollständig; vgl. Willi A. Boelcke, Der Schwarzmarkt 1945–1948, Braunschweig 1986, S. 9 ff.
⁸ Bayerisches Staatsministerium für Wirtschaft, Statistische Handakte 1947–51, 31.10.1947.
⁹ Andere Schätzungen bis zu 80 Prozent sind für die gesamte Wirtschaft aber sicher übertrieben.
¹⁰ Eine nicht nur theoretische Möglichkeit; vgl. Wolfgang Benz, Zwangswirtschaft und Industrie. Das Problem der Kompensationsgeschäfte am Beispiel des Kasseler Spinnfaser Prozesses von 1947, in: Vierteljahrshefte für Zeitgeschichte 32 (1984), S. 422–440.
¹¹ Für weitere Details zu Fragen der Bewirtschaftung vgl. Schreyer wie Anm. 4. Diese Arbeit, obwohl nach zwei Jahrzehnten zeitgeschichtlicher Forschung inzwischen in Einzelaspekten überholt, besticht noch immer durch präzise Auskünfte gerade über die Zeit von 1945–1948. Für die ersten 20 Jahre bayerischer Wirtschaftsgeschichte nach dem Zweiten Weltkrieg bleibt seine Darstellung grundlegend. Als neuere Arbeiten sei verwiesen auf Woller (wie Anm. 4), ferner Martin Broszat/Klaus-Dietmar Henke/Hans Woller (Hrsg.), Von Stalingrad zur Währungsreform. Zur Sozialgeschichte des Umbruchs in Deutschland, München 1988.
¹² Vgl. Günther J. Trittel, Die westlichen Besatzungsmächte und der Kampf gegen den Mangel 1945–1949, in: Aus Politik und Zeitgeschichte, 31. Mai 1986.
¹³ Vgl. Ludwig Vaubel, Zusammenbruch und Wiederaufbau, ein Tagebuch aus der Wirtschaft 1945–1949, hrsgg. von Wolfgang Benz, München 1984, S. 275 ff.
¹⁴ Otmar Emminger, Die bayerische Industrie, Bayerische Wirtschaft, Heft 2/1947.
¹⁵ Klaus Schreyer, Bayern, S. 288.
¹⁶ Text in: Rainer Kunz u. a. (Hrsg.), Programme der politischen Parteien Deutschlands, München 1975, S. 134.
¹⁷ Auch ausländische Beobachter beurteilten die Entwicklung ähnlich, so der französische Ökonom Jacques Rueff: „Wer es gesehen hat, der weiß, daß Westdeutschland in der Zeit von 1945–1948 als ein einziger Trümmerhaufen dalag. Sämtliche Fabriken standen still. Sämtliche Läden waren leer ... Nirgends machten sich Anzeichen einer Erholung bemerkbar ... Vom Juni 1948 ab änderte sich alles mit einem Schlage ... Der Schwarze Markt verschwand urplötzlich. Die Auslagen waren zum Bersten voll von Waren, die Fabrikschornsteine rauchten, auf den Straßen wimmelte es von Lastkraftwagen. Wo es auch sei, überall statt der Totenstille der Ruinen das Gerassel der Baustellen." Zit. nach: Willy Schickling, Entscheidung in Frankfurt. Ludwig Erhards Durchbruch zur Freiheit, Stuttgart 1978, S. 90 f.
¹⁸ Die Hälfte des resultierenden DM-Betrages wurde aber auf Festkonten eingefroren und später zu 70 Prozent gestrichen, letztlich wurden also aus 100 RM 6,50 DM.
¹⁹ Werner Abelshauser, Wirtschaft in Westdeutschland 1945–1948, Stuttgart 1975.
²⁰ Bayerisches Staatsministerium für Wirtschaft, Die Wirtschaftsentwicklung Bayerns im Jahre 1948, S. 15.
²¹ Die Methode der Produktionsschätzung anhand des industriellen Stromverbrauchs wird jetzt übrigens angegriffen von Albrecht Ritschl, Die Währungsreform von 1948 und der Wiederaufstieg der deutschen Industrie, in: Vierteljahrshefte für Zeitgeschichte 33 (1985), S. 134–165.

Clemens Vollnhals
Die Evangelische Kirche in der Nachkriegspolitik.
Die Bewältigung der nationalsozialistischen Vergangenheit

[1] Bericht des Dekanats Feuchtwangen vom 31.7. 1945. Landeskirchliches Archiv Nürnberg (künftig zit.: LKAN), Landeskirchenrat (künftig zit.: LKR), Berichte über Vorgänge bei der militärischen Besatzung.
[2] Bericht des Pfarramts Solnhofen vom 8.8. 1945. Ebenda.
[3] Bericht des Dekanats Markt Erlbach vom 30.6. 1945. Ebenda.
[4] Bericht des Dekanats Uffenheim vom 10.8. 1945. Ebenda.
[5] Bericht des Pfarramts Ickelheim vom 6.6. 1945. Ebenda.
[6] Rundschreiben Meisers vom 7.5. 1945. LKAN, LKR 274.
[7] Bericht des Dekanats Erlangen vom 17.8. 1945. LKAN, LKR, Berichte...
[8] Bericht des Pfarramts Bad Soden vom 23.5. 1945. Ebenda.
[9] Bericht des Dekanats Würzburg vom 4.9. 1945. Ebenda.
[10] Vgl. für diese und andere Angaben zur Kirchlichkeit die statistischen Beilagen zum Amtsblatt für die Evang.-Luth. Kirche in Bayern rechts des Rheins, Nr. 16 von 1949, Nr. 3 von 1950, Nr. 21 u. 23 von 1951.
[11] LKAN, LKR 411.
[12] Otto Dibelius, Ein Christ ist immer im Dienst. Erlebnisse und Erfahrungen in einer Zeitenwende, Stuttgart 1961, S.265. Vgl. auch Hermann Dietzfelbinger, Landesbischof D. Meiser. Kirchenleitende Verantwortung 1933–1955, in: Zeitschrift für bayerische Kirchengeschichte, 50 (1981), S.96–107.
[13] Zit. nach Ernst Henn, Führungswechsel, Ermächtigungsgesetz und das Ringen um eine neue Synode im bayerischen Kirchenkampf, in: Zeitschrift für bayerische Kirchengeschichte, 43 (1974), S.345f. Sozialgeschichtlich äußerst interessante Stimmungsbilder aus der „Zeit der Illusionen" finden sich bei Martin Broszat, Zur Lage der evangelischen Kirchengemeinden, in: Martin Broszat/Elke Fröhlich/Falk Wiesemann (Hrsg.), Bayern in der NS-Zeit, Bd.1: Soziale Lage und politisches Verhalten der Bevölkerung im Spiegel vertraulicher Berichte. München 1977, S.369–406.
[14] Vgl. Helmut Baier, Die Deutschen Christen Bayerns im Rahmen des bayerischen Kirchenkampfes, Nürnberg 1968; Helmut Baier, Kirche in Not. Die bayerische Landeskirche im Zweiten Weltkrieg, Neustadt 1979; Hermann Dietzfelbinger, Veränderung und Beständigkeit. Erinnerungen, München 1984; Karl Steinbauer, Einander Zeugnis geben, Erlangen 1983. Zur Einschätzung der Situation durch Meiser vgl. die bedeutende Edition: Verantwortung für die Kirche. Stenographische Aufzeichnungen und Mitschriften von Landesbischof Hans Meiser 1933–1955. Bearb. von Hannelore Braun und Carsten Nicolaisen. Bisher erschienen ist Bd.1: Sommer 1933 bis Sommer 1935, Göttingen 1985.
[15] Vgl. H. Baier, Kirche in Not, S.233; Hermann Diem, Sine vi sed verbo. Gesammelte Aufsätze, München 1965, S.108 ff.; Walter Höchstädter, Durch den Strudel der Zeiten geführt. Ein Bericht über meinen Weg von der Monarchie und der Weimarer Republik durch das Dritte Reich und den Zweiten Weltkrieg, Bubenreuth 1983 (Selbstverlag), S.228 ff.
[16] J. Schieder, Übersicht über den Kirchenkampf, Mai 1945. LKAN, Kreisdekan Nürnberg 14-502.
[17] Rundschreiben Meisers vom 7.5. 1945. LKAN, LKR 274.
[18] Botschaft Meisers an die Gemeinden vom 22.5. 1945. LKAN, LKR 1758a.
[19] Dietrich Bonhoeffer, Das Schuldbekenntnis, in: Martin Greschat (Hrsg.), Die

Schuld der Kirche. Dokumente und Reflexionen zur Stuttgarter Schulderklärung vom 18./19.Oktober 1945, München 1982, S. 20 ff. Vgl. auch Eberhard Bethge, Schuld bei Dietrich Bonhoeffer, in: Eberhard Bethge, Am gegebenen Ort. Aufsätze und Reden, München 1979, S. 83 ff.
20 In: Martin Greschat (Hrsg.), Die Schuld der Kirche, S. 74 ff.
21 Stewart Herman, The Rebirth of the German Church, New York 1946, S. 149. Vgl. auch Wolf-Dieter Hauschild, Die Kirchenversammlung von Treysa 1945, in: Vorlagen 32/33, Hannover 1985.
22 Dazu ausführlich Martin Greschat (Hrsg.), Die Schuld der Kirche; Gerhard Besier, Zur Geschichte der Stuttgarter Schulderklärung vom 18./19.Oktober 1945, in: Gerhard Besier/Gerhard Sautter, Wie Christen ihre Schuld bekennen. Die Stuttgarter Schulderklärung 1945, Göttingen 1985, S. 9–61.
23 Vgl. Amtsblatt für die Evang.-Luth. Kirche in Bayern rechts des Rheins, Nr. 5 vom 15.3.1946. Zur Behandlung der Schuldfrage in der bayerischen Kirchenpresse vgl. Gerhard Meier-Reutti, Politik der Unpolitischen. Kirchliche Presse zwischen Theologie und Gemeinde, Bielefeld 1976, S. 385 ff.
24 Neue Zeitung vom 15.2.1946, zit. nach Martin Greschat (Hrsg.), Die Schuld der Kirche, S. 191.
25 Vgl. die offiziöse Darstellung des bayerischen Kirchenkampfes von Kirchenrat Heinrich Schmidt, Apokalyptisches Wetterleuchten, München 1947, und die von Fritz Klinger, dem Vorsitzenden des bayerischen Pfarrervereins, herausgegebene Dokumentation: Dokumente zum Abwehrkampf der deutschen evangelischen Pfarrerschaft gegen Verfolgung und Bedrückung 1933–1945, Nürberg 1946.
26 Bericht des Dekanats Würzburg vom 4.9.1945. LKAN, LKR, Berichte ...
27 Rundschreiben Meisers vom 7.5.1945. LKAN, LKR 274.
28 Bericht von Landesbischof Meiser am 6.5.1947, in: Verhandlungen der Landessynode der Evang.-Luth. Kirche in Bayern. Synodalperiode 1946/1947. A. o. Tagung Ansbach 6.–9. Mai 1947, S. 10. Vgl. auch Carsten Nicolaisen/Clemens Vollnhals, Evangelische Kirche und öffentliches Leben in München 1945–1949, in: Friedrich Prinz (Hrsg.), Trümmerzeit in München. Kultur und Gesellschaft einer deutschen Großstadt im Aufbruch 1945–1949, München 1984, S. 132 f. Vgl. allg. Johannes M. Wischnath, Kirche in Aktion. Das Evangelische Hilfswerk 1945–1957 und sein Verhältnis zu Kirche und Innerer Mission, Göttingen 1985.
29 Amtliche Evang. Statistik vom 10.8.1948. LKAN, LKR 57.
30 Quarterly Historical Report Religious Affairs vom 15.10.1947 und 19.1.1948. National Archives, Washington, Archiv des Instituts für Zeitgeschichte, RG 260, 10/66–1/4.
31 Bericht von Landesbischof Meiser am 6.5.1947, S. 9. Zur Charakterisierung des evangelischen Pressewesens in Bayern vgl. Gerhard Meier-Reutti, Politik der Unpolitischen.
32 Office of Military Government for Bavaria, Information Control Division, an Langenfaß vom 8.10.1947. LKAN, NL Langenfaß 125.
33 Bericht des Dekanats Würzburg vom 4.9.1945. LKAN, LKR, Berichte ...
34 Schieder an Landeskirchenrat vom 28.4.1945. LKAN, Kreisdekan Nürnberg 14-502.
35 Der Personalvorschlag Meisers ist abgedruckt in: Carsten Nicolaisen/Clemens Vollnhals, Evangelische Kirche, S. 134 f.
36 Aktenvermerk Meisers über die Besprechung mit Colonel Colberg am 4.6.1945. LKAN, NL Meiser 212.
37 Vgl. Dietrich Thränhardt, Wahlen und politische Strukturen in Bayern 1848–1953. Historisch-soziologische Untersuchungen zum Entstehen und zur

Neueinrichtung eines Parteiensystems, Düsseldorf 1973; Rainer Hambrecht, Der Aufstieg der NSDAP in Mittel- und Oberfranken 1925–1933, Nürnberg 1976; Wolfgang Zorn, Kirchlich-evangelische Bevölkerung und Nationalsozialismus in Bayern 1919–1933. Eine Zwischenbilanz zu Forschung und Beurteilung, in: Dieter Albrecht u. a. (Hrsg.), Politik und Konfession. Festschrift für Konrad Repgen zum 60. Geburtstag, Berlin 1983, S. 319–340.

[38] Aktenvermerk einer Besprechung mit evang. Abgeordneten der CSU am 10.10. 1946. LKAN, LKR 1665 a.

[39] Aktenvermerk Meisers. LKAN, NL Meiser 212.

[40] Aktenvermerk Meisers vom 15.5.1945. LKAN, NL Meiser 212.

[41] In: Akten deutscher Bischöfe über die Lage der Kirche 1933–1945. Bearb. von Ludwig Volk, Bd. 6, Mainz 1985, S. 585 ff. Zur Entnazifizierung vgl. Lutz Niethammer, Entnazifizierung in Bayern. Säuberung und Rehabilitierung unter amerikanischer Besatzung, Frankfurt a. M. 1972. Neuauflage 1982 unter dem Titel: Die Mitläuferfabrik. Die Entnazifizierung am Beispiel Bayerns.

[42] In: Akten deutscher Bischöfe, Bd. 6, S. 861 f. Nach Angaben Niethammers, Entnazifizierung, S. 255 ff., befanden sich im Dezember 1945 in der gesamten US-Zone rund 117000 Personen in Internierungslagern, vorwiegend untere und mittlere Funktionäre der NSDAP, Mitarbeiter der Gestapo, der SS und des SD, sowie eine größere Anzahl von Landräten, Oberbürgermeistern, Ministerialbeamten und anderen Angehörigen des höheren Dienstes.

[43] Landeskirchenrat an Sonderminister Pfeiffer vom 31.10.1946. LKAN, LKR 225.

[44] Landeskirchenrat an Sonderministerium vom 10.1.1947. LKAN, LKR 218.

[45] Meiser an Hagen vom 26.9.1947. LKAN, LKR 209.

[46] Meiser an Bayerische Staatsregierung vom 27.8.1948. LKAN, LKR 201.

[47] Vgl. zum folgenden die Dissertation des Verfassers, Evangelische Kirche und Entnazifizierung. Politische Säuberung und kirchliche Selbstreinigung am Beispiel der amerikanischen Besatzungszone 1945–1949, München 1986. Die statistischen Angaben korrigieren die z. T. zu niedrigen Angaben bei Carsten Nicolaisen/Clemens Vollnhals, Evangelische Kirche, S. 136 f.

[48] Vom 1.1.1946. LKAN, LKR 218. Hans Schemm: 1928 NSDAP-Landtagsabgeordneter, Leiter des NS-Lehrerbundes, 1931 Gauleiter der Bayerischen Ostmark, März 1933–1935 bayer. Kultusminister.

[49] Entnazifizierungsstatistik vom 20.1.1949. LKAN, LKR 214.

[50] Vgl. das Flugblatt „Was war die ‚Bekennende Kirche' oder ‚Bekenntnisfront' in den Jahren 1934–1945?", München vom 10.12.1946, und Sonntagsblatt für die Evang.-Luth. Kirche in Bayern vom 2.3.1947.

[51] Aktenvermerk Meisers vom 11.6.1945 u. 4.7.1945. LKAN, NL Meiser 212.

[52] Aktenvermerk Meisers vom 23.6.1945. Ebenda.

[53] Aktenvermerk Meisers vom 21.7.1945 u. 14.7.1945. Ebenda.

[54] Vgl. Günter Opitz, Der Christlich-Soziale Volksdienst, Düsseldorf 1969.

[55] Zit. nach Dietrich Thränhardt, Wahlen und politische Strukturen, S. 259.

[56] Vgl. Alf Mintzel, Die CSU. Anatomie einer konservativen Partei, Opladen 1975; Klaus-Dietmar Henke/Hans Woller (Hrsg.), Lehrjahre der CSU. Eine Nachkriegspartei im Spiegel vertraulicher Berichte an die amerikanische Militärregierung, Stuttgart 1984; Franz Kühnel, Die CSU und der fränkische Protestantismus 1945 bis 1953, Erlangen 1983 (Magisterarbeit).

[57] Aktenvermerk Meisers vom 4.6.1945. LKAN, NL Meiser 212.

[58] Kern an Landeskirchenrat vom 28.5.1947. LKAN, LKR 1665 a.

[59] Von ehemals 1424 rein katholischen Gemeinden existierten 1946 nur noch 9, von 140 rein evangelischen Gemeinden keine einzige mehr. Vgl. Walter Menges, Wan-

del und Auflösung der Konfessionszonen, in: Eugen Lemberg/Friedrich Edding (Hrsg.), Die Vertriebenen in Westdeutschland, Bd. 3, Kiel 1959, S. 13. Zur Betreuung der Flüchtlinge vgl. Hartmut Rudolph, Evangelische Kirche und Vertriebene 1945–1972, 2 Bde., Göttingen 1984.

[60] Alf Mintzel, Die CSU, S. 86.
[61] Aktenvermerk über Besprechung mit evang. Abgeordneten der CSU am 18. 9. 1946. LKAN, NL Meiser 213.
[62] Haußleiter an Schieder vom 10. 7. 1946. LKAN, Kreisdekan Nürnberg 36-510.
[63] Eichhorn an Langenfaß vom 4. 1. 1946. LKAN, LKR 1665 a.
[64] LKAN, Kreisdekan Nürberg 36-510.
[65] Rundschreiben des Landeskirchenrats vom 17. 1. 1946. Pfarrarchiv St. Lukas, München.
[66] Bericht Frörs über die Jugendlehrertagung in Nürnberg, 11. 6. 1950. Zit. nach Isa Huelsz, Schulpolitik in Bayern zwischen Demokratisierung und Restauration in den Jahren 1945–1950, Hamburg 1970, S. 78 f. Vgl. auch Carsten Nicolaisen/Clemens Vollnhals, Evangelische Kirche, S. 140.
[67] Haußleiter an Schieder vom 10. 7. 1946. LKAN, Kreisdekan Nürnberg 36-510.
[68] Strathmann leitete die „Deutsche Volksunion", Haußleiter die „Deutsche Union", die in der Folgezeit mehrere Namensänderungen erfuhr. 1986 gelang Haußleiter auf der Landesliste der Grünen nochmals der Einzug ins bayerische Parlament.
[69] Protokoll einer Besprechung über die Frage der politischen Verantwortung der Kirche am 20. 10. 1949. LKAN, LKR 1665 a.
[70] Aufruf der Evang. Wählergemeinschaft in Bayern vom Oktober 1949. LKAN, Dekanat München 18/0-2.
[71] LKAN, Kreisdekan Nürnberg 14-502.
[72] „Das Volk braucht christliche Politiker", in: Hans Meiser, Kirche, Kampf und Christusglaube. Anfechtungen und Antworten eines Lutheraners. Hrsg. von Fritz und Gertrude Meiser, München 1982, S. 204 ff.
[73] So der Titel der Schrift Heinrich Schmids über den bayerischen Kirchenkampf, München 1947. Beispielhaft für das vorherrschende theologische Interpretationsmuster des NS ist die Deutung Walter Künneths, Der große Abfall. Eine geschichtstheologische Untersuchung der Begegnung zwischen Nationalsozialismus und Christentum, Hamburg 1947. Vgl. allg. Wolfgang Lück, Das Ende der Nachkriegszeit. Eine Untersuchung zur Funktion des Begriffs der Säkularisierung in der „Kirchentheorie" Westdeutschlands 1945–1965, Bern/Frankfurt a. M. 1976.

Konrad Maria Färber

Bayern wieder ein Königreich?
Die monarchistische Bewegung nach dem Zweiten Weltkrieg

[1] Mit dem vorliegenden Beitrag soll ein Thema erschlossen werden, das von der Forschung bisher kaum berührt wurde, obwohl die monarchistische Bewegung nach 1945 nicht nur eine spezifisch bayerische Problematik besitzt, sondern damals auch in Italien, Österreich, Württemberg, Baden und Hessen diskutiert wurde. Der Aufsatz entstand im wesentlichen aufgrund unveröffentlichter Schriftstücke des Bayerischen Hauptstaatsarchivs (BayHStA), der dort sowie im Archiv des Instituts für Zeitgeschichte (IfZ-Archiv) befindlichen Akten der amerikanischen Militärregierung, die von mir, soweit zitiert, übersetzt wurden, und

dem noch ungeordneten, in Privatbesitz befindlichen Nachlaß von Professor Dr. Max Lebsche, dem Vorsitzenden der Bayerischen Heimat- und Königspartei.

2 „General Hume and the Bavarian Royal Family", Memorandum von Walter L.Dorn für General Adcock, 27.Februar 1946, IfZ-Archiv, Office of Military Government for the US Zone of Germany (OMGUS) 17/162-1/7. Vgl. Peter Jakob Kock, Bayerns Weg in die Bundesrepublik, Stuttgart 1983, 153 f., Anm. 263.

3 Zur monarchistischen Bewegung in Bayern während der Weimarer Republik vgl. die grundlegende Darstellung von Karl Schwend, Bayern zwischen Monarchie und Diktatur. Beiträge zur bayerischen Frage in der Zeit von 1918 bis 1933, München 1954, 524 ff. Dazu in eigener Sache: Erwein von Aretin, Krone und Ketten, München 1955, 142 ff. Die unkritische Biographie von Kurt Sendtner, Rupprecht von Wittelsbach, München 1954, 547 ff. streift das Problem nur am Rande. Ausführlicher und gründlich dagegen sind die Untersuchungen von James Donohoe, Hitler's Conservative Opponents in Bavaria, Leiden 1961, 109 ff., sowie Karl Otmar von Aretin, Die bayerische Regierung und die Politik der bayerischen Monarchisten in der Krise der Weimarer Republik 1930–1933, in: Festschrift für Hermann Heimpel, Göttingen 1971, I, 205–237. Auch bei Wolfgang Benz (Hrsg.), Politik in Bayern 1919–1933, Berichte des württembergischen Gesandten Carl Moser von Filseck. Stuttgart 1971, S. 253, 269 f. u. 272 f., finden sich recht bemerkenswerte Hinweise zur monarchistischen Bewegung von 1932/33. Zuletzt dazu die Zulassungsarbeit von Erich Nees, Die Monarchisten in Bayern 1918–1933, Erlangen 1982 (MS). Siehe auch Anm. 17.

4 Vgl. Lutz Niethammer, Die amerikanische Besatzungsmacht zwischen Verwaltungstradition und politischen Parteien in Bayern nach 1945, in: Vierteljahrshefte für Zeitgeschichte 15 (1967), S. 153–210, zit. S. 194.

5 Vgl. Benz, Politik in Bayern, S. 15.

6 Das von Dr. Hipp zusammen mit Dr. Gebhard Seelos ausgearbeitete separatistische „Bayerische Memorandum" bei: Donohoe, Hitler, S. 203 ff. u. 207 ff.

7 Vgl. Dietrich Thränhardt, Wahlen und politische Strukturen in Bayern 1848–1953, Düsseldorf 1973, S. 199.

8 Zit. nach Lutz Niethammer, Entnazifizierung in Bayern, Frankfurt a.M. 1972, S. 170.

9 Denkschrift Eugen Fürst von Öttingen-Wallerstein an Staatskanzlei, August 1945, BayHStA, MA 110911.

10 Report H.Count Pappenheim, München, 19. November 1945: „Some corrections to the first report on monarchic movement", IfZ-Archiv, OMGUS 10/89–1/13.

11 Walter L.Dorn, Inspektionsreisen in der US-Zone, Notizen, Denkschriften und Erinnerungen aus dem Nachlaß übers. und hrsgg. von Lutz Niethammer, Stuttgart 1973, S. 69.

12 Vgl. Kock, Bayerns Weg, S. 157.

13 Konstantin Prinz von Bayern, Ohne Macht und Herrlichkeit, München 1961, S. 194.

14 Eine kritische Biographie fehlt (vgl. Anm. 3). Erwein von Aretin, Kronprinz Rupprecht von Bayern, Leben und Wirken, München 1949; Joe J.Heydecker, Kronprinz Rupprecht von Bayern. Ein Lebensbild, München 1953.

15 Die Kundgebung des Kronprinzen begann mit den bezeichnenden Worten „Eingetreten in die Rechte meines Herrn Vaters ..." Dabei soll es zu vereinzelten Rufen „Es lebe König Rupprecht!" gekommen sein. Vgl. Sendtner, Rupprecht, S. 461 f. Im Bericht des Gesandten Moser von Filseck bei Benz, Politik in Bayern, S. 90 f., ist hingegen „vom schlechten Gewissen" die Rede, das man in Bayern dem toten König gegenüber hatte und das man in der Folge offenbar auch auf

den Kronprinzen übertrug. Vgl. Golo Mann, Gedanken zum Ende der Monarchie in Bayern, in: Hubert Glaser (Hrsg.), Krone und Verfassung, König Max I. Joseph und der neue Staat. Beiträge zur Bayerischen Geschichte und Kunst 1799–1825, München 1980, S. 473–478.

[16] Vgl. Karl Otmar Freiherr von Aretin, Der bayerische Adel. Von der Monarchie zum Dritten Reich, in: M. Broszat, E. Fröhlich, A. Grossmann (Hrsg.), Bayern in der NS-Zeit, III, Herrschaft und Gesellschaft im Konflikt, München 1981, S. 518. Rupprecht wollte lediglich eine Vermittlerrolle bei der Übertragung des Generalstaatskommissariats auf Kahr übernehmen. Vgl. Benz, Politik in Bayern, S. 130. Als sich Kahr vor und nach dem Hitlerputsch als „Statthalter der Monarchie" bezeichnet hatte, rückte der Kronprinz von ihm ab. Ebenda, S. 140 u. 148.

[17] Das Verhalten des Kronprinzen war politisch klug, weil die Ausrufung der Monarchie mit Sicherheit zum Bürgerkrieg geführt hätte. In der bayerischen Generalität bestanden keinerlei Anzeichen zur Bereitschaft mitzuputschen. Die Polizei wollte sich nicht gegen die Armee stellen. Ministerpräsident Dr. Held betonte gegenüber Hitler am 1. März 1933 in Berlin die Loyalität der bayerischen Regierung. Zu den Vorgängen im Februar/März 1933 vgl. Sendtner, Rupprecht, S. 547 ff., Donohoe, Hitler, S. 109 ff., Benz, Politik in Bayern, S. 269 f. u. 272 f., sowie Heydecker, Kronprinz, S. 107–110.

[18] Vgl. Kock, Bayerns Weg, S. 74 f.

[19] Memorandum von Kronprinz Rupprecht, Florenz, 12. März 1945, National Archives, Washington, General Records 1945, 800, vol. 39 (1). Etwas ungenaue deutsche Übersetzung bei Sendtner, Rupprecht, S. 673 ff.

[20] Vgl. Rudolf Endres, Der Bayerische Heimat- und Königsbund, in: Andreas Krauss (Hrsg.), Land und Reich, Stamm und Nation. Probleme und Perspektiven bayerischer Geschichte. Festgabe für Max Spindler zum 90. Geburtstag, München 1984, III, S. 415–436.

[21] Ein erster Versuch war der sogenannte „Bayernbund" von 1925, in dem Aretin alle monarchistischen Kreise Bayerns zusammengefaßt sehen wollte. Vgl. Benz, Politik in Bayern, S. 180 f. Zu seinen Bestrebungen 1932/33, in die auch Schäffer wesentlich miteinbezogen war, vgl. Aretin, Adel, S. 531–541.

[22] Zum monarchistischen Widerstand vgl. Wilhelm Seutter von Lötzen, Bayerns Königstreue im Widerstand, Erinnerungen 1933–1964, Feldafing o. J., S. 112 f.; Aretin, Adel, S. 561–565; Heike Bretschneider, Der Widerstand gegen den Nationalsozialismus in München 1933–1945, München 1968, S. 133–153.

[23] Zit. nach Süddeutsche Zeitung, 26. Februar 1946.

[24] Biographische Angaben zu Max Lebsche (1886–1957) wurden aus dem Nachlaß Lebsche ermittelt sowie aus der vom Dekanat in Glonn freundlicherweise zur Verfügung gestellten Pfarrchronik. Vgl. Josef Eisenburg, Prof. Dr. Max Lebsche zum Gedenken an den 100. Geburtstag, in: Weiß-Blaue Rundschau, Bayerische Zeitschrift für Politik, Wirtschaft und Kultur 29 (1986) Nr. 8/9, S. 6 f.

[25] Mitteilung Anton von Aretins an Staatssekretär Pfeiffer, München 18. September 1945, BayHStA, München, NL Pfeiffer 52. Vgl. Alf Mintzel, Die CSU. Anatomie einer konservativen Partei 1945–1972, Opladen 1975, S. 84.

[26] BayHStA, München, NL Pfeiffer 41. Vgl. Mintzel, CSU, S. 90.

[27] Vgl. Seutter von Lötzen, Bayerns Königstreue, S. 90.

[28] Ebenda, S. 92.

[29] Vgl. Ilse Unger, Die Bayernpartei. Geschichte und Struktur 1945–1957, Stuttgart 1979, S. 206.

[30] Programm der Bayerischen Heimat- und Königspartei (BHKP), IfZ-Archiv, OMGUS 1945–46–1/4 u. 10/89–1/13.

[31] Report H. Count Pappenheim, 28. Dezember 1945: „Monarchic party in Bavaria", IfZ-Archiv, OMGUS 10/89–1/13.
[32] Zit. nach Süddeutsche Zeitung, 1. März 1946.
[33] Die entsprechende Weisung an Captain Peter Hardt, Chief of Intelligence der Münchener Militärregierung, erging am 8. Februar 1946. Das Ergebnis lag bereits am 18. Februar 1946 vor. Es bildete die Grundlage eines ausführlichen Gutachtens von Major General M. C. Stayer an den Chef des Stabes des US-Militärgouverneurs in Frankfurt, „The Bavarian Royalist Party", vom 26. Februar 1946, IfZ-Archiv, OMGUS 10/110–2/3 und 1945–46–1/4. Vgl. Kock, Bayerns Weg, S. 163.
[34] Schreiben v. 22. Juni 1946, BayHStA, MA 110906 II (Verfassung).
[35] Schreiben vom 15. März 1946, BayHStA, MA 111392.
[36] Daß die sogenannte gute alte Prinzregentenzeit in Wirklichkeit gar nicht so idyllisch war vgl. Karl Bosl, Gesellschaft und Politik in Bayern vor dem Ende der Monarchie, Beiträge zu einer sozialen und politischen Strukturanalyse, in: Zeitschrift für Bayerische Landesgeschichte 28 (1965), S. 1–31.
[37] Zitat aus einem Schreiben an Lebsche, 15. Dezember 1945, NL Lebsche.
[38] Angeblich hatten sie in der Zensur Briefe von Kardinal Faulhaber entdeckt, die eine Restauration der Monarchie in Bayern betrafen. Vgl. Niethammer, Besatzungsmacht, S. 197.
[39] Dazu Niethammer, Entnazifizierung, S. 229–236.
[40] Memorandum für Major General Adcock, 5. März 1946: „Unfavorable Effects of Authorizing a Bavarian Monarchist Party", IfZ-Archiv, OMGUS 17/162–1/7. Vgl. Kock, Bayerns Weg, S. 163.
[41] Murphy an General Clay, 5. Februar 1946, IfZ-Archiv, OMGUS 1945–46–1/4.
[42] Vgl. Kock, Bayerns Weg, S. 162.
[43] Max Lebsche, Grundsätze und Ziele der Bayerischen Heimat- und Königspartei. Vortrag vom 28. April 1946 im Prinzregententheater, München o. J. (1946), S. 13. Vgl. Kock, Bayerns Weg, S. 160 f.
[44] Sternberg an Peter C. Harnden, 28. April 1946, IfZ-Archiv, OMGUS 10/89–1/13.
[45] Lebsche an Redwitz, 24. April 1946, NL Lebsche.
[46] Redwitz an Lebsche, 28. April 1946, NL Lebsche.
[47] Erwein von Aretin an Lebsche, 28. April 1946, NL Lebsche.
[48] Murphy an Secretary of State, 11. März 1946, IfZ-Archiv, OMGUS 1945–46–1/4.
[49] Abgedruckt in: Foreign Relations of the United States (künftig: FRUS), 1946, V, The British Commonwealth Western and Central Europe, S. 672 ff. Vgl. Kock, Bayerns Weg, S. 163.
[50] FRUS 1946, V, S. 674. Vgl. Kock, Bayerns Weg, S. 164.
[51] Zu den politischen Prinzipien der amerikanischen Besatzungsmacht nach der Potsdamer Konferenz vgl. John Gimbel, Amerikanische Besatzungspolitik in Deutschland 1945–1949, Frankfurt a. M. 1971.
[52] Denkschrift von Anton Pfeiffer „Zur Parteibildung", 21. September 1945, BayHStA, NL Pfeiffer 142. Vgl. Mintzel, CSU, S. 57 u. 84.
[53] Vgl. Klaus-Dietmar Henke u. Hans Woller (Hrsg.), Lehrjahre der CSU. Eine Nachkriegspartei im Spiegel vertraulicher Berichte an die amerikanische Militärregierung, Stuttgart 1984, S. 9 f. sowie Thränhardt, Wahlen, S. 214 f.
[54] Major Vacca an Ministerpräsident Hoegner, 10. Mai 1946, BayHStA, MA 111392.
[55] Periodic Report for Week Ending, 8. Mai 1946, IfZ-Archiv, OMGUS 10/85–3/1.
[56] Bericht Morris Gadol, 16. Februar 1946, IfZ-Archiv, OMGUS 10/110–2/3.
[57] Redwitz an Lebsche, 31. März 1954, NL Lebsche.
[58] Vgl. Kock, Bayerns Weg, S. 227–230. Mann, Gedanken, S. 477, bringt den interessanten Vergleich mit „Prinz-Präsident" Louis Napoleon.

[59] Vgl. Unger, Bayernpartei, S. 152.
[60] Süddeutsche Zeitung, 3. Mai 1949.
[61] Vgl. Kock, Bayerns Weg, S. 323.
[62] „Bavaria at the crossroads", in: A weekly Report of intelligence analysis and public opinion, OMGB, 13. Mai 1949, S. 3 ff., IfZ-Archiv.
[63] Vgl. Unger, Bayernpartei, S. 172.
[64] Ebenda, S. 144.
[65] Zu Panholzers Bemühungen, die Protektion Frankreichs für ein selbständiges Bayern zu gewinnen, vgl. Kock, Bayerns Weg, S. 47–56.
[66] Vgl. Benz, Politik in Bayern, S. 65 ff.
[67] Ebenda, S. 195 f.
[68] Die Denkschrift Bidaults gegen eine deutsche Zentralverwaltung vom 14. September 1945 abgdr. in: Ernst Deuerlein, Die Einheit Deutschlands, Frankfurt 1961^2, I, S. 357 ff. Vgl. F. Roy Willis, The French in Germany 1945–1949, Stanford 1962.
[69] Zit. nach Unger, Bayernpartei, S. 144.
[70] Ebenda, S. 172.
[71] Vgl. Richard Stöss (Hrsg.), Parteien-Handbuch. Die Parteien der Bundesrepublik Deutschland 1945–1980. Opladen 1983, I, S. 441 f. sowie Unger, Bayernpartei, S. 265.
[72] Lebsche an Carl Max Graf du Moulin, 18. Februar 1952, NL Lebsche.
[73] Tages-Anzeiger, Regensburg 24. Juli 1950. Der Verleger Dr. Dr. Josef Held war aufgrund seiner Kontakte zu den Monarchisten stets gut informiert.
[74] Hemmeter an Noll, 1. August 1951, NL Lebsche.
[75] Lebsche am Held, 31. Januar 1951, NL Lebsche.
[76] Vgl. Unger, Bayernpartei, S. 160.
[77] Lebsche an Chrambach, 25. Juli 1950, NL Lebsche.
[78] Vgl. Unger, Bayernpartei, S. 130.
[79] Siehe Anm. 74.
[80] Hemmeter an den Vorstand der Königspartei, 29. November 1950, NL Lebsche. Lebsche selbst schrieb am 31. Januar 1951 an Dr. Josef Held, Verleger in Regensburg und Sohn des ehemaligen Ministerpräsidenten, daß die Verhandlungen seitens der CSU abgebrochen wurden, NL Lebsche.
[81] Lebsche an Josef Aigner, 4. April 1951, NL Lebsche.
[82] Lebsches Antrag an das Bayer. Staatsministerium des Inneren vom 7. November 1950, Kopie, NL Lebsche.
[83] Kommissarische Vorsitzende der einzelnen Kreisverbände waren: Gustl Graf de la Rosée (Oberbayern), Erich Chrambach (Niederbayern), Dr. med. Franz Bäumel (Oberpfalz), Dr. med. Andreas Treuheit (Schwaben), Eugen Graf (Oberfranken), Baron Hubert von Welser (Mittelfranken), Ludwig Sailer (Unterfranken).
[84] Bericht Dr. Schindlers an Staatskanzlei, 22. Oktober 1950, BayHStA, Abt. V, Bayern, Politische Parteien 1949/50, 21 c–e. Vgl. Max Lebsche, Ziele und Aufgaben der Bayerischen Heimat- und Königspartei, o. O. o. J. (München 1950).
[85] Die Wahlergebnisse bei Thränhardt, Wahlen, S. 353 ff.
[86] Beschluß der Mitgliederversammlung vom 24. Oktober 1954. Das Ergebnis der Umfrage nennt Lebsche in einem Schreiben an den CSU-Abgeordneten Georg von und zu Franckenstein vom 10. Mai 1955, NL Lebsche.
[87] Lebsche an Redwitz, 18. September 1954, NL Lebsche. Ähnlich das Flugblatt der Königspartei vom 17. November 1954, das Lebsche anläßlich der Landtagswahl veröffentlicht hatte.
[88] Rudolf Graber an Lebsche, Eichstätt, 14. Dezember 1954, NL Lebsche.
[89] Lebsche an Franckenstein, 10. Mai 1955, NL Lebsche.

⁹⁰ Franckenstein sandte im Mai 1957 den ihm überlassenen Akt „Königspartei" an Lebsche zurück. NL Lebsche.
⁹¹ Süddeutsche Zeitung, 13. September 1957.
⁹² Weißblaue Rundschau, Monatsblätter des Bayerischen Heimat- und Königsbundes, Mai 1959.
⁹³ BayHStA, MA 111392 (BHKB). Vgl. Nürnberger Nachrichten, 5. Juli 1957; nld, 15. Dezember 1959; Münchner Merkur, 26. September 1959.
⁹⁴ BayHStA, MA 110914 (Föderalismusdiskussion, Stellungnahmen des BHKB).
⁹⁵ Weißblaue Rundschau, August 1967.
⁹⁶ Schriftliche Auskunft Rudolf Huber, 6. Juni 1986.
⁹⁷ Freundliche Auskunft von Chefarzt Prof. Dr. med. Josef Eisenburg, München, der die Löschung veranlaßte.
⁹⁸ Dr. Dr. Josef Held an Lebsche, Regensburg, 9. Februar 1956, NL Lebsche.

Peter Jakob Kock

Bayern und Deutschland.
Föderalismus als Anspruch und Wirklichkeit

¹ Peter H. Merkl, Die Entstehung der Bundesrepublik, Stuttgart 1965, S. 174.
² Karl Schwend, Bayern zwischen Monarchie und Diktatur. Beiträge zur bayerischen Frage in der Zeit von 1918 bis 1933, München 1954, S. 5.
³ Zit. nach Schwend, a. a. O., S. 12.
⁴ Die süddeutsche Länderkooperation 1918/19 trägt ähnliche Züge wie in den Jahren vor der Gründung der Bundesrepublik. Vgl. dazu Wolfgang Benz, Süddeutschland in der Weimarer Republik. Ein Beitrag zur deutschen Innenpolitik 1918–1923, Berlin 1970.
⁵ Karl Schwend, geb. 1890 in Bayreuth, gest. 1968, war seit 1918 Mitglied der Bayerischen Volkspartei und leitete die BVP-Correspondenz (BVC). Nach 1945 wurde er enger politischer Berater von Ministerpräsident Ehard und kann als sein „föderalistischer Vordenker" bezeichnet werden.
⁶ Karl Schwend, Einleitung zu: Hans Ehard, Bayerische Politik. Ansprachen und Reden des bayerischen Ministerpräsidenten, München 1952.
⁷ Archiv Institut für Zeitgeschichte, NL Hoegner, ED 120/354 (Ministerratssitzung vom 20.10.1945).
⁸ Stenograph. Berichte der Verfassunggebenden Landesversammlung, Bd. IV, S. 240.
⁹ John Gimbel, Amerikanische Besatzungspolitik in Deutschland 1945–1949, Frankfurt/M. 1971, S. 13.
¹⁰ Sitzung des Ellwanger Kreises am 13.4.1948 in Bad Brückenau, Protokollnotizen im Nachlaß Karl Schwend (Bayerische Staatsbibliothek München, Sign. Ana 308).
¹¹ Dokumente zur Geschichte von Staat und Gesellschaft in Bayern, hrsg. von Karl Bosl, Abt. III, Bd. 9: Die Regierungen von 1945–1962, bearb. von Fritz Baer, München 1976, S. 450 ff.
¹² Akten der Bayerischen Staatskanzlei, Aktenvermerk vom 13.8.1948, Bayerisches Hauptstaatsarchiv, MA 1975/19.
¹³ Karl Hnilicka (Hrsg.), Aus Bayerns Staat und Gesellschaft. Ministerpräsidenten schildern die Geschichte Bayerns von 1945 bis zur Gegenwart, Bd. 1–1, o. O. (München) 1974, S. 86.